KB133496

이승만 스피치 1948

이승만 스피치 1948

「건국전쟁」에서는 다 밝히지 못한 이승만 대통령의 국정철학과 통찰력

펴 낸 곳 투나미스
발 행 인 유지훈
프로듀서 류효재 변지원
기   획 이연승 최지은
마 케 팅 전희정 배윤주 고은경
초판발행 2024년 03월 15일
2쇄 발행 2024년 03월 15일
주   소 수원시 권선구 서호동로14번길 17-11
대표전화 031-244-8480 | 팩스 031-244-8480
이 메 일 ouilove2@hanmail.net
홈페이지 www.tunamis.co.kr
I S B N 979-11-90847-53-7 (03340) (종이책)
I S B N 979-11-90847-54-4 (05340) (전자책)

「건국전쟁」에서는 다 밝히지 못한 이승만 대통령의 국정철학과 통찰력

이승만
스피치
1948

투나
미스

HISTORY HAS PROVEN THAT AUTHORITARIANISM DOES NOT BRING FREEDOM AND PROGRESS.

"독재주의가 자유와 진흥을 가져오지 못하는 것은
역사에 증명된 것입니다" — 이승만 대통령

"굳건하게 서서 다시는 종의 멍에를 메지 말라"

- 갈라디아서 5:1 -

"독재주의가 자유와 진흥을 가져오지 못하는 것은 역사에 증명된 것입니다."

"민주제도가 어렵기도하고 또한 더디기도 한 것이지만 의로운 것이 종말에는 이기는 이치를 우리는 믿어야 할 것입니다."

"민주제도는 세계 우방들이 다 믿는 바로 우리 친구들이 이 전제정치와 싸웠고 또 싸우는 중입니다."

"세계의 안목이 우리를 드러다 보며 역사의 거울이 우리에게 비치어 보이는 이때에 우리가 민주주의를 채용하기로 하고 30년 전부터 결정해서 실행하여 온 것을 또 간단없이 실천해야 될 것입니다."

"이 제도로 성립된 정부만이 인민의 자유를 보장하는 정부입니다."

"사상의 자유는 민주국가의 기본적 요소이므로 자유권리를 행사하여 남과 대치되는 의사를 발표하는 사람들을 포용해야 할 것입니다."

"당으로나 정부를 전복하려는 사실이 증명되는 때에는 결코 용서가 없을 것이니 극히 주의해야 할 것입니다."

"민주주의가 인민의 자유권리와 참정권을 다 허락하되 불량분자들이 민권자유라는 구실을 이용해서 정부를 전복하려는 것을 허락하는 나라는 없다."

"모든 자유우방들의 후의와 도움이 아니면 우리의 문제는 해결키 어려울 것입니다."

"40년 왜적의 압박으로 철천지한을 품은 우리로서 국권을 회복하여 독립자주국민으로 다 같이 자유복락을 누리며 살자는 목적 하에 3천만 남녀가 제 피와 제 생명을 애끼지 않고 분투하는 중이어늘 어찌하여 남의 나라에 제의 조국을 부속시키고 그 노예가 되자는 불충불의한 언행으로 도당을 모아 장관과 동족의 남녀를 참혹하게 학살하고 내란을 이르켜 정부를 전복하려는 음모로 참담한 정경을 이르고 있는가."

"이북의 사정이 아모리 어려울지라도 조곰도 염여 말고 굳건히 서서 여전히 분투함으로 세계 우방들로 하여금 우리 이북동포가 다 공산화되지 않은 것을 알게 해야 될 것입니다."

"공산국에 가서 그 내정을 보면 자유도 없고 생활상 형편도 살 수 없게 된 것이니 공산국에서 군력의 압제가 아니면 하로라도 부지하기 어려운 터이므로 공산국 내지에는 타국 유람객이나 신문기자를 허락지 않어서 철막을 만들어 놓고 밖에 대해서는 누구나 잘 사는 세계같이 자랑하여 세상을 속이는 짓뿐이니 이것은 이북동포들이 지나간 3년간 경험으로 소상히 알 것입니다."

"자유를 사랑하고 독립권을 애호하는 우리 일반 동포는 민주정체의 기초를 공고히 세워서 동양에 한 모범적인 민주국으로 세계평화와 자유를 보장하는 신성한 국가를 이룰 것이다."

"본 농지개혁법에 대하여는 지주들에게 과히 억울하지 않도록 하여야 할 것인데, 내가 본 바로는 그리 치우침이 없이 잘 되었다고 생각되는 바이다."

"우리는 만일 공산화된다면 남의 구속을 받을 것인즉, 우리는 차라리 죽는 한이 있드래도 공산주의를 면하여야 할 것이다."

"이 세상은 공산과 민주 양진영이 공존할 수는 없는 것이며, 미국 친구들도 말하기를 둘 중에 하나는 죽어야만 세계가 평화롭게 될 것이라고 하고 있다. 그러므로 조만간 승패를 규정하게 될 것이다."

"우리도 공산주의진영과 투쟁하여 민주진영을 만들어 독립국가로 출발하게 될 것인바, 여러분도 한마음 한뜻으로 굳게 단결하여 민주국의 발전을 기하도록 노력하여 주시기 바란다."

"우리 정부는 세계 대부분의 전 자유국과 같이 정상적 외교방식을 통하여 완전한 정식 우호관계를 맺을 것이다."

"우리는 대한민국의 탄생과 더부러 우리 반도강산의 남반부에서나마 자유와 독립을 누릴 수 있는 것은 우방 미국의 은혜가 많다는 사실을 다시한번 상기하기 바랍니다."

"민중은 민주주의 정치에 나가며, 민주진영에서 공산주의를 제외하고 잘 살아 나아가자는 것이 우리의 강력한 의지이다."

"모든 세계의 자유국가들은 우리들의 공동의 적은 공산주의라는 것을 알고 있다."

"개인의 존엄을 보장하며 민권의 유린을 제지하고 개인의 언론 자유를 확보함은 근대민주주의국가에 있어서의 지상과제임은 의심할 여지가 없는 바이나 개인 독선주의적 배타 내지 파양 행동에 의하여 사회질서를 문란케 함은 엄숙히 경계하여야 할 것입니다."

"지나간 1년 동안에 벌서 합중국과 대영련방과 중국과 법국과 비국과 캐나다와 뉴질랜드와 부라질과 칠리와 도미니칸민국과 큐봐와 화란, 히랍, 보리뷔아 등 모든 나라와 통상 외교관계를 맺었으니 앞으로 1년 동안에는 이와 같이 세계 모든 자유국가들과 통상과 우의를 맺게 되기를 바라는 바입니다."

"각 개인의 행복과 자유권을 헌법으로 보호하자는 것입니다. 토지분배법을 통과한 것은 세계 경제상 민주제도 시행에 어디를 물론하고 남만 못지 아니한 발전이며 이 새 토지법안대로 진행함으로 소작인 경작은 거의 다 없어져 가는 것이니 우리민주국의 기초는 극소수 외에는 우리 농민들이 다 각각 자유로 제 땅을 경작해서 자유발전하는 토대 위에 확립하게 된 것입니다."

"공산당 되는 값으로는 사실상 노예의 지위 뿐입니다. 불교나 기독교나 유교를 물론하고 자유라는 것은 다 모르게 될 것입니다. 하느님을 섬기는 자유 대신에 멀리 앉은 몇 사람의 독재로 나려오는 명령에 속박을 받을 것입니다."

"모든 민주국가들은 구라파나 미주나 아세아를 물론하고 다 우리 동맹국입니다. 그 나라들이 다 각오한 바는 지금 시기가 이르렀으니 이때에 다 일어나서 자기들의 생존을 위하여 싸우던지 그렇지 않으면 굴복하던지 두가지 중 한 가지만을 취해야 될 것입니다."

CONTENTS

66

평화를 주장하는 세계 정치가들이 평화만을 위해서 일을 한다
고 하지만 그것이 모두 평화가 아니었으니 …

– 이승만 –

99

PART 1 | Rhee's Speech   1948

CONTENTS

CONTENTS

PART 2 | Rhee's Speech

CONTENTS

66

무슨 값을 갚고 어떤 희생을 하더라도 저스티스, 공정, 법,
공의를 내세우고 그것을 지켜야 되겠다는 것이니

– 이승만 –

99

CONTENTS

CONTENTS

"

(신문은) 전보다 더욱 주의해서 사실을
사실 그대로 보도하고 주장해 주어야 할 것이오

– 이승만 –

"

1948

1부 1948

일러두기

1. 당시 표기를 대부분 복원해 현대 맞춤법과는 다를 수 있다.

2. 이 책은 1948~1949년까지의 연설문을 수록했다.

대통령 취임사

1948. 07. 24

　여러 번 죽었던 이 몸이 하나님의 은혜와 동포의 애호(愛護)로 지금까지 살아오다가 오늘에 이와 같이 영광스러운 추대(推戴)를 받은 나로서는 일변(一邊) 감격(感激)한 마음과 일변 심당(心當)키 어려운 책임을 지고 두려운 생각을 금하기 어렵습니다. 기쁨이 극(極)하면 우슴으로 변하여 눈물이 된다는 것을 글에서 보고 말을 들었든 것입니다. 요사이 나의 치하(致賀)하는 남여동포가 모다 눈물을 씻으며 고개를 돌립니다. 각처에서 축전 오는 것을 보면 모다 눈물을 금하기 어렵다합니다. 나는 본래 나의 감상으로 남에게 촉감(觸感)될 말을 하지 않기로 매양 힘쓰는 사람입니다. 그러나 목석간담(木石肝膽)이 아닌만치 뼈에 맺히는 눈물을 금하기 어렵습니다. 이것은 다름이 아니라 40년 전에 잃었던 나라를 다시 찾는 것이요 죽었던 민족이 다시 사는 것이 오늘 이에서 표면(表面)되는 까닭입니다.

　대통령 선서하는 이 자리에서 하나님과 동포 앞에서 나의 직무를 다하기로 일층(一層) 더 결심하며 맹서합니다. 따라서 여러 동포들도 오늘 한층 더 분발해서 각각 자기의 몸을 잊어버리고 민족전체의 행복을 위하여 대한민국의 국민 된 영광스럽고 신성한 직책을 다 하도록 마음으로 맹서하기를 바랍니다. 여러분이 나에게 맡기는 직책은 누구나 한사람의 힘으로 성공할 수는 없는 것입니다. 이 중대한 책임을 내가 용감히 부담할 때에 내 기능이나 지혜를 믿고 나서는 것이 결코 아니며 전혀 애국남여의 합의 합력함으로만 진행할 수 있는 것을 믿는 바입니다. 이번 우리 총선거의 대성공을 모든 우방들이 칭찬하기에 이른 것은 우리애국남여가 단순한 애국정신으로 각각 직책을 다한 연고(緣故)입니다. 그 결과로 국회성립이 또한 완전무결한 민주주의제로 조직되어 2, 3 정당이 그 안에 대표가 되었고 무소속과 좌익색태(左翼色態)로 주목받은 대의원이 또한 여럿이 있게 된 것입니다.

기왕 경험으로 추측하면 이 많은 국회의원 중에서 사상충돌로 분쟁분열을 염려한 사람들이 없지 않았던 것입니다. 그러나 중대 문제에 대하여 종종 극열한 쟁론(爭論)이 있다가도 필경(畢竟) 표결될 때에는 다 공정한 자유의견을 표시하여 순리적으로 진행하게 되므로 헌법제정과 정부조직법을 다 민의대로 종다수 통과된 후에 아무 이의 없이 다 복종하게 되므로 이 중대한 일을 조속한 한도 내에 원만히 채결하여 오늘 이 자리에 이렇게 된 것이니 국회의원 일동과 전문위원 여러분의 애국성심으로 우리가 다 감복하지 않을 수 없는 일입니다. 나는 국회의장의 책임을 사면하고 국회에서 다시 의장을 선거할 것인데 만일 국회의원 중에서 정부처장으로 임명될 분이 있게 되면 그 후임자는 각기 소관투표구(所管投票區)에서 갱선(更選)하게 될 것이니 원만히 표결된 후에 의장은 선거할듯하며 그동안은 부의장 두 분이 업무를 대임(代任)할 것입니다. 따라서 이 부의장 두 분이 그

동안 의장을 보좌해서 각 방면으로 도와 협의 진행케 하신 것을 또한 감사히 생각하는 바입니다.

　국무총리와 국무위원조직에 대해서 그간 여러 가지로 낭설이 유포되었으나 이는 다 추측적 언론에 불과하여 며칠 안으로 결정 공포될 때에는 여론상 추측과는 크게 같지 않을 것이니 부언낭설(浮言浪說)을 많이 주의(注意)하지 않기를 바랍니다. 우리가 정부를 조직하는데 제일 중대히 주의할 바는 두 가지 입니다. 첫째는 일 할 수 있는 기관을 만들 것입니다. 둘째로는 이 기관이 견고해져서 흔들리지 않게 해야 될 것입니다. 그러므로 사람이 사회명예나 정당단체의 세력이나 또 개인사정상 관계로 나를 다 초월하고 오직 기능 있는 일군들과 함께 모여 앉아서 국회에서 정한 법률을 민의대로 진행해 나갈 그 사람끼리 모여서 한 기관이 되어야 할 것이니 우리는 그 분들을 물색하는 중입니다. 여러분들은 인격이 너무 커서 적은 자리에 채울 수 없는 이도 있고 큰 자리를 채울 수 없는 이도 있으나 참으로 큰 사람은 능히 큰 자리에도 채울 수 있고 적은 자리에도 채울 수 있을 뿐 아니라 적은 자리 차지하기를 부끄러이 하지 않습니다.

　기왕에도 누가 말한바와 같이 우리는 공산당을 반대하는 것은 아닙니다. 공산당의 매국주의를 반대하는 것이므로 이북의 공산주의자들은 절실히 깨닫고 일제히 회심개과(悔心改過)해서 우리와 같은 보조를 취하여 하루바삐 평화적으로 남북을 통일해서 정치와 경제상 모든 복리를 다같이 누리게 하기를 바라며 부탁합니다. 만일 종시(終始) 깨닫지 못하고 분열을 주장해서 남의 괴뢰(傀儡)가 되기를 감심(甘心)할진대 인심이 결코 방임(放任)치 않을 것입니다. 대외적으로 말하면 우리는 세계 모든 나라와 친선해서 평화를 증진하며 외교

통상에 균등한 이익을 같이 누리기를 절대 도모할 것입니다. 교제상 만일 친선에 구별이 있으면 이 구별은 우리가 시작하는 것이 아니요 타동적으로 되는 것입니다. 다시 말하자면 어느 나라던지 우리에게 친선히 한 나라는 우리가 친선히 대우할 것이요 친선치 않게 우리를 대우하는 나라는 우리도 친선히 대우할 수 없을 것입니다. 과거 40년간에 우리가 국제 상 정당한 대우를 받지 못한 것은 세계 모든 나라가 우리와 접촉할 기회가 없었던 까닭입니다. 일인(日人)들의 선전만을 듣고 우리를 판단해 왔었지만 지금부터는 우리 우방들의 도움으로 우리가 우리나라를 찾게 되었은즉 우리가 우리일도 할 수 있으니 세계 모든 나라들은 남의 말을 들어 우리를 판단하지 말고 우리 하는 일을 보아서 우리의 가치를 우리의 중량대로 판정해주는 것을 우리가 요청하는 바이니 우리 정부와 민중은 외국의 선전을 중요히 역이어서 평화와 자유를 사랑하는 각국 남녀로 하여금 우리의 실정을 알려주어서 피차에 양해를 얻어야 정의가 상통하여 교제가 친밀할 것이니 우리의 복리만 구함이 아니요 세계 평화를 보장하는 것입니다. 새 나라를 건설하는데 새로운 정부가 절대 필요하지마는 새 정신이 아니고는 결코 될 수 없는 일입니다. 부패한 정신으로 신성한 국가를 이룩하지 못하나니 이런 민족이 날로 새로운 정신과 새로운 행동으로 구습을 버리고 새 길을 찾아서 날로 분발 전진하여야 지나간 40년 동안 잃어버린 세월을 다시 회복해서 세계 문명국에 경쟁할 것이니 나의 사랑하는 삼천만 남녀는 이날부터 더욱 분투용진(奮鬪勇進)해서 날로 새로운 백성을 이룸으로서 새로운 국가를 만년반석(萬年盤石) 위에 세우기로 결심합니다.

대한민국 30년 7월 24일
대한민국 대통령 이승만

민족이 원하는 길을 따를 결심, 국무총리 인준 부결에 대하여

1948. 07. 29

국무총리 임명을 국회에서 부인한 후에는 내가 물론 다른 인물을 임명하고 승인을 요청하는 것이 순서적일 것이다.

이 임명안을 제출한 후 당석에서 부결된 사실을 보면 그 속에 무슨 의결이 있어서 두 당이 각각 내응적(內應的)으로 자기당 사람이 아니면 투표부결에 부치자고 약속이 있는 것이니 만일 이러한 사실이 있다면 내가 국무총리를 몇 번 고쳐서 임명하드라도 자기들의 내정된 사람이 아니고는 다 부결되고 말 것이니 이 내용을 좀 알기 전에는 다시 임명하기를 원치 않으며 또 따라서 내가 이윤영(李允榮)씨를 임명한 이유를 몇 가지 설명한 것이 있으니 그 이유가 부적당한 것이 있다든지 또 그렇지 않으면 이윤영씨를 임명하는 것이 불가하다는 이유가 그보다 더 큰 것이라면 내가 알고자 할 것이나 토론 한 번도 없이 부결에 부친다는 것은 나에게는 각오가 덜 되는 것이다.

가장 어려운 문제는 우리가 다 아는 바와 같이 전민족의 다대수 (多大數)가 지금 현재 있는 정당이 정권을 잡게 되는 것을 원치 않는 바인데 그 중 한 정당에 유력한 분으로 정권을 잡게 하면 서울 정치객측(政治客側)에서는 참여할른지도 모르지만 대다수 동포의 의견은 낙망될 것이다. 독립촉성국민회(獨立促成國民會) 간부들을 내가 몇 번 개조하여 보았는데 처음에는 모든 정당이 다 민족운동에 협의 진행하기를 목적하고 두 정당의 간부 인물로 국민회 책임을 맡게 하였더니 그 후 결과로는 각각 자기의 정당을 중요시하므로 민족운동을 해갈 수 없게 되었었다.

지금 국권건설이 초대정부에 있거늘 또 만들어 놓고야 앞길을 어떻게 할 수 있을 것인가 그러므로 적어도 국무총리 책임을 두 정당 중에 유력한 인물로 임명하자는 것이 민중이 바라는 바이요 또한 나의 뜻하는 것이므로 천사만려(千思萬慮)한 결과 이와 같이 한 것인데 국회에서 무슨 이유로던지 이분을 원하지 않는다면 내가 고집한다는 것은 아니나 국회 안에서 어떠한 인물을 지정해가지고 그분만을 섬기기로 활동하는 인사가 있는 것으로 우리가 아는 터이니 이것이 민족이 원하는 것인가 나의 주장하는 것이 민족이 원할 것인가를 알아서 그대로 따르기를 나는 결심한다.

(『대통령이승만박사담화집』, 공보처, 1953)

미급점(未及點) 육성하라

1948. 08. 09

3천만 중에 독립을 위하여 한 파당(派黨)을 희생하려는 사람이 많느냐, 한 파당을 위하여 독립을 희생하려는 사람이 많느냐. 대한 애국 남녀들이 이것을 각각 생각해서 두 길 중에서 하나를 택하여라. 파당을 가지고 정권을 잡으려 싸우는 이들이 있어야 민족이 잘 살겠는가, 일반국민은 남의 일로 알지 말고 방임할 수 없는 것이다. 지금 우리 정부조각(政府組閣)에 반대하는 사람들의 이유를 들으면 아모아모가 있어 독립이 지체된다던지 국권회복에 방해가 되겠으니 못 된다는 말은 없고 자기 자신이 참여하지 못했으니 하는 반대는 우리 선열들이 과거 3,40년 동안에 피를 흘리며 싸운 본의가 아니다.

지난 3년 동안 외국군 정부는 어디 우리 마음에 맞아서 아모 말 없이 복종하였는가. 지난 40년 동안 왜정도 어디 우리가 만족해서 참아온 것인가. 지금 우리 정부를 우리 손으로 만들어 국권을 회복하려는 이때에 우리 손으로 세운 정부가 다소 미급한 점이 있드라도 아무쪼록 육성하여 정권 찾기만 급선무라 할 것이다. 선동적으로 파괴적 결과를 우리는 바랄 수 없다. 동포여 아모쪼록 애국심을 발휘하기를 바란다.

(『대통령이승만박사담화집』, 공보처, 1953)

전민족에게 충고함

1948. 08. 12

우리가 이때까지 해온 것은 국권회복을 위한 것인데 지금부터 미국과 여러 다른 우방들의 정책이 우리의 뜻하는 바와 같다. 지금은 정권이양이 착착 진행 중이니 우리 3천만은 40년간 이저버렸든 강토와 독립을 획득하는 이 날에 누구나 다 감격함을 마지않는 것이다.

그러나 자초(自初)로 총선거와 정부수립에 반대하는 인사들이 있어 모든 실의(實意) 아닌 말을 조작 선동하는 폐가 있어 실권(實權)없는 허명(虛名)으로만 정부를 행사하라고 하는 선동이 많은 모양이다. 이에 대해서 나는 전민족에게 충고하노니 미국정부나 우리 인민이나 전적으로 정권이양하기를 결정지을 것이며 몇몇 우방에서는 다 이것을 협의하고 하로바삐 진행하기를 내정하고 있는 것이다. 이에 대해서는 조금도 의심이 없을 것이다. 만일 우려가 있다면 나를 믿어서 독립완성에 성공이 못된다면 나는 결코 협의치 않을 것을 민족이 다 믿어주어야 할 것이요 절대한 지지와 옹호가 있어야만 이 시기에 절대 성공할 것이다.

정권이양으로 말하면 정부 현임(現任) 대소 관공리를 나가라고 하고 모든 새사람으로서 한다면 상쾌하고 신속할듯하나 이것을 행할 필요는 없고 행할 사무도 못되는 것이다. 정부의 재정과 물산과 서류와 모든 소속권리를 넘겨받을 적에도, 물자배당과 사정액수를 나가는 사람과 들어오는 사람이 서로 앉아서 받을 적에도 조사서명할 것을 알 수 있을 것이니, 전국 재산과 주권을 이양하는 때에 조금이라도 혼돈이 생겨서 넘겨주는 사람도 책임이 없고, 넘겨받는 사람도 책임이 없다면, 이에서 더 큰 위협은 없을 테이므로 국민정부와 미국정부와의 대표들이 모여 앉아 옮겨 받고, 그 다음에 또 조리대로 진행할 것이며, 국방군 설립과 점령군 철퇴의 사무에도 UN의 결의에 의해서 조항을 정하는 대로 국민정부와 미군사령장관 동시에 이를 공포해서 진행하는 것이다.

　　그 중에는 경찰 통위부(統衛部) 사무도 포함하여 이양하는 실무는 금월 16일부터 실시될 것이요 내용으로도 지금 전부 결속이 되어있다.

(『대통령이승만박사담화집』, 공보처, 1953)

함께 뭉쳐서 자강전진(自疆前進) 외모(外侮)막자

(해방 3주년 기념사)

1948. 08. 15

금년 8·15는 해방기념 외 새로 대한민국의 탄생을 겸하여 경축하는 날이니 우리 3천만에게는 가장 의미 있는 날이다. 전국민이 경향(京鄉)에서 이 날을 즐거히 경축하며새 정신과 새 결심으로 국민정부를 봉대(奉戴)해서 세계 우방들로 하여금 자치 자주할 기능이 있거니와 합심협력으로 함께 뭉쳐서 대내대외로 모든 장애와 풍파파란을 다 저지하며 자강 전진하여 지금부터는 침략주의에 유린(蹂躪)이나 모욕을 다 받지 않을만한 능력을 표시해야만 될 것이니 모든 국민이나 정당 단체들은 다 각자의 사소한 관계를 초월하고 대업의 완성만을 위하여 분투매진(奮鬪邁進)할 것이다.

(『대통령이승만박사담화집』, 공보처, 1953)

대한민국 정부수립과 우리의 각오

1948. 08. 15

외국 귀빈제씨와 나의 사랑하는 동포 여러분!

8월 15일 오늘 거행하는 이 식은 우리의 해방을 기념하는 동시에 우리 민국이 새로 탄생한 것을 겸하여 경축하는 것입니다. 이날에 동양의 한 고대국인 대한민국 정부가 회복되어서 40여 년을 두고 바라며 꿈꾸며 희생적으로 투쟁하여온 결실이 표현되는 것입니다. 그러므로 오늘 이 시간은 내 평생에 제일 긴중한 시기입니다. 내가 다시 고국에 돌아와서 내 동포의 자치 자주하는 정부 밑에서 자유 공기를 호흡하며 이 자리에 서서 대한민국 대통령의 자격으로 이 말을 하게 되는 것입니다. 그러나 내 마음에는 대통령의 존귀한 지위보다 대한민국의 한 공복인 직책을 다하기에 두려운 생각이 앞서는 터입니다.

우리가 목적지에 도달하기에는 앞길이 아직도 험하고 어렵습니다. 4천여 년을 자치 자주해온 역사는 막론하고 세인들이 남의 선전만 믿어 우리의 독립 자치할 능력에 대하여 의심하던 것을 금년 5월 10일 전민족의 민주적 자결주의에 의한 전국 총선거로써 우리가 다 청소시켰으며 모든 방해와 지장에 대하여 일시의 악감이나 낙심애걸하는 상태를 보이지않고 오직 인내와 정당한 행동으로 극복하여 온 것이니 우리는 이러한 태도를 가지고 연속 진행함으로 앞에 많은 지장을 또 일일이 이겨나갈 것입니다. 그러므로 조곰도 우려하거나 퇴축할 것도 없고 어제를 통분히 여기거나 오늘을 기뻐만 하지 말고 내일을 위해서 노력해야 될것입니다. 우리가 앞으로 할 일은 우리의 애국심과 노력으로 우리 민국을 반석같은 기초위에 둘 것이니 이에 대하여 공헌과 희생을 아니한 남녀는 더 큰 희생과 굳은 결심을 가저야될 것이오. 더욱 굳센 마음과 힘을 다하여 다만 우리의 평화와 안전 뿐 아니라 왼 인류의 안전과 평화를 위해서 힘써야 될 것입니다.

이 건국 기초에 요소가 될 만한 몇 조건을 간략히 말하면

1. 민주주의를 전적으로 믿어야 될 것입니다. 우리 국민 중에 혹은 독재제도가 아니면 이 어려운 시기에 나갈 길이 없는 줄로 생각하며 또 혹은 공산분자의 파괴적 운동에 중대한 문제를 해결할만한 지혜와 능력이 없다는 관찰로 독재권이 아니면 다른 방식이 없다고 생각하는 이도 있으니 이것은 우리가 다 큰 유감으로 생각하는 것입니다. 목하의 사소한 장해로 인해서 영구한 복리를 줄 민주주의의 대정방침을 모호하게 만드는 것은 우리가 결코 허락하지 않을 것입니다. 독재주의가 자유와 진흥을 가져오지 못하는 것은 역사에 증명된 것입니다. 민주제도가 어렵기도하고 또한 더디기도 한 것이지만 의로운 것이 종말에는 이기는 이치를 우리는 믿어야 할 것입니다. 민주제도는 세계 우방들이 다 믿는 바로 우리 친구들이 이 전제정치

와 싸웠고 또 싸우는 중입니다. 세계의 안목이 우리를 드러다 보며 역사의 거울이 우리에게 비치어 보이는 이때에 우리가 민주주의를 채용하기로 하고 30년 전부터 결정해서 실행하여온 것을 또 간단없이 실천해야 될 것입니다. 이 제도로 성립된 정부만이 인민의 자유를 보장하는 정부입니다.

2. 민권과 개인자유를 보호할 것입니다. 민주 정체의 요소는 개인의 근본적 자유를 보호하는 것입니다. 국민이나 정부는 항상 주의해서 개인의 언론과 집회와 종교와 사상의 자유를 극력 보호해야 될 것입니다. 우리가 40여 년 동안을 왜적의 손에 모든 학대를 받아서 다만 말과 행동 뿐 아니라 생각까지도 자유로 하지 못하게 되었던 것입니다. 그러나 이것은 우리민족이 절대로 싸워온 것입니다. 우리는 개인 자유활동과 자유판단권을 위해서 쉬지 않고 싸워온 것입니다. 우리를 압박하는 사람들은 유래로 저의 나라의 전제정치를 고집하였으므로 우리의 민주주의를 주장하는 마음이 더욱 굳어져서 속으로 민주제도를 배워 우리끼리 진행하는 사회나 정치상 모든 일에는 서양민주국에서 행하는 방식을 모범하여 자래로 우리의 공화적 사상과 수난을 은근히 발전하여 왔으므로 우리의 민주주의는 실로 뿌리가 깊이 박혔던 것입니다. 공화주의가 30년 동안에 뿌리를 깊이 박고 지금 결실이 되는 것이므로 굳게 서 있을 것을 믿습니다.

3. 자유의 뜻을 바로 알고 존중하며 한도 내에서 행해야 할 것입니다. 어떤 나라에던지 자유를 사랑하는 지식계급의 진보적 사상을 가진 청년들이 정부에서 계단을 밟어 진행하는 일을 비평하는 폐단이 종종 있는 터입니다. 이런 사람들의 언론과 행실을 듣고 보는 이들이 과도히 책망해서 위험분자라 혹은 파괴자라고 판단하기 쉽

니다. 그러나 사상의 자유는 민주국가의 기본적 요소이므로 자유 권리를 행사하여 남과 대치되는 의사를 발표하는 사람들을 포용해야 할 것입니다. 만일 그렇지 못해서 이런 사람들을 탄압한다면 이것은 남의 사상을 존중히 하며 남의 이론을 참고하는 원측에 위반일 것입니다. 그러므로 시비와 선악이 항상 싸우는 이 세상에 우리는 의로운 자가 불의를 항상 이기는 법을 확실히 믿어서 흔들리지 말아야 될 것입니다.

4. 서로 이해하며 협의하는 것이 우리 정부의 관건이 되어야 할 것입니다. 우리가 새 국가를 건설하는 이때에 정부가 안으로 공고하며 밖으로 위신이 있게 하기에 제일 필요한 것은 이 정부를 국민이 자기들을 위해서 자기를 손으로 세운 자기들의 정부임을 깊이 각오해야 될 것입니다. 이 정부의 법적 조직은 외국군사가 방해하는 지역 외에는 전국에서 공동히 거행한 총선거로 된 것이니 이 정부는 국회에서 충분히 토의하고 제정한 헌법으로써 모든 권리를 확보한것입니다. 그러므로 지금부터는 우리 일반 국민은 누구나 다 일체로 투표할 권리와 참정할 권리를 가진 것입니다. 일반 국민은 누구를 물론하고 이 정부에서 분포되는 법령을 다 복종할 것이며 충성스러히 바뜰어야만 될 것입니다. 국민은 민권의 자유를 보호할 담보를 가졌으나 이 정부를 불복한다든지 번복하려는 권리는 허락한 일이 없으니 어떤 불충분자가 있다면 공산분자 여부를 물론하고 혹은 개인으로나 또 당으로나 정부를 전복하려는 사실이 증명되는 때에는 결코 용서가 없을 것이니 극히 주의해야 할 것입니다. 민주주의가 인민의 자유 권리와 참정권을 다 허락하되 불량분자들이 민권자유라는 구실을 이용해서 정부를 전복하려는 것을 허락하는 나라는 없는 것이니 누구나 다 이것을 밝히 알어 조심해야 될 것입니다.

5. 정부에서 가장 전력하는 바는 도시에서나 농촌에서나 근로하며 고생하는 동포들의 생활정도를 개량하기에 있는 것입니다. 기왕에는 정부나 사회에 가장 귀중히 여기는 것은 양반들의 생활을 위했던 것입니다. 지금부터는 이 사상을 다 버리고 새 주의로 모든 사람의 균일한 기회와 권리를 주장하며 개인의 신분을 존중히 하며 노동을 우대하여 법률 앞에는 다 동등으로 보호할 것입니다. 이것이 곳 이 정부의 결심이므로 전에는 자기들의 형편을 개량할 수 없던 농민과 노동자들에게 특별히 주의하려 하는 것입니다. 또 이 정부의 결심하는 바는 국제통상과 공업발전을 우리나라의 필요에 따라 발전을 실시하여 우리 농장과 공장소출을 외국에 수출하고 우리가 우리에게 없는 물건은 수입해야 할 것입니다. 그런즉 공장과 상업과 노동은 서로 떠날 수 없이 함께 병행불패(竝行不敗)해야만 될 것입니다. 경영주들은 노동자를 이용만 하지 못할 것이오 노동자는 자본가를 해롭게 못할 것입니다. 공산당의 주의는 계급과 계급 사이에 충돌을 붙이며 단체와 단체 간에 분쟁을 붙여서 서로 미워하며 모해를 일삼는 것이나 우리의 가장 주장하는 바는 계급전쟁을 피하고 전민족의 활동을 도모함이니 우리의 활동과 단합성은 우리 앞에 달린 국기가 증명하는 것입니다. 상고시대부터 태극이 천지만물에 융합되는 이치를 표명한 것이므로 이 이치를 실행하기에 가장 노력할 것입니다.

6. 우리가 가장 필요를 느끼는 것은 경제적 원조입니다. 과연 기왕에는 외국의 원조를 받는 것이 받는 나라에 위험스러운 것을 각오하지 않을 수 없었던 것입니다. 그러므로 우리가 언제던지 무조건하고 청구하는 것은 불가한 줄로 아는 바입니다. 지금와서는 이 세계대세가 변해서 각 나라 사이에 대소강약을 물론하고 서로 의지

해야 살게되는 것과 전쟁과 평화에 화복안위를 가치당하는 이치를 다 깨닫게 되므로 어떤 적은 나라의 자유와 건전이 모든 큰 나라에 동일하게 관심 되는 것입니다. 연합국과 모든 민족들이 개별적으로나 단체적으로 기왕에 밝히 표명하였고 앞으로도 계속해서 발표할 것은 이 세계의 대부분이 민주적 자유를 누리게 하기로 결심한 것입니다. 그러므로 우방들이 우리에게 많은 도음을 주는 것이오. 또 계속해서 도움을 준 것인데 결코 사욕이나 제국주의적 요망이 없고 오직 세계평화와 친선을 증진할 목적으로 되는 것이니 다른 의심이 조곰도 없을 것입니다.

오늘 미군정은 끝나고 대한 정부가 시작되는 이날에 모든 미국인과 모든 한인사이에 한층 더 친선을 새롭게 하는 것이 필요합니다. 우리가 우리 자유를 회복하는 것은 첫째로 미국이 일본의 강권을 타도하기 위하여 우리나라에 있던 적군을 밀어내었고 지금은 자발적으로 우리의 독립을 회복하기에 돕는 것이니 우리 토지의 일척일촌(一尺一寸)이나 우리 재정의 일푼전이라도 원하는 것이 없는 것입니다. 미국은 과연 정의와 인도의 주의로 그 나라의 토대를 삼고 이것을 세계에 실천하는 증거가 이에 또다시 표명되는 것입니다. 겸하여 과도기에 미국장교들을 도아서 계속 노력한 모든 동포들의 업적은 우리가 감사하지 않을 수 없는 것입니다.

첫재로 미국 군인이 점령한 동안에 군정이나 민정에 사역한 미국 친우들이 우리에게 동정하며 인내하여 많은 양해로 노력해준 것은 우리가 또 깊이 감사하는 바입니다. 또 다시 설명하고저 하는바는 미점령군 사령관이오 지도자인 하-지 중장의 모든 성공을 치하하는 동시에 우리는 그분을 용감한 군인일 뿐 아니라 우리 한인들의 참된 친우임을 다시금 인정하는 바입니다. 이 새로 건설되는 대한민주국이 세계 모든 나라 중에 우리의 좋은 친구 되는 나라들이 많은 것을 큰 행복으로 여기는 것입니다. 우리 정부의 주의(主義)하는 바는 기왕에 친근히 지내던 나라와는 더욱 친선을 도모하는 것이오 기왕에 교제 없는 나라들과도 친밀한 교제를 열기로 힘쓸 것입니다.

둘재로 국제연합의 회원된 나라들을 일일이 다 지명하여 말할 수는 없으나 이 모든 나라들이 우리에게 많은 동정을 표하였으며 작년 11월 14일에 한국을 위하여 통과한 결의로 우리의 독립문제를 해결되게 한 것을 감사히 여기는 중 더욱이 유엔임시위원단에 대표를 파견한 그 나라들이 민주적 총선거를 자유로 거행하는데 도아주어서 이 정부가 생기게 한 것을 특별히 고마워하는 바입니다. 이 앞으로 유엔총회가 파리에서 열릴 때에 우리나라 승인문제에 다 동심 협조하여 이만치 성공된 대사업을 완수하게 하기를 바라며 믿는 바입니다.

우리 전국민이 기뻐하는 이날에 우리가 북편을 돌아보고 비감한 생각을 금하기 어렵습니다. 거의 1천만 우리 동포가 민국건설을 우리와 가치 진행하기를 남북이 다 원하였으나 유엔대표단을 소련군이 막기 때문에 못하게 된 것이니 우리는 장차 소련사람들에게 정당한 조처를 요구할 것이오. 다음에는 세계대중의 양심에 호소하리니 아모리 강한 나라이라도 약한 이웃의 강토를 무단히 점령케 하기를 허락한다면 종차로는 세계평화를 유지하려는 것입니다. 그 나라가 자유로 사는 것을 우리가 원하느니만치 우리가 자유로 사는 것을 그 나라도 또한 원할 것입니다. 언제던지 우리의 이 원하는 바를 그 나라도 원한다면 우리 민국은 세계 모든 자유국과 친선을 지키며 지내는 것과 같이 소련과도 친선한 우의를 다시 교환하기에 노력할 것입니다.

결론으로 오늘 지나간 역사는 마치고 새 역사가 시작되어 세계 모든 정부 중에 우리 새 정부가 다시 나서게 되므로 우리는 남에게 배울 것도 많고 도움을 받을 것도 많습니다. 모든 자유우방들의 후의와 도움이 아니면 우리의 문제는 해결키 어려울 것입니다. 이 우방들이 이미 표시한 바와 같이 금후로도 계속할 것을 우리는 깊이 믿는 바이며 동시에 가장 중대한 것은 일반 국민의 충성과 책임감과 굳센 결심입니다. 이것을 신뢰하는 우리로서는 모든 어려운 일에 주저하지 않고 이 문제를 해결하며 장해를 극복하여 이 정부가 대한민국에 처음으로 서서 끝까지 변함이 없이 민주주의에 모범적 정부임을 세계에 표명되도록 매진할 것을 우리는 이에 선언합니다.

(金珖燮 편, 『이대통령훈화록』, 중앙문화협회, 1950)

정권 이양문제에 대하여

1948. 09. 04

　미군정이 8월 16일부터 폐지된 이후 민국정부는 정령(政令)을 발행하지 않고 2주일동안을 거의 진공상태로 계속되었으므로 민간에 다소 의혹이 생겨서 정국이 자못 우려를 가지게 됨은 유감으로 생각하는 바이다. 그러나 그 이유는 누구가 책임을 맡고자 아니 하거나 또는 책임을 내놓고저 아니 하는 폐단이 있는 것은 아니고 다만 군정과 민국정부 사이에 이양하고 접수(接受)하는 조건이 양편(兩便)에 충분하게 작성되어서 넘겨받는 물건이나 책임을 상소(詳昭)히 명문조인(明文調印)한 후(後)래야 신구교체를 완전히 할 수 있는 것이요, 만일 그렇지 못해서 아무 소개 없이 한편에서는 들어가고 보면 받는 사람은 무엇을 받는지도 모르고 큰 책임을 졌다가 일후(日後)에 문제가 생기게 되면 무엇을 가지고 증명하며 회답할 수 있을 것이요 그러므로 며칠 지체가 될지라도 분명히 할 수 있는데 까지는 정돈하고 행하라고 함이니 이 조리(條理) 하(下)에서 벌써 경찰 기타 몇부는 이미 접수(接受)된 것이니 좀 더 인내하면 몇칠 내로 성적이 표명될 줄 믿는 바이다.

『대통령이승만박사담화집』, 공보처, 1953)

북한정권에 대하여

1948. 09. 05

우리는 비록 상호 기만(欺瞞)하는 시달림에 살고 있을망정 인민은 속지는 않을 것이다. 북한의 소련(蘇聯)정권은 UN총회에서 이 황당케 한 주장을 행할 것으로 추측되는데 그들은 한국인민이 명백히 아는 바와 같이 UN총회에서 가소롭다고 생각될 것이 확실하다.

UN위원단의 감시 하에 700만의 남한인민은 5월 10일 선거에 투표하여 우리 대한민국(大韓民國)을 수립하는 국회를 선출하였던 것이다. 공산당(共産黨)이 선전하는 바와 같이 이들 남한시민 중에서 600만 명이 하등의 법적 근거도 가지지 않는 정부에 재차 투표하였다는 것은 우리들 시민으로서는 도저히 믿을 수 없는 일이다.

공산당 수뇌자(首腦者)들에 의한 간계(奸計)한 근거 없는 기만에도 불구하고 북한인민은 한국의 법통정부가 서울에 수립되고 그들은 소련이 허락만 하면 곧 이 정부에 참가할 수 있다는 것을 잘 알고 있다. 한편 소련통제 하의 평양방송(平壤放送)은 소위 최고인민회의(最高人民會議)는 2일 제1차 회의를 개최하였는데 북한 대표 212명과 남한 대표 360명으로서 구성되었다고 하여 다음과 같이 보도하였다.

남한 대표는 600만 명 이상의 남한인민이 참가한 지하(地下) 선거에 의하여 차례로 선출된 1600명의 남한인민에 의하여 8월 25일 피선되었다, 이들 대표는 남한인민회의(南韓人民會議)의 대표원을 지명하기 위하여 월경(越境)하여 만주(滿洲)에서 회합(會合)하였다. 북한 대표원 선출에는 등록인의 99.97%가 투표하였고, 그 중 98.49%가 정식 입후보자에 투표하기 위하여서는 투표용지를 白函 대신에 黑函 속에 넣을 수가 있었다. 그런데 오로지 단일 입후보자 명부만이 제출되었다. 경찰 담(談)에 의하면 남한에서의 지하 선거운동 중 수백 명이 체포되었고 무수의 투표용지가 압수되었는데 보고받은 소수 실례(實例)에 의하면 좌익(左翼)은 촌민(村民)으로 하여금 투표용지에 날인(捺印)하도록 강제하려고 하였으나 대개 지하 공산의원만이 지하 투표용지에 날인하였을 뿐이라 한다.

(『대통령이승만박사담화집』, 공보처, 1953)

미소(美蘇) 양군 철퇴문제에 대하여

1948. 09. 22

소련(蘇聯)은 일본(日本)을 패부(敗負)시키고 한국(韓國)에서 일본군을 구축(驅逐)시키는데 있어서 기여한바 적고, 여사(如斯)한 과업의 대부분을 미국(美國)에 매꼈든 만큼 나는 소련군이 즉시 무조건으로 북한(北韓)에서 철퇴하기를 요청하는 바이다. 미군은 한국의 안전이 보장 되는대로 즉시 철퇴할 것으로 생각한다. 20일 개막하는 파리 UN총회가 한국문제를 취급할 것인 만큼 우리가 미군철퇴에 관한 UN의 최후적 결정을 기다리고 있다. 그러나 우리가 국방군을 조직할 수 있을 시까지 미군은 대한민국(大韓民國)의 안전을 유지할 의무를 보유하는데 이는 장구한 시일이 아니라 아마 수개월을 필요로할 것이다.

남북통일을 말하자면 UN총회가 이에 관한 중대한 조치에 합의를 볼 것으로 확신하는 바인데, 여하(如何)한 국가이든 여사(如斯)한 조치에 반대할 이유나 권한을 고려한다는 것은 곤란한 일이라고 믿는다. 한편 나는 가까운 장래에 '맥아더' 장군과 회견하기를 희구(希求)하고 있다.

『대통령이승만박사담화집』, 공보처, 1953)

반민자 처단은 민의, 법운영은
보복보다 개과천선토록 하라

1948. 09. 24

왜적(倭賊)에게 가부(呵咐)하여 악질적인 반민족행위를 감행한 자를 처벌함은 민의가 지향하는 바이며 우리가 다 같이 각오하는 바이므로 이번에 국회에서 의결된 반민족행위처벌법(反民族行爲處罰法)에 대하여 본 대통령은 민의에 따라 서명(署名) 공포할 것이나 다만 본 대통령은 이 법을 공포함에 제(際)하여 몇 가지 소감을 피력하지 않을 수 없다.

첫째에는 벌을 받은 자가 손자(孫子)에 가서 벌이 미치며 그 재산을 몰수한다는 규정이 있는바 이것은 소상한 해석이 없으면 중고시대(中古時代)의 일과 혼동될 염려가 있으므로 현대 민주주의 법치국가로서 이런 법을 적용한다는 오해를 피해야 될 필요가 있을 것이며, 또 고등관을 역임한 자들의 관등을 구별하여 벌칙을 정한 것은 일정한 차별을 만들기에 필요한 것이지마는 법률은 문구보다 정신을 소중히 하는 것이니 비록 등으로는 처벌에 해당한다 할지라도 정신적으로 용서를 받을 만한 경우도 있을 것을 참작하여 후일 특별법원을 조직한 후 본법 해당자를 재판하는데 있어서는 이런 점에 특별 유의하여 억울한 일이 없도록 힘쓰기를 희망하며 일반 동포도 이런 점을 양해하여 이 방면으로 주의하기 바라는 바이다.

제6조에서 … 본법에 정한 죄를 범한 자가 개전(改悛)의 정신이 현저(顯著)할때에는 그 형을 경감 또는 면제할 수 있다고 한것은 관엄(寬嚴)을 구비한 규정이라 할 것이니 대개 법으로써 죄를 벌함은 범죄자에게 보복을 가하는 것보다는 범죄자를 선도하여 개과천선의 기회를 주랴는데 목적이 있는 까닭이다. 법률은 공평하고 엄정하기를 주장으로 삼는 것이나 의혹이 있는 경우에는 후한 편으로 치우치는 것이 가혹한 편으로 치우치는 것보다는 항상 가할 것이다. 또 한 가지 말하고자 하는 것은 내가 자초(自初)로 주장하든 것은 반민족행위자를 처벌하는 것은 정부가 완전히 된 후에 하자는 것이다.

지금 대한민국 정부가 비록 성립되었으나 정권이양이 아직 진행 중에 있는 터이므로 또 UN총회의 결과도 아직 완정(完定)되지 못한 터이므로 모든 사태가 정돈되지 못한 이때에 이 문제를 처리함에 있어서는 내외정세를 참고하여야할 점이 허다한 것이니 지혜로운 모든 지도자들은 재삼(再三) 생각할 필요가 있음을 이에 선명(宣明)하는 바이다.

(『대통령이승만박사담화집』, 공보처, 1953)

미곡 수집에 대하여

1948. 09. 30

　민생문제 해결이 시급하므로 정권이양 이후 백방으로 연구하여 소위 공출(供出)이라는 제도를 폐지하고 정부에서 미곡을 매입하여 국민의 식량을 균형 있게 확보하고저 금월 10일자로 이 법안을 국회에 제출하였으나 다소간 의견차이가 있어 금일까지 통과를 보지 못하였다. 일편으로 추수는 진행되어 신곡(新穀)이 시장에서 판매케 되니 법률통과가 금일에 된다 하더라도 그 시행을 위한 대통령령 등의 세칙이 제정되고 이를 실시하기 위하여 지방장관회의 기타의 행정적 조치를 행하려면 또다시 상당한 시일을 요할 것이다. 그래서 시기를 노쳐서 배급량에 충당할 만한 양곡의 수집이 불능하면 오는 일 년 간 국민의 일부분은 기아를 면치 못할 뿐만 아니라 세계식량위원회에서 원측적으로 수집제도가 안 되는 국가에는 원조가 없게 되어 우리의 부족한 실량 수입이 절망될 우려가 있고, 따라서 수억 원 가치의 비료, 기타 긴급 용품의 원조까지 두절될 것이다.

이는 구주 각국에서 현행되는 실정이니 어떤 국가는 원조를 얻고자 자기 국법까지 변경하여 세계식량위원회의 규례에 적합하도록 법을 작성하고 있다. 이 원조는 과거 3년간 우리가 받아 왔는데, 금년에 두절이 된다면 실로 경제적으로 중대한 결과를 초래할 것이니 나는 일시도 이를 방임할 수 없다. 그러므로 본 대통령은 잠정적으로 이 위기를 면코자 일반 동포에게 부득이 종래 실시하든 군정법령 212호에 의하여 미곡수집을 계속할 수밖에 없는 고충을 발표하는 바이다.

그런데 미곡의 가격은 적당히 결정할 것이요, 자가용과 종곡을 제하고는 모다 정부 판매로 해서 민생문제의 초급(焦急)을 해결케 하기를 바라는 바이다.

(『대통령이승만박사담화집』, 공보처, 1953)

한글날을 맞이하여

1948. 10. 09

　우리 한글은 모자음(母子音)으로 취음하여서 만든 글로 세계에 제일 과학적으로 되었고, 또 충분하게 되어서 단시일 내에 배워서 쓰지 못할 사람이 없어 우리나라 문화 역사들을 연구한 외국학자들도 세종대왕(世宗大王)의 공적을 찬양하여 한국의 문화정도가 높은 것을 또한 칭찬하는 것이다. 다만 중간에 한문(漢文)을 숭상하는 학자들이 편협한 관념으로 국문(國文)을 언문(諺文)이라 하여서 버려둔 까닭에 일반 평민은 학자들의 사조에 끌려서 귀중한 우리글에 무관심하였고, 사백여년 동안을 썩혀버렸든 것이다. 그래서 민간의 학식 정도가 충분히 발전 못된 유감을 가져오게 된 것이다. 이 중에 또 글을 보고 성명을 쓸 줄 아는 사람의 수효를 외국에 비교하면 우리의 상식 정도가 오이려 높다 하지 않을 수 없다.

　우리는 사십년 동안 왜족(倭族) 압박으로 문명이 퇴영(退?)되어 신문, 잡지 등에 전혀 우리 국문을 써서 남녀노소와 가정 부녀로 하여금 글 못 보는 사람을 없게 하여서 나아가 세계의 지식을 얻도록 하여 날로 새롭게 세계문명국에 용전하여야 될 것이다. 중국(中國)은 자기 나라들인 한문의 어려움을 깨닫고, 백방으로 이를 쉽게 만들랴 하여 취음하여서 쓰려하여도 여의치 못함을 한탄하는 중인데, 우리로는 이렇게 좋은 글을 두고 쓰지 않는다면 이보다 더 어리석은 것은 없을 것이다.

그러나 국문을 쓰는데 한글이라는 방식으로 순편(順便)한 말을 불편케 하든지 속기할 수 있는 것을 더디게 만들어서 획과 음을 중첩하게 만드는 것은 아무리 한글 초대의 원칙이라 할지라도 이글은 시대에 맞지 않는 것이니 이 점에 깊이 재고를 요하여 여러 가지로 교정을 하여서 우리글을 쉽게 사용할 수 있도록 하기를 부탁하는 바이다.

(『대통령이승만박사담화집』, 공보처, 1953)

맥 원수 한국 보위에 언급

1948. 10. 09

여(余)의 방일시(訪日時) 맥아더 장군은 신생 대한민국을 꾸준한 무
장반란에서 보위하여 줄 것을 확약(確約)하였다. 맥아더 장군은 미국
인민을 보호하는 것과 같이 한국 인민을 보호하고, 캘리포니아를
방어하는 듯이 한국을 방어할 것이라고 말한 것이다. 여(余)의 생각
하는 바에 의하며 맥아더 장군의 한국방위 언약은 맥아더 장군 개
인의 의사를 발표한 것이고, 미국정부의 정식 정책을 말한 것은 아
닐지도 모른다.

(『대통령이승만박사담화집』, 공보처, 1953)

미국민과 이해증진을 희망함

1948. 10. 21

　여(余)는 '맥아더' 원수(元帥)와 더부러 각국 문제에 관하여 재차 회담하게 되기를 희망하는 바, 여(余)의 방일(訪日)은 단기의 것이며, 주로 사교적 성질을 띠운 것이다. 우리의 회담 도중에는 한국, 일본, 미국에 관한 문제도 제기될 것으로 예상하는 바이다. 여(余)는 또한 개인의 답례 이외에 이 기회에 '맥아더' 원수와 미국에 대한 한인(韓人)의 감사를 표명하려고 하는 바이다.

　한국의 안전은 미국의 안전과 밀접한 관계에 있다. '맥아더' 원수 휘하(麾下)의 미군의 영웅적 공로로 한국은 일본으로부터 해방되었으니 북한은 상금(尙今) 소련의 기반(羈絆) 하(下)에 있다. 그러나 우리들과 UN의 노력으로 한국은 드디어 독립을 회복(恢復)하였다. 한국은 세계국가의 일원으로써 그 지위와 책임을 부가(負荷)할 용의(用意)를 가지고 있다. 여(余)는 금반(今般)의 '맥아더' 원수 방문의 결과로 양 국민간의 이해가 일층 증진되기를 바라는 바이다.

『대통령이승만박사담화집』, 공보처, 1953)

한일통상에 대하여

1948. 10. 22

　남한공화국(南韓共和國)은 잠시 외국의 투자를 봉쇄할 것이다. 남한공화국은 상금(尙今) 외국 국가 혹은 개인의 자본을 경제 재건에 참가시키기 위하여 미국 내지 타 국가와 조약관계를 맺지는 않았다. 한국정부는 석회 탕그스텐 기타 중요산업을 국유화할 조처를 취할 것이다. 나는 중국 기타 수 개국이 한국 자원에 특히 탄광 등 개발에 투자하기를 원한다는 것을 들은 일이 있다.

　오인(吾人)은 신 대한민국 수립에 대한 미국 원조에 감사하는 바이며, 이 감사에 대한 사소한 표식으로 한국의 최신식의 호텔인 반도(半島) 호텔을 미국 대사관으로 사용하기 위하여 미국에 기증키로 하였다. 나는 일본과 한국에 정상(正常)한 통상관계가 재확립되기를 희망한다. 우리는 과거를 망각하여 할 것이며, 또한 망각할 것이다. 만일 일본인이 한국인을 진정으로 대한다면 우호관계는 일신될 것이다. 우리는 인방국(隣邦國)과는 평화리에 생존할 수 있으리라고 생각하고 있으며, 일본인은 그들의 심각한 제 경험에서 여사(如斯)한 교훈을 얻었으리라고 믿는다. 한편 한국의 식량, 특히 미곡 공급은 경제

재건을 실시하는데 기본적인 문제가 되었다.

한국정부의 최초 시책은 모리배들이 행하는 식량품 및 기타 상품에 관한 밀수출, 혹은 불법매매 등을 억제하는 것이다. 나는 제외국과의 정상적인 통상관계를 통하여 상품관계를 통하여 상품공급이 개선되기를 희망한다. 철의 장막 배행(輩行)인 북한의 제 산업 및 자연자원 그리고 과거 3년간에 태만 및 방임으로 말미암아 파괴된 남한의 공장 및 광산의 대부분 그리고 인플레 에 의하여 위태롭게 된 무역 등으로 인하여 신생공화국은 최초로 일본에 연합국이 도착하였을 때에 당면하였던 것과 동일한 중대한 경제적 제 문제를 가지고 출발하지 않으면 안 되게 될 것이다.

한국정부는 공산주의적 제국주의의 조류를 조지하기 위하여 전 세계의 민주주의국가에 협력할 것이다. 소련군이 북한에서 그의 전군을 철퇴시키는 한 우리는 내전과 같은 중대한 국내적 분규를 거치지 않고 우리의 문제를 스스로 해결할 수 있으리라고 생각한다. 공화국을 외부 위협에서 보장하기 위하여 충분한 군대를 창설하는데 얼마나한 시기를 요할 것인가에 관한 문제는 남한에서 중원할 수 있는 필요한 인적 자원, 그리고 기타국 특히 미국의 물적 원조 등의 속도에 의존하는 것이다.

한국은 결코 미국인민의 선의 및 이타심을 의심치 않는다. 한국에 제공되는 물질적 원조 그리고 한국을 완전히 하는데 필요한 미국의 장래 원조책 등에 대하여 감사를 표하는 바이다.

(『대통령이승만박사담화집』, 공보처, 1953)

반도는 진퇴유곡
후환 방어책에 전력하라

1948. 10.24

공산분자들이 지하에 결당(結黨)을 부식(扶植)해서 내란을 이르켜 전국을 혼란에 빠치고 남북을 공산화시켜 타국에 부속을 만들랴는 계획이 오래전부터 농후해간 것은 세인이 아는 바이다.

불행히 몽매천식(蒙昧淺識)한 분자들이 혹은 국사에 혹은 어떤 전체에 섞여서 반란을 양성하고 있다가 정부를 기만하고 국권을 말살하려는 음모로 여수(麗水), 순천(順天)등지에서 반란을 이르켜 관리와 경찰을 학살하고 관청을 점령하며 난당소치(亂黨嘯致)하여 형세를 확대하므로써 국제문제를 이르켜 민국을 파괴하고 민족의 자상잔멸(自傷殘滅)을 고취하려한다. 그래서 피해자가 약 3백 명 내지 5백 명에 달한다는 보고를 접수하였다. 이런 분자들은 개인이나 전체를 물론하고 하늘을 이루고 같이 살 수 없는 사정이다. 그동안 충성한 경찰관리와 국방군의 결사적 전투공효(戰鬪功效)로 난도(亂徒)들을 진압(鎭壓)하여 난국이 거의 정돈되었다. 이 난도들이 산곡(山谷)으로 도주

은피(逃走隱避) 하려는 것을 관군이 예측하고 기선(機先)을 제(制)하여 마츰내 그들은 진퇴유곡의 형세를 이루었다.

이 반도(叛徒) 지역에서 불일내(不日內)로 초토안돈(剿討安頓)케 될 것이니, 고려할 것은 없으나 극소수에 잔재한 난도들이 혹 도망하여 잠재(潛在)한 도당(徒黨)을 꾀여 살인방화와 약탈 등 파괴행동으로 해물상인(害物傷人)을 감행하여 치안을 방해할 것이니, 방어상태의 방책을 하지 않고는 후환을 피하기 어려울 것이므로 정부에서는 단호한 태도를 취하여 치안을 유지하며, 인명을 보호할 것이오, 어디서든지 이런 반역도당이 있으면 이들은 군법을 따라 정형시위(正刑視威)하여 여(餘)얼의 만연(蔓延)을 절금(絶禁)할 것이며, 각 지방 노소(老少)는 질서와 안녕을 범하는 자가 없도록 조직적 행동을 하여 반역자의 은닉약탈(隱匿掠奪) 등의 폐단이 없게 하고, 괴수(魁首)된 자를 속히 포박(捕縛)케 하여 공분(公憤)을 설(雪)하며, 국법을 밝힐지니 관민일심(官民一心)으로 격근매진(激勤邁進)하기를 경고하는 바이다.

(『대통령이승만박사담화집』, 공보처, 1953)

적자(賊子)의 선동을 경계하고
충의로 치안유지에 협력하라

1948. 10.29

재래(在來)로 난민적자(難民賊子)가 없는 시대가 없다 하였거니와 이
번 남도에서 일어난 반란군의 좌익같은 것은 우리의 역사에 처음일
것이다.

40년 왜적의 압박으로 철천지한을 품은 우리로서 국권을 회복하
여 독립자주국민으로 다 같이 자유복락을 누리며 살자는 목적 하에
3천만 남녀가 제 피와 제 생명을 애끼지 않고 분투하는 중이어늘 어
찌하여 남의 나라에 제의 조국을 부속시키고 그 노예가 되자는 불
충불의한 언행으로 도당을 모아 장관과 동족의 남녀를 참혹하게
학살하고 내란을 이르켜 정부를 전복하려는 음모로 참담한 정경을
이르고 있는가. 다행히 국군 전체와 경찰과 해군은 애국애족하는 그
충성으로 위험을 무릅쓰고 사지(死地)에 출동하여 도처에서 반역분자
들을 일시에 정복하고 반란군의 괴수를 당장에 토살 정법(正法)하여

양민을 보호하며 치안을 회복하게 되었으니, 장차 국가의 표창도 있으려니와 위선(爲先) 이에 그 공로를 찬양하는 바이다.

　이 난적배에 편입된 도배(徒輩)는 소상한 증거에 따라 일일이 치죄할 것이요, 무지우맹으로 남의 선동에 끌려 범죄한 자는 법대로 처리할 것이며, 또 이번에 순국 일반 장졸은 일일이 그 훈공을 표창하는 한편, 상처와 파괴를 당한 가족들은 특별히 구조책을 정하여 일제히 심심한 동정을 표할 줄 믿는 바이다. 이 난적배의 여당이 어리석게 망동하려 할지라도 모든 인민은 십분 경계하여 그 선동에 끌리지 말 것이며, 그 분자들이 어데 있든지 친 자질이나 친척 간이라도 이들에게 반란의 기회를 주지 말고 적극적으로 회계를 시켜 귀환하거나 그렇지 못하면 경관에게 알려서 엄중히 단속하게 하여 양민의 생명을 보호하여 치안을 유지케 할지어다.

(『대통령이승만박사담화집』, 공보처, 1953)

트루만 미국 대통령 당선에 대하여

1948. 11. 05

　미국 대통령선거에 있어서 '트루만' 대통령이나 '두이' 지사(知事) 모두다 저명한 인사로서 내가 평상 추억하는 분들이다. 금반(今般) '트루만' 대통령이 다시 피선된 데 대해서는 깊이 경축하는 바이다. 이 분을 가장 종경하는 몇 가지 이유는 특히 '트루만' 정책을 세워 세계에 대치(大熾)되는 공산세력을 꺾은 것은 세계정치대가의 큰 수완으로 인정하는 바이다. 그리고 우리 한국에 대해서는 '모스크바' 삼상결정(三相決定)이 불가하다는 것을 최초부터 생각하고 우리에게 많은 동정을 표한 것은 우리로서 감격히 여기지 않을 수 없다.

(『대통령이승만박사담화집』, 공보처, 1953)

불순배를 철저히 제거
반역사상 방지법령 준비

1948. 11. 05

외국 공산분자의 잔인무도한 행위를 기왕부터 많이 들었지마는 우리 한족(韓族)으로는 이런 만행이 절대 없으리라는 것을 믿고 내외국에 대하여 선언하여 온 것인데 이번 순천(順天), 여수(麗水) 등지에 동족상잔한 진상을 들으면 우리 한족(韓族)으로는 과연 통곡할 일이다.

그 중에 제일 놀랍고 참혹한 것은 어린 아이들이 앞재비가 되어 총과 나른 군기(軍器)를 가지고 살인 충화(衝火)하는데 여학생들이 심악(甚惡)하게 한 것과 살해, 파괴를 위주(爲主)하고 사생을 모르는 듯 덤비는 상태는 완전히 인간의 형태를 버서난 행동이라고 외국기자들도 이를 격분하기에 이르니 이런 통탄한 일이 어디 다시 있으리요. 불충불순한 분자들은 매국매족해서 전부를 패망케 하려는 것은 타국에도 없지 않다 하려니와 우리의 순진한 자녀들이 이와 같이 된다는 것은 다 그 부모나 교사들에게 그 죄가 있는 것이니 이것을 방임하고는 우리가 제일 얼굴을 들고 세상에 설 수 없을 것이다.

정부에서는 각부당국에게 신칙해서 위선(爲先) 학교와 정부기관에 모든 지도자 이하로 남녀아동까지라도 일일이 조사해서 불순분자는 다 제거하고 조직을 엄밀히 해서 반역적 사상이 만연되지 못하게 하되 이 앞으로 어떠한 법령이 혹 발포되더라도 전민중이 절대복종해서 이런 만행이 다시는 없도록 방어해야 될 것이다. 만일 이에 우리가 등한히 하다가는 자상잔멸(自傷殘滅)로 사망의 화를 피할 자가 몇이 아니될 위험성을 막기 어려울 것이다.

(『대통령이승만박사담화집』, 공보처, 1953)

안전보장은 관민일치로

1948. 11. 07

일. 공산분자의 숙정에 대하여―각처의 정보에 의하면 여수(麗水), 순천(順天) 지구(地區) 반란분자들이 이북의 지휘를 받아 각처에 연락을 준비하여 놓고 기회를 보아 동성상응(同聲相應)으로 전부를 피바다를 만들려는 음모인 것을 쏘련이 알게 되니 이 반란분자들을 우리 내부에 잠복시켜둔만큼 언제 어느 때 막상 재란이 일어날지 알 수 없는 형편이다.

정부에서 충애(忠愛)하는 경찰과 국군의 확고한 결심과 책임심이 충분하니만치 별로 우환 아니하나 무지몰각한 망동분자들이 어리석게 남의 선동에 끌려 살인, 방화를 감행하게 되어 무고한 관민의 생명이 위험하게 되니 정부 각장관 이하 모든 관공리는 경향을 물론하고 각기 당지(當地)에서는 공산분자의 잠복을 엄밀히 조사할 것이며, 부처국과(部處局課)와 도군(道郡) 각 청(廳)에서도 공산분자로 증명되는 자는 일일히 제명하여 그 정적(情跡)을 살피며, 각 학교와 사회단체까지 이런 분자들은 일일히 숙청해서 양호위환(養虎爲患)의 후환을 밝혀야 될 것이다. 경향(京鄕)의 모든 청년과 부녀단체(婦女團體)는 이때에 더욱 분발해서 정부관리의 힘에 미치지 못하는 곳을 후원해서 관민일치로 안전을 보호하며, 기강을 세우기에 극력진행하기 바란다.

이. 미곡문제에 대하여—근일 각 도(道)에서 들어오는 보고를 들으면 미곡매수에 대하여 관민이 합작노력하므로 그 성적이 상당히 좋아 앞으로 염려가 없을 만치 되어간다 하니, 우리의 애국애족하는 동포의 성심으로 이와 같이 되어가는 것은 본래 이를 믿어오든 바이다. 그러나 금년은 시기가 좀 늦게 착수하니 만치 전보다 좀 더 많은 노력과 공적을 해야 충분한 수량을 제 때에 거두어서 우리 민족이 다같이 살자는 정신을 발휘하여 우리 문제는 우리가 해결할 수 있다는 실력을 세인 이목에 표시해야 할 것이다. 그러므로 일반 동포는 갑절 노력해서 우리의 자성노력을 충분히 수행하기를 부탁하는 바이다.

비료(肥料)와 다른 물자가 해외에서 들어오는 대로 공정히 배급하여 중간에 협잡 없이 수용되는 사람에게 분급할 것이요, 우리 경향 공장(京鄉工場)에서 출산되는 물품은 정부에만 매입하게 할 것이므로 각 공장에서는 폭리를 위해서 잠매하는 폐단을 막고, 정당한 가격으로 정부에 매도해서 미곡매입에 쓰게 하므로 암시나 모리자의 수중에 들어가지 않도록 할 것이다. 그러므로 지금부터는 재산가들도 폭리적 이기주의를 다 버리고 공익을 위하여 법의 일을 스스로 금함을 믿거니와 그 중에 혹 한 두 불량분자들이 있어서 법을 범하며 민생을 해롭게 하는 자는 관리가 미처 모를 지라도 모든 인민이 발간적출(發奸摘出)하여 이런 폐단을 막는 것이 민주국가의 선량한 민권을 나타내는 도리요 직책일 것이다.

(『대통령이승만박사담화집』, 공보처, 1953)

공산분자의 반란 정부가 책임질 수 없다
국회의 내각 개조요구는 유감

1948. 11. 09

근일 우리 국회의 일부에서는 도각설(倒閣說)이 나타나고 있다는데, 소위 도각이라는 것은 내각(內閣)을 개조한다는 말이라 한다. 지나간 일주일 동안에 정부각원들은 국회에서 청하여다가 여러 가지로 질문하고, 이번 여수·순천 반란책임을 정부가 지고 물러앉은 후 내각을 다시 조직하라하여 많은 질문으로 장시간을 허비하였으니, 물론 그분들도 나라일을 잘되게 하려는 것이겠지만 어찌해서 이 문제가 이때에 제출된 것은 누구나 의혹이 없을 수 없는 일이다.

지금 우리 대표는 파리에서 우리 정부를 위하여 승인받기에 노력하며, UN은 우리 정부가 남북을 대표한 통일정부라 하며, 소련은 이북의 소위 인민공화국(人民共和國)이라는 것이 통일정부이니 각국인 승인하라하여 활동을 하며, 동시에 여기서는 백방으로 란당을 고취하여 살인, 방화하여 난리를 이르키려 하며, 이북 공산군이 이남으로 몰려온다는 낭설로 인심을 선동시키고 있는 이때에 정부를 개조하라고 말과 글로 선전하고 있으니, 이것이 우리나라에 도움이 될가, 소련에게 도움이 될가를 각각 생각해 볼 필요가 있을 것이다.

국회의원들은 이것을 미처 생각지 못함인지 몇몇 사람의 언설에 파동이 된 것이라 할 수 있으나, 그 소종래(所從來)가 있어서 성기상통(聲氣相通)으로 동성상응(同聲相應)하여 이와 같이 되는 것은 세인이 다 유감으로 아는 터이니, 이것을 알고서는 고의로 남의 이용이 되어 자기나라를 해롭게 하고, 천추에 누명을 쓰기를 감심(甘心)할 자가 없을 것이다. 공산분자들이 지하공작으로 연락해 가지고 반란을 일으켜 살인 방화하는 것을 우리 정부가 책임을 지라하는 것은 당초 어불성설(語不成說)일 뿐더러 공산당의 편을 들어서 반란자를 어불성설 인(引)치 않고 도리혀 공산당의 죄를 정부에 씌우는 것을 의의(意義)일지 알기 어려운 것이다.

미국정부에서 우리의 정권을 일일히 이양하여 며칠 아니면 남한에서는 국권을 다 찾아가지고 독립의 기초가 완전히 서서 나가는 중임은 해외 모든 나라에서는 신문과 공론으로 우리에게 무한한 동정을 표하고 있는 중이며, 안으로는 민생문제에 착수하며, 사무가 착착 진행되는 터이어늘, 이때에 정부를 다 가라내고 새로 조직할 필요가 어디 있으리요, 정부를 사흘에 한 번식 고쳐서 모든 정객들이 다 한 두번식 정권을 잡았으며 좋을 것 같으나, 삼천만이 그것을 원하는 것이 아니요, 어떤 정부든지 우리가 만든 것은 흔들리지 않고 끝까지 서서 태산반석(泰山盤石) 위에서 모든 나라와 추앙받는 정부가 되기를 주장하니, 국회 내의 애국의원들은 이것을 생각해서 우리가 간신히 찾아온 국권을 파괴하지 말고, 더욱 공고히 만들기에 노력하기를 바란다.

『대통령이승만박사담화집』, 공보처, 1953)

양곡 매상 불여의(不如意) 시(時)는
특별 조처를 강구

1948. 11. 17

일. 청년단체 통합문제—노선과 방법까지 같이 하는 청년들이 여러 단체로 나누워서 있으므로 해서 얻는 바 모다 그 손실이 큼을 아는 까닭에 전국 청년들은 다 한데 뭉쳐서 한 개의 강력한 조직체를 만들어 주기를 원하고 있었던 터인데, 이번 국방군 대량모집을 계기로 해서 숙원이 달성되기를 바라는 바이다. 왜 그런고 하니 청년단체가 통합하지 못한 채 국군에 편입한다면 종전의 청년단 간의 알륵이 국군 내에 반영될 우려가 없지 아니하므로서 이다.

일. 민간의 방위 등—조국을 좀먹는 공산도당들은 김일성(金日成) 정부가 서울을 점령하고, 내가 외국으로 도망하였다는 등등의 허위선전으로 양민을 속여가며, 가진 포악한 행동을 다하고 있으믄 가증한 일이다. 청년은 청년대로 부녀자는 부녀자대로 장년은 장년대로 각각 조직체를 만들어서 공산당의 준동(蠢動)을 각각 물리치치 아니하면 아니 되겠다.

일. 국방에 관하여—정부로서는 방금 국군을 오만 명 가량을 증원할 계획을 진행시키고 있으며, 우리의 계획을 도와주기 위하여 지난 14일에 미국으로부터 '커널 굿펠로' 씨도 내조(來朝)하였다. 우리가 국군을 조직 강화하는 것은 내외정세에 비추어 우리의 생명과 재산을 방위하자는 데 있는 것이다. 본래에 아무 방위책이 없이 있다가 유사지추(有事之秋)에 양(羊)처럼 좌사(坐死)함은 옳지 못한 것이다. 현정세 하에서는 무(武)를 숭상하지 아니하면 아니 될 것이다.

일. 양곡매입에 관하여—방금 농민의 애국심에 호소하여 순조로이 진행되고 있으며, 애국심에 불타는 농민들은 정부의 계획 완수에 협조해 줄줄로 믿고 있으나, 만일의 경우에는 대통령 령(令)같은 것이라도 발표할 생각도 가지고 있다.

일. 이재민(罹災民) 구호책에—이 문제에 관하여서는 관민이 일심합력하여 해결하지 아니하면 아니 될 문제이다. 정부로서 힘이 미치는 데 까지는 어디까지나 따뜻한 구호를 하려고 계획 중에 있어서, 우선 미군의 호의로 콘셀(미군가병사(美軍假兵舍))을 이재지(罹災地)에 설치하여 눈보라를 면할 수 있게 되었다. 그리고 구호금(救護金) 염출방법(捻出方法)의 하나로서 이재민 구호복표(救護福票) 같은 것을 발행시킬 계획도 가지고 있다.

일. 독촉개편(獨促改編)에 관하여—대한독립촉성국민회(大韓獨立促成國民會)는 그 명칭을 단지 대한국민회(大韓國民會)라고 말하였으면 좋겠다. 그리고 종전과 같이 중앙에 무슨 부(部)니 하고, 필요 이상으로 느려놓은 것을 다 해산해 버리고, 총재(總裁) 밑에 연락기관이나 하나쯤 두고, 지방에서 활발히 일을 했으면 좋겠다. 요즘 국민회가 잠을 자고 있다는 평까지 있다니 이런 말이 나오지 않도록 각자가 노력하여 주기 바란다.

(『대통령이승만박사담화집』, 공보처, 1953)

건설적인 비평과 파괴적인 비평

1948. 11. 19

언론계에서 정부 당국을 비평하는 것을 나로서는 환영하나니 이는 다름이 아니요, 정부를 보호해 가려면 정부를 칭송하는 사람에게서는 배울 것이 적고, 정부를 시비하는 사람에게서는 정부의 잘못되는 일을 알 수 있는 연고이다. 그런데 비평에는 매양 두 가지 종류가 있어서 파괴를 목적하는 자와 건설을 목적하는 자의 차별이 있는 것인데, 파괴자의 비평은 우리가 고려하지 않는 바이나 건설을 목적하는 자의 비평만은 우리가 가장 주의하는 바이다.

근자에 파괴적 언론가들은 많이 감소되었으나 건설을 주장하는 언론기관에서 간혹 논설이나 사설로 나오는 비평을 보면 정부에서 민권을 박탈한다, 혹은 민주주의를 버린다는 등 문자가 발표되고 보니 차등 어구는 우리를 해하려는 분자들이 양방에서 기다리고 있다가 환영하여 이용하게 되므로 그 영향이 멀리 미치나 효과는 조금

도 없을 것이다. 내가 바라고 권하는 것은 이렇게 추상적으로 탄핵
(彈劾)하지말고, 누가 어떤 일을 어떻게 했으니 이런 것은 인권을 침해
한다든지, 또는 국가에 방해된다든지 하면 당국들이 이런 폐단을 교
정할 수 있을 것이다. 한마디 더 하고자 하는 말은 지금 민국정부(民
國政府)를 한인(韓人)들이 많이 반대한다면 세계가 다 인정하고, 칭찬할
지라도 부지(扶持) 못 할 것이다. 그런데 공산분자들의 파괴주의는 세
계가 다 아는 바이니, 이는 막론하고, 소위 우익(右翼)이라, 중간파(中
間派)라 하는 측에서와 또 그 속에 있는 비밀단체들과 또는 어떤 개
인 중에서도 국권을 세워야 개인의 자유권이 보장된다는 것은 생각
지 못하고 이 정부가 무너져야 자기들이 무슨 기회를 얻을 수 있을
가 하는 희망을 가지고 백방으로 선전과 운동을 극렬히 전파시키고
있는데, 해외에서는 사십년 동안 파당적 권리 다툼으로 지방열(地方熱)
을 고취하며, 파쟁적(派爭的) 악감(惡感)을 심어오든 분자들인 군정시
대(軍政時代)에 이르러서는 내외로 연락하여 길을 열어가지고, 혹은 심
방(尋訪)이라, 혹은 상업상 관계라, 혹은 입법의원이라는 등 명목으로
흘러 들어와서 밤낮으로 하는 일은 우리의 모든 건설적 사업과 운동
을 파괴하는 것이 그들의 유일한 목적이었다.

우리는 일변으로 공산당을 귀화시키며, 일변으로 억제해서 독립
회복에 장애가 없도록 만들려고 결사투쟁하는 거와 동시에 이 분
자들은 공산 분자들과 연락하며 무엇이던지 정부수립에 방해되는
것만을 주장하면서 소위 애국자라는 미명(美名)을 뒤집어쓰고 미국
에서 벌어가진 돈푼을 가져다가 영어신문과 기타 선전문자를 발표
해서 민국정부는 정부로 인정치 않는다. 대사(大使), 영사(領事) 등은
다 물리치라 하며, 저이들만이 한국애국자(韓國愛國者)라고 한다. 이렇
게 만들어서 세계언론 상에 다소 영향을 주고 있으니, 그 중에서도

어리석은 사람들은 풍성학려(風聲鶴唳)에 이리저리 몰려다니다가 내종(乃終)에는 참혹한 장래를 면치 못할 것이다. 그러나 지금 이 초창시대에 건국사업에 손해를 불소히 가기고 있으니 건설적 언론계에서는 이러한 사소한 문제에 대해서도 어떠한 공론(公論)이 있기를 바라는 바이다. 끝으로 나로서는 한인들이 원치 않는 정부는 하루라도 붓잡고 있지 않으랴고 하나니, 한인들이 이 정부가 있어야 옳을 줄로 생각한다면, 정부를 옹호할 줄 알아야 정부가 서 있을 것이요, 우리가 옹호하는 정부를 타국인 방해할려 할 때에는 나 자신부터 목숨을 내놓고 정부를 보호하랴는 것이니, 우리 민중들이 이 정부를 건설할랴는 주의로 비평할 때에는 어떠한 조건을 들어서 일러주면 이것이야말로 정부를 옹호하는 본의일 것이며, 나로서는 이러한 비평에 대해서는 극히 환영하는 동시에 일일히 조사해서 힘자라는데 까지는 교정하려는 것이다.

『대통령이승만박사담화집』, 공보처, 1953)

국회와는 화해

1948. 11. 19

　며칠 전에 내가 라듸오를 통하여 우리 국회와 국무원(國務院) 간에 다소 알력(軋轢)이 생긴 사실을 설명하였는데, 그 후로 많은 양해가 되어 지금부터는 모든 일에 협의 진행할 가능성이 보이기에 이른 것을 깊이 다행으로 여깁니다.

　국회 몇몇 대표자와 국무원(國務員) 간에 화의로 면회를 열고 의사를 교환하는 자리에 그분들이 나의 설명한 말에 대하여 섭섭히 생각하는 이유가 몇까지라 하는데, 첫째는 도각(倒閣)이라 한 것은 자기들이 주장한 바가 아니요, 둘째는 국회의원 전체가 다 좌익(左翼)처럼 말하였다는 것이요, 세째는 우익진영(右翼陣營)이 모다 정부를 반대하는 것 같이 되었으니 사실과 어긋나는 고로 억울이 여긴다는 것입니다. 내가 말로나 글로 누구에게든지 불공평한 일은 없도록 평생 주의하여 온 터인데, 더욱이 이때 민국 건설의 큰 책임을 함께 담당하고 노력하는 우리 국회원(國會員)들에게 억울한 말을 해서 그분자들의 명예나 위신에 손실이 있게 하였으면, 나의 실수를 자백하고 공개로 사과하기를 주저않을 터이다.

（『대통령이승만박사담화집』, 공보처, 1953)

미곡 수집에 협력하라

1948. 11. 23

　미국인들은 우리와 같지 않은 인종이로되 자기들의 양곡을 경제하여 쓰고 전적으로 모집하여 세계 모든 빈곤한 나라에 펴 먹이고 있으므로 우리나라에까지 그 도움을 얻어서 많은 생명을 구제하게 되는 바 금년에 와서는 세계에 식량이 대단히 감축되어 미국 같이 부호한 나라로도 인명을 살리기 어렵다고 근심하고 백방으로 노력하는 중인데, 특히 중국에서 식량 부족으로 많은 공포를 가지고 있는 터이니 식량문제가 우리나라뿐이 아니라는 것을 다 각오하고 사람마다 크게 주의해서 이 문제 해결책에 성공되게 해야만 우리가 실로 복 받을 만한 민족이 될 것입니다.

　지금은 우리 정부가 서서 자유로 민생문제를 해결하기로 새 정책을 세워서 원수같이 싫어하든 공출을 폐지하고 자유로 판매하게 만들어서 각각 자기 집안 일년 계량과 곡종을 제한 외 미곡은 다 정부에 발매하여 시가의 갑절을 받고 내놓게 한 것이니 애국성심과 동족상애에 공심이 얼마라도 있는 사람은 이 법령을 성심껏 환영하여 성심껏 준행치 않을 자가 없을 것입니다. 만일에 이것을 불구하고 사리사욕을 도모해서 법령을 억이여 인도를 배반하는 자가 있으면 민족이 결코 포용치 않을 것이며 국법이 정당한 조치를 할 것입니다.

이것이 실패된다면 모든 것이 다 따라서 어려워질 것입니다. 쌀 가진 이들은 자기 먼저 앞서서 미곡을 정부관리들에게 바쳐서 창고에 저축하게 하며 남들를 권면해서 다 같이 오게 하고 그 대금으로는 위선 얼마 간 직전으로 받을 것이요, 그 남어지는 기한을 정하여 정부에서 표증을 주어 혹 일 이 삭 이내로 갚기를 약조할 것이며 얼마는 비료와 또 다른 물자로 내주게 할 것이니 조금도 손실이 없을 것을 정부가 담보하는 것입니다. 근일 이 곡식수집에 보고된 총 계표를 보면 금월 11일에 수집된 쌀이 합 2만 3천석이요, 12일에 수입이 합 5만 8백 60석이요, 13일에 수집이 6만 4천 백석이라 합니다. 수집액이 늘게 된 것은 우리가 다 서로 치하할 일입니다.

그러나 작년 이때에 수집된 총액에 비하면 몇 십 분지 일도 못되는 것입니다. 물론 시작을 늦게 한 이유를 우리가 다 양해하는 바이지만 여러 동포는 이에 대하여 우려가 없을 수 없는 터입니다. 우리의 불상한 동포를 위하여 지극 노력하는 여러 남녀는 집집마다 찾아다니며 급급한 사정을 하나도 모르는 이가 없도록 해서 상당한 액수를 하루 바삐 채우도록 하시요 내 배부르다고 동족이 죽게 된 것을 모른 체 한다면 이것은 결코 인정이 아니요, 동방예의지국 사람으로 참아 못할 일입니다.

(『대통령이승만박사담화집』, 공보처, 1953)

청년들은 궐기하여 반역분자 타도하라

1948. 11. 29

지금 우리나라는 사십년 이래 처음 되는 기회를 얻어서 국권회복이 날로 왕성되며 날로 공고하여지는 터이다. 오직 반역분자인 공산당이 이를 파괴하기 위하여 가진 수단을 다하여 자행하고 있다. 이에 전 민족은 다 일치행동을 취할 것인데 기중(其中)에서도 청년들이 선봉대로 나서서 과감히 싸워야할 것이다. 공산당은 가진 위협과 공갈을 다하여 남한을 정복시켜서 전체를 공산화하랴는 것이니 공산화되면 우리는 다 어찌될 것인가, 우리는 남의 속국이 되어 노예생활을 하게 될 것이 아닌가, 우리 청년들은 주저하지 말고 궐기하여 정신으로 사상으로 행동으로 모든 단체가 다 발을 맞추어 반역분자를 타도하지 않으면 안된다. 공산당들은 해방 후 도처에서 청년을 꾀어 이미 남북정세가 다 공산화될 것처럼 기세를 보이고 있었는데 사실은 우리 청년들의 결사투쟁으로써 그들을 물리친 것이다.

소위 모스크바 삼상결정을 이행케 하였으나 우리 청년남녀들이 주검으로써 신탁통치를 반대한 결과로 필경은 오늘 우리의 독립정부를 수립해서 이남만이라도 먼저 국권을 세워가지고 또 이북까지 다 통일할 결심이 날로 진행되고 있다. 지금 전 세계의 모든 민주국가에서는 우리에 대한 동정이 날로 증가되어가고 있다. 동서양각국을 물론하고 공산당들이 들어가서 정부를 변동시키지 않은 나라가 몇이 못 되는 이때에 우리 민국에서는 여수(麗水) 순천(順天) 등지에 공산당 반란이 있는 것을 불일내로 정돈청쇄해서 질서를 회복하였다는 것으로 많은 칭찬을 받고 있으며 이것은 우리 애국 국군외 경찰의 공로라고 하겠다. 정부에서는 민병대를 조직할 터인데 위선(爲先) 얼마를 모집하든지 국방부에서 제도를 만들어 불일간 발표된 후에는 그대로 모병하려는데 이 대부분이 물론 청년 중에서 우수한자를 먼저 채용할 것이니 많은 애국청년들의 분기를 요망한다.

（『대통령이승만박사담화집』, 공보처, 1953）

정부를 옹호하자

1948. 11

나는 항상 시간이 단축(短促)해서 내가 하고 싶은 일과 말을 맘대로 해 보지 못하고 날마다 면회와 담화로 분주히 지내는 터입니다.

근자에는 시국이 다소간 위험한 상태가 보이므로 라디오로 방송해서 시국의 관계를 일반동포에게 알려서 관민합작(官民合作)으로 위기를 안정시키고자 하는 생각입니다. 나를 심방하고저 하는 동포들은 얼마 동안 정지하시고 내게 기회를 주어 여러 동포에게 말할 수 있게하여 주시기를 바라며 긴급히 할 말이 있거던 글로 기록하여 비서실에 전하여 주시기를 바랍니다.

금번 반란 구역에 피해된 여러 동포들에게 무슨 말로 위로할는지 모르겠습니다. 몸이 즉시 당지에 가서 위문이라도 하였을 것이나 사세(事勢)에 속박되어 그도 맘대로 못하고 각 종교와 사회대표단이 조사하러 가는 편에 부탁하여 보냈으나 뷘 말이 무슨 도움이 되겠습니까. 여기서는 정부와 민중의 협의로 구제책을 연구하여 백방으로 의연(義捐)을 청구하는 중이며 그 조사단의 보고를 들어 해외 동포와 타국 친구들게 원조를 청구하여 기왕 죽은 사람은 어찌할 수 없지만 중상을 당하고 살아 있는 남녀에게는 물질적 도움을 줄 수 있게 되기를 바라는 중입니다. 오늘 내가 긴절히 일반 동포에게 말하려는 것은 지금 우리 정부에서 당하고 있는 실정의 대강(大綱)입니다.

오늘 세계에서 당하고 있는 큰 화근은 공산당의 활동입니다. 우리나라에서도 목전에 제일 큰 화근은 공산분자들의 활동입니다. 우리가 지난 3년 동안을 두고 싸워서 인명도 많이 상했고 피도 많이 흘려서 동족상쟁의 화(禍)를 당하고 있는 중인데 지금은 우리 정부가 서서 모든 장해를 삭제(削除)하였으므로 이후부터는 공산분자를 제어(制禦)하기에 순조로 진행될 것을 바라고 정권 이양에 전력하고 있는 중인데 어찌하여 우리가 가장 신뢰하던 애국단체에서 이상한 행동을 하며 소련(蘇聯)의 목적을 이루어 주고 우리를 해하려는 분자들로 하여금 승리를 얻게 하려는 공작을 하기에 이르렀다고 함은 누구나 우려치 않을 수 없는 바입니다.

우리가 가장 믿고 의뢰하던 국방군에 몇몇 반란분자들이 잠입해서 여수(麗水), 순천(順天) 등지에서 혹독한 참상을 이루었으니 물론 그 중에 불량분자들이 몇 명 끼어 있었던 것을 모른 바는 아니지만 인면수심(人面獸心)의 행동이 이같이 심하게 되리라고는 꿈에도 생각지 못한 바입니다.

소위 우익진영이라는 단체에서는 종종 남북통일이라는 미명 하에서 소련의 계획을 절대 지지하며 총선거도 반대하고 민국정부(民國政府)도 인정치 아니하여 유엔에 글을 보내서 소련의 계획을 공개적으로 지지하고 있다 합니다. 동시에 우리 국회에서는 정부와 대립해서 백방으로 방해하는 운동을 하다가 얼마 전에는 미소 량국 주둔군 철퇴를 주장하여 공개적으로 의안(義案)을 제출해서 소련의 주장을 응원하고 남한에서 미군 철퇴를 원한다는 감상을 표시하고 미군이 빠저 나가기를 독촉하다가 국회의 다수 의원들의 각오로 간신히 보류하고 있는 중이니 설령 이 뜻대로 진행되어서 미군이 다 철퇴하고 이북공산군이 남한으로 나려온다면 국회의원들이 민족의 생명과 치안을 보호할 방책은 무엇인가 민족의 생명은 어찌 되었던지 공산군이 나려오기만 원하는 것인가. 이런 안건을 제출하는 분들은 필경 무슨 내용이 있어서 하는 것이겠지만은 뒤에서 따라가는 의원들은 무슨 의도로 이와 같이 하는지 우리는 좀 알고 싶어 하는 바입니다.

이상 몇 가지 외에도 또 몇몇 가지 의심되는 안건이 국회에 제출되었으나 정부에서는 다 방임하고 주의하지 않았으니 이는 다름이 아니라 국회의원들도 애국적 정신을 가진 이가 많은 줄을 믿는 고로 아모런 선동이 있어 문제를 제출할지라도 국권이 위태하기까지는 이르지 않을 것을 믿어온 것입니다. 그러나 근일에 와서는 정부를 번복시키자는 의론이 충분히 결속되어서 정부의 약점을 들어 경향에 선전해 놓은 고로 지금은 민중 다대수가 정부를 반대한다고 거짓 선동을 해서 법안만 통과하면 번복이 쉽게 되리라는 신념으로 몇몇 사람들이 격동시키는 바람에 여러 의원들이 끌려들어가서 정부 개조하라는 이유는 이번 여수와 순천 사변의 책임을 정부가 담당해야 된다 하며 이 책임을 지고 물러앉은 후에는 다시 개조하여야 한다 해서 본월 8일 국회에 출석한 대의원 합 145명 중에 86명이 가 ㈑편으로 거수하고 24명은 부㈎편으로 거수하며 35명이 기권해서 결의안을 통과시킨 것이라 합니다.

그런데 이 분들의 계획은 대통령이 국회 요청대로 시행치 않으면 장차는 불신임안도 제출하고 그 다음 또 무슨 조건이든지 만들어서 정부를 파괴시키고 그 후에는 이것저것을 맘대로 해보자는 계획이라는데 이 안건에 가편으로 투표한 의원 중에도 이런 내용을 알고 투표한 이가 몇 분이나 되는지 모르지만 오늘 이 위기에 처하여 이런 문제를 알고 찬조했다면 이는 과연 남이 알까 부끄러운 일입니다.

국회에서 정한 헌법에 입법부가 정부를 개조할 권리도 없고 정부를 개조할 이유도 없는 터이니 입법부가 먼저 헌법을 위반하고 앉아서 행정부를 시비한다는 것은 누가 듣던지 웃을 말이오. 또는 정부를 타도하려는 공산분자들의 반란죄를 정부에 씨운다면 이것이 정부를 도웁는 것인가 공산분자를 도웁는 것인가를 생각해 볼 일입니다.

우리 정부를 밖에서 공산당이 치고 안에서 국회가 처서 내외상응㈎(內外相應)으로 민족생명과 국가운명만 위태롭게 하자면 이 국회가 민의를 따르는 국회이며 나라를 보호하는 국회라고 말할 수 있을까 의문입니다. 정부가 무력하다 정부에서 하는 일이 없다는 등등의 구실로 있는 흠절 없는 흠절을 찾어다가 경향에 돌아다니며 선동, 선전을 해서 인심을 불안케 하여 놓았지만은 설령 자기들의 계획대로 된다면 결과가 어떻게 될 것을 생각해 볼 일입니다.

두세 정당이 서로 자리다툼을 하느라고 싸우는 결과로 내각구성을 못할 것이오. 설령 성립이 된다 해도 서로 지위를 다투느라고 조삼모사(朝三暮四)의 난국을 수습하기가 심히 어려울 것입니다. 이런 작난을 하지 못해서 악감과 원념(怨念)을 품고 별별 운동으로 도각 도정(倒閣倒政)을 발기한 국회의원들은 한번 경성(警醒)해서 다시 생각해 볼 필요가 있을 것입니다.

기미년 3·1운동에 한성(漢城)에서 임시정부를 조직하고 이 정부는 한성에 드러와 앉을 때 까지 변동치 못한다고 공포해 놓은 것인데 모든 영웅들이 상해(上海)에 모여가지고 창조파(創造派)와 개조파(改造派)로 나노아서 몇 달을 두고 싸우다가 독립운동은 다 결단내고 만 것입니다.

지나간 3년 동안에 우리 민족이 일심분투(一心奮鬪)한 결과로 정부를 수립해서 간신히 정권을 이양하여 거의 다 회복하고 지금도 날마다 접수하며 협의하고 있는 중이니 얼마만 좀 참고 있으면 국권을 확립하여 국제 승인으로 완전무결한 정부를 만들어서 남북통일을 성취케 할 것인데 이것을 세워 놓기도 전에 먼저 파괴를 주장한다면 이것은 누구나 용인할 수 없는 것이니 내가 간절히 충정을 다하여 권고하는 바는 정부가 아모리 무력(無力) 무능하다 할지라도 우리 한인들이 세워놓은 정부요 우리 손으로 해가는 정부이니마치다 애호(愛護) 봉대(奉戴)해서 독립의 기초를 공고히 세우기로만 주장할 것이오. 사욕이나 허영심으로 정권을 타도하는 운동은 일체 버리기를 부탁하는 바입니다.

(金珖燮 편, 『이대통령훈화록』, 중앙문화협회, 1950)

UN총회의 한국문제 토의 연기는 부당

1948. 12. 04

어찌해서 UN에서 한국문제를 지금 토의 못한다는 것을 나로서는 알기 어렵다. 미국과 한국은 UN결의안을 철저히 준행(遵行)하였고, 성공된 것은 세계가 다 아는 바이다. UN은 지금에 이르러 그 순서를 무를 수도 없는 것이다. 그리고 정식으로 결의안를 통과하기에 많은 시간을 요구할 필요가 없을 것이다. 내가 누구든지 비평하기를 원하지 아니하나, UN회원들 중에 세계민주주의안전을 간절히 상기치 아니하는 분들이 파리(巴里)에서 모인 것 같이 보인다.

그 분들이 우리가 어떻게 하는 것을 원하는지 알 수 없다. 우리와 민주정치에 의하여 계속해서 싸우는 것을 원하는가, 공산(共産)테로의 종빙(慫憑)에 양보하는 것을 원하는가, 공산적색 '테로' 자들이 도처에 살인, 방화로 우리를 공포시켜서 복종하게 만들려는 것을 그 분들은 모르난가, 이것을 안다면 다만 도의 상 효과를 위해서라도 곧 한국문제를 결정해서 자유를 위하여 목숨을 내놓고 싸우는 한국 사람들을 권장시키는 것이 마땅할 것이다. 공산당은 어데서든지 공산화시키는 공작에 시간을 요구하는 법이다. 우리 한국문제를 연기해서 시간을 쓸 이유가 무언인가, 우리는 간절히 세계의 우방인 민주국가에 호소하나니 우리들은 이때에 적극적으로 도와서 한국의 민주주의를 유지케 하기 바란다.

(『대통령이승만박사담화집』, 공보처, 1953)

이 강토는 한족(韓族)이 주인이다

1948. 12. 07

　우리도 아세아 동(東) 반도에 삼천리강산이 우리 물건입니다. 이 물건은 남과 싸워서 뺐은 물건도 아니요 전에 없던 것을 중간에 얻은 것도 아니요 사 오천년 전부터 우리 조상들이 차지하고 개척해서 국가를 건설하고 여기서 나는 모든 소출로 우리 조상들이 다 부능히 지내며 문명발전해서 온 것이니 이 삼천리강산은 우리 한족(韓族)의 물건이요, 또 우리 한족은 누구나 이 삼천리강산에 주인 아닌 자가 없는 것입니다.

　그런데 중간에 와서 이조말기(李朝末期)에 우리가 다 못 생기고 또 못 되게 해서 지킬 줄도 모르고 지키려고도 아니 한 결과로 우리의 원수인 일본이 뺐아서 저의 것을 만들어 가지고 40년동안을 잘 지낼 적에 우리는 우리 땅에서 우리 손으로 농사지어다가 우리는 먹지 못하고 우리 원수의 배를 채워주고 있었으며 우리 산에서 나는 '새 즘생'과 바다에서 나는 어물을 우리가 잡아다가 우리 원수를 주고 우리는 점점 가난해져서 밥 먹든 사람이 죽도 못 먹게 되며 기와집에 살든 사람이 땅을 파고 우막으로 들어가게 되었으니 이대로 몇 십 년만 더 지내면 이 나라 주인인 우리는 더 무슨 지경에 이르렀을는지 몰났을 것입니다.

그런 고로 우리가 다 죽어서라도 우리의 잃은 독립을 먼저 찾아서 우리 조상의 유업인 이 좋은 산천을 다시 우리 것을 만들자는 것이 내 한평생에 유일한 목적이었던 것입니다. 지금에 와서는 다행이 천우신조(天佑神助)로 우선 이남(以南)이라도 우리가 회복해서 국회를 세우고 정부를 조직해 놓았으니 우리가 다시 이 나라의 참 주인 노릇을 하게 될 것입니다.

(『대통령이승만박사담화집』, 공보처, 1953)

민주와 공산은 상반된 이념,
중국적화는 용납할 수 없다

1948. 12. 19

중국을 공산진영에 굴복케 하는 것은 이해할 수 없는 일이다. 앞날을 아는 정치가들은 이것을 용납치 않을 것이다. 그 이유는 정책상으로는 자멸을 의미하고, 도덕상으로는 배반을 의미하는 까닭이다. 과거 2차에 궁(亘)한 세계전쟁이 우리에게 시험을 주지 못하였으며, 나는 세계가 다 참혹한 경험을 가르쳐 주었을 것으로 생각한다.

타협주의를 주장하는 세계 정치지도자들은 일본의 군국주의(軍國主義)와 타협하므로써 세계평화가 오는 줄 알고 시시로 타협하고, 무마하였으며, 기타에는 재난이 생길 때까지 양보하였던 것이다. 지금은 이러한 지도자들이 시험을 받아서 타협정책을 영구히 포기하였다 하면은 오늘 공산주의의 승리로부터 중국을 구출함에 왜 주저하는가? 민주주의세계 수립을 위하여 투쟁한다는 말은 무엇을 의미하였는가? 현금 복잡한 세계는 공산주의와 민주주의라는 상반되는 두 이념주의로 나누어졌다, 그 전자는 '공산' 마치 불붙는 삼림과 같이 사면으로 전파되고 있어 이 불빛이 도달치 않은 곳은 없는 것이다. 현재나 하시(何時)를 막론하고 중국을 공산주의 진영에 굴복시킬 수 없다는 것을 나는 재삼 말하였다.

(『대통령이승만박사담화집』, 공보처, 1953)

통일에 협력요망

1948. 12. 19

앞으로 경제가 허락하는 대로 다소라도 제공(諸公)의 노력에 보답하고, 원조하려는 바이다. 이제 차기 회의에서 토의될 긴급한 몇 개 안건을 말하면, 첫째로 남북통일문제인데, 불일내로 UN위원단이 내도(來到)하여 우리를 원조할 것을 믿으나, 우리의 과업을 하루 빨리 이북에도 자유선거를 실시하여 백 여명의 국회의원을 보충할 것이다. 거기에는 다소 난관도 있을 것이다. 우리는 합심협력으로써 목적을 달할 것이다. 그리고 정부는 이북의 각 도지사를 임명하려고 계획을 꾸몃는데, 38선 관계로 자유를 불허할 점도 있으나, 이 계획은 달성될 것으로 확신하는 바이다. 다음은 상의원(上議院)을 조직하는 문제인데, 이에 대하여는 제정 급(及) 선거 방법에 있어서 제공의 많은 의견을 가지고 있을 줄 믿고 있다.

요즘 항간에서는 2차 회기에서 헌법을 개정하여 내각책임제(內閣責任制)로 한다는 풍설도 유포되고 있으나, 이것은 소수 의원의 사견에 불과한 것이고, 다수 의원 제공은 합심협력하여 정부육성에 노력할 줄 확신하는 바이다. 그 다음 미곡수집문제는 동포를 사랑하는 바이므로 먹고 남은 쌀은 정부에 매도하도록 제공이 적극 권유하여 주기를 바란다. 만약에 폭리를 할 목적으로 미곡을 은닉하는 일이 있다면, 부득이 경찰을 동원시키지 않을 수 없다. 끝으로 청년단체 통합문제인데, 이것은 국회의 제의에 의하여 실행하게 되는 것으로 대한민국 내의 대소청년단체를 통합하여 대한청년단(大韓青年團)을 조직하려는 것이다.

지금 어떤 청년단체는 이에 응치 않는 자립적 행동을 취할 태세를 취하고 있으나, 우리는 청년단을 통합하므로써 사상을 통일하고, 행동을 통일하여 순전한 애국청년으로 귀일(歸一)시키는 동시에 국군과 경찰이 일체가 되어 치안확보에 많은 도움이 될 것이니, 기부강요라든가, 위협 등의 모든 폐단은 일소될 것으로 믿는 바이다.

『대통령이승만박사담화집』, 공보처, 1953)

UN 정치위원회의 결의에 대하여

1948. 12. 21

우리는 UN 한국위원단이 달성한 사업 급(及) UN총회의 한국에 대한 사업을 찬양하는 바이다. 여사(如斯)한 보고를 마츰내 기대하고 있었던 바이다. 이러한 결정은 남한, 북한의 인민들에게 강대한 정신적 효력을 요구하게 될 것이다.

대한민국정부는 UN 급(及) 미국과 협력하므로써 가능한 시일 내에 한국 통일문제를 해결함에 도움이 될 것을 희망한다. 그리고 이것이 바로 대한민국정부의 목적인 것이다. 우리 인민들은 이 보도에 혼희작약(欣喜雀躍)하고 있으므로 대한민국정부는 적절한 축하행사를 하여야만 되겠다고 생각한다. 그리고 우리는 한국 위원단이 돌아오는 것을 애심(哀心)으로 환영하는 바이다. UN의 이러한 조치는 공산주의자로 하여금 실망케 하는 효과를 가져오게 할 것이다. 대한민국정부는 현재 북한 선동자들의 침입을 방지할 준비와 남한 공산주의자들을 신속히 처치할 준비를 가지고 있다.

(『대통령이승만박사담화집』, 공보처, 1953)

신국면에 대하여

1948. 12. 25

민국정부가 수립된 이후로 다소 간 비평도 있었고 불평도 있었으나 이것이 우리가 기대도 하였든 바요, 또 불평의 이유가 있는 줄로 알았으나 정부로서는 이와 같이 수립한 목적은 정부를 한번 세운 후에는 요동(搖動)이나 천동(遷動)이 없이 굳게 서있는 것을 표준한 것이니, 의도가 같지 않은 유력한 인도자들이 모여서 표면으로는 강경한 정부 같으나 의도가 서로 맞지 않아서 칠전팔락(七轉八落)하게 된다면, 도리어 약한 정부가 되므로 민간의 진보에는 표면이 약하고 내면으로 굳어서 정계의 풍파와 파동을 받지 않는 공고한 정부를 만들려고 한 것이다. 과연 정부가 국권이 서서 여러 위기를 거의 다 넘기고, 지금은 확고불발(確固不拔)한 지위에 이르렀으니, 이것은 우리의 애국민중이 빠지지 않고 여일히 보호하여 온 결과인 줄 믿는다.

그러나 지금 이에 이르러서는 각원(閣員) 중 다소 변동을 기대하는 민의를 존중시해야 할 것이며, 추진되는 신국면에 대처할 필요도

절감하므로 그간 신중 고려한 결과로 이미 내정한 것인데, 공교로히 국회에서 행정부장관(行政府長官)들과 시비가 되어 각원 천동을 요구하자는 의안이 결정되었다 하나, 이것은 본 대통령의 협의를 어디이를 분명히 양해시킨 후에 각원 천동을 공포하려 하였으나, 국회가휴회되어 내년 1월 10일 이후래야 다시 개회된다 하므로 그때까지기다릴 수가 없는 관계로 내정된 임명안을 이에 공포하는 동시에 국회의장(國會議長)에게 좌(左)와 같은 서면(書面)으로 그 양해를 얻고저한 것이다.

금반(今般) 귀(貴) 국회에서 각원 천동문제에 대하여 요청한 안건을통과한 것은 삼권분립(三權分立)으로 본 대통령이 기왕 내정하였던순서를 공포하기에 다소 장애를 받게 되는 바입니다.

(『대통령이승만박사담화집』, 공보처, 1953)

석탄채굴에 힘쓰자

1948. 12. 29

우리나라에서 매년 일본에서 석탄을 수입하여 소비하는 경비가 미화(美貨) 백만불 이상에 달하였으니 국민경제 상에 이와 같이 어리석은 일은 없을 것이다. 우리의 경제책을 위하여 걱정하여주는 외국인들조차 깊이 우려하여 말하기를 외국에서 석탄을 수입하는 것을 정지시켜서 한국인들이 견딜 수 없이 되어야 스스로 해결책을 연구할 것이라 하며 이것을 주장하는 분들이 많으니 어찌 생각하면 너무 냉정한 듯도 하나 실상인 즉 우리를 위하여 도웁는 생각인 것을 알 수 있을 것이다.

이남의 땅 속에 무친 석탄만 캐내더라도 연료를 넉넉히 쓸 수가 있고, 또 일 없이 노는 사람들이 도처에 무수한데도 불구하고 석탄을 캐지 못하고 매년 백만불의 돈을 일본에 보내고 있으니 1불 150원으로 환산하더라도 4억 5천 만원을 일본에게 주게 되므로 이런 어리석은 일은 없을 것이다. 그러므로 탄광이 있는 곳에 사는 모든 사람들이 석탄 캐기에 힘쓰며 캐여낸 석탄을 철도 근처에만 가져오게 되면 기차로 운반하도록 할 것이니 관민합심하여 우리나라 땅속에 있는 석탄을 우리의 손으로 캐내여 그 경비로 미화 백만불을 우리나라에서 소비하더라도 타국으로 보내지는 말아야 할 것을 국민 각자가 다 결심하여야 할 것이다.

『대통령이승만박사담화집』, 공보처, 1953)

이북동포와 인민군에게 보냄

1948. 12

우리가 40년 동안 나라 없이 지낼 적에 그 모욕과 통분(痛憤)을 참는 마음의 고통이 우리 육신으로 받는 악형보다 더 아프고 쓰라렸던 것입니다. 소위 해방 이후로 이남동포들은 얼마만치라도 자유를 누리고 지냈으나 이북동포들은 전에 왜정 밑에서 당하던 고통만 못지않은 속박 속에서 집과 가족을 다 버리고 이남에 넘어와서 풍우상설(風雨霜雪)에 도로 방황하는 정경을 우리가 눈으로 보며 맘으로 아퍼하는 바입니다. 그러나 이 해결책은 오직 국권을 회복해서 죽었던 나라이 한편에서라도 먼저 살어나야 우리의 큰 문제를 자율적으로 해결할 수 있을 것이므로 자치 자주하는 정부를 먼저 세우기에 주야 골몰히 분투하노라고 동족의활난(患難)을 도라볼 여가가 없이 지낸 것입니다.

다행히 천의(天意)와 인심이 순응되어 작년 5월 10일 연합국 감시하에 총선거를 실시하여 국회를 조직하고 국회 안에는 대략 1백 명 앉을 자리를 뷔어 놓아 이북대표가 선거 되는대로 참가할 준비를 만들어 놓고 국회에 제정한 헌법을 따라 정부를 수립해서 정권을 일일히 이양하여 지금은 정권 이양이 거의 다 완수되고 UN총회에서 지난 12월 12일에 우리 정부가 우리 반도 강산에 유일한 법적 정부임을 세계 48개국이 인증하고 따라서 미국과 중국의 정식 승인으로 벌써 외교대사를 교환하고 미국과 중국은 서울에 대사관을 설립하며 우리는 워싱턴과 남경에 대사관을 설시하고 일본 동경에까지도 우리 사절단을 파송하여 공사관을 설치하게 되었으며 또 몇 주일 안으로는 UN한국대표단이 도착하여 우리 정부와 협의해서 38선을 철폐하고 남북통일을 위하여 속히 기획이 성립될 것입니다.

고진감래(苦盡甘來)는 천정(天定)한 이치입니다. 우리 민족이 나라 없이 저만 살겠다던 죄로 근 40년 동안 받은 벌이 지금은 죄 값을 충분히 갚은 줄로 우리는 믿습니다. 그러므로 지금부터는 우리의 앞길이 차차 열려서 남과같이 잘 살 수 있게 될 것이니 우리가 또 잘 못해서 천벌을 자취(自取)하기 전에는 누구나 막을 수 없을 것입니다.

그동안 세계대세가 변해서 동서 각국이 공산당과 싸우지 않고는 자유로 살 수 없을 줄로 다 각오하고 모든 민주진영이 역량과 정신을 합해서 적색분자들과 투쟁하고 있는 중이니 지금은 우리도 고립이 아니며 4, 50 우방들과 합류해서 그들의 도음을 받기도 하며 우리의 도음을 주기도 해서 장내 화복(禍福)을 다 같이 당할 것이니 이북의 사정이 아모리 어려울지라도 조곰도 염여 말고 굳건히 서서 여전히 분투함으로 세계 우방들로 하여금 우리 이북동포가 다 공산화되지 않은 것을 알게 해야 될 것입니다. 미구에 UN대표단이 도착하는대로 정당한 계획이 있을 터이나 우리는 남을 전혀 의뢰하지 말고 남북이 합동해서 우리 일을 우리가 하도록 힘서야 될 것입니다. 소위 인민공화국(人民共和國)이라는 것은 자초로 난역(亂逆) 분자들이 매국주의로 남의 지도를 받고 참람(僭濫)히 세워서 남의 괴뢰 노릇을 한 것인데 인민을 위협해서 감히 발언치 못하게 만들고 저의가 우리나라를 팔아서 저의 사욕을 채우려하는 반역분자들이니 그 죄상을 말하면 정당한 극형으로써 공분을 설치할 것이나 우리는 지낸 죄악을 중치하려느니보다 앞에 발전을 더욱 중요히 각오하므로 그중 몇몇 괴수 외에는 다 회개하고 귀화만 하면 탕척포용(蕩滌包容)해서 통일을 완성하기만 도모할 것입니다. 내가 3년전 처음 귀국했을 때에 소위 인민공화국이라는 것을 민족 전체가 우리나라 정부로 알고 나를 인민공화국 대통령이라고 불으며 환영할 때에 전국이 다 공산당이 된 것 같은 느낌을 주게 되었던 것입니다. 이 형편을 본 나로는 앞이 캄캄하고 가슴이 답답했던 것입니다. 그러나 얼마 안에 우리 명철한 민중이 모다 내용을 깨닫고 일시에 다 돌아서서 민족전선에 우리와 악수하고 독립만을 위해서 가치 싸우게 된 것이니 이북에서도 조만간 다 이와 같이 돌아서서 4, 5천년 전래하던 우리 조상의 거룩한 유업인 3천리 강토를 여전히 합해 가지고 문명부강 (文明富强)의 길을 취하여 세계와 경쟁하며 나가게 될 것을 나는 깊이 믿는 바입니다.

내가 지금은 이북의 소위 인민군에 대하여 말하려 하나니 듣는 분들은 자세히 들으며 못들은 사람들에게 일일히 일러주기를 바랍니다. 소위 인민군이란 사람들은 타국의 강제 밑에서 적색군에 뽑혀 무장을 하고 전쟁을 준비하고 있으니 그 목적이 무엇인 것을 자기들부터 알어야 할 것인데 만일 위협에 끌려서 적군이 된 것이오. 애국정신은 조끔도 변한 것이 없다 할진대 우리는 구태여 죄책을 삼고저 아니하며 오직 동족상애(同族相愛)의 의리로 포용하고 인도할 것입니다. 공산분자의 모략으로 선전하는 말에 우리 민국정부가 미국의 괴뢰정부라 미국의 식민지정책으로 된 정부라 하는 이런 허무한 말은 하나도 청신(聽信)치 말어야 될 것입니다. 미국이 정치나 토지에 야심이 없는 나라이며 중간에 혹 몇몇 사람들이 사욕으로 주권을 간섭하려 할지라도 미국인민이 그것을 용허치 않을 터이니 우리나라에 대하여 야심을 가질 수 없는 것을 세상이 다 아닌 터이며 미국의 주장으로 연합국의 승인을 얻기에 이른 것이니 더욱 의려(疑慮)할 점이 조곰도 없는 터이오. 또 나의 평생 역사를 아는 사람들은 타국 통치 밑에서 정권을 잡고 남의 괴뢰가 되려할 이치가 없는 것을 누구나 다 알 것이니 이것은 더 설명할 필요가 없는 것입니다. 적색군(赤色軍)에 들어가서 목숨을 내놓고 싸우려는 군인들은 각각 제 정신을 차려서 이해와 곡직(曲直)을 스스로 물어서 작정할 것입니다. 남의 나라를 저의 조국으로 알고 저의 나라를 남의 나라에 붙이고저 하는 것이 과연 이 군인들의 독립이라면 앞으로 자기들의 이익이 무엇을 것을 생각해 볼 것입니다. 공산국이 되면 독립은 있으나 없으나 자기들만이라도 잘 살 수 있다면 사욕이라도 바랄 수는 있을 터이나 이것은 다 거짓말에 속하는 것뿐입니다. 공산국에 가서 그 내정(內政)을 보면 자유도 없고 생활상 형편도 살 수 없게 된 것이니 공산국에서 군력(軍力)의 압제가 아니면 하로라도 부지하기 어려운 터이므로 공산국 내지(內地)에는 타국 유람객이나 신문기자를 허락지 않아서 철막을 만들어 놓고 밖에 대해서는 누구나 잘 사는 세계같이 자랑하여 세상을 속이는 짓뿐이니 이것은 이북동포들이 지나간 3년간 경험으로 소상히 알 것입니다.

설령 공산국이 되어서 개인이 다 잘 살 수 있는 것을 가정할지라도 어찌해서 우리 집을 우리가 차지하고 우리의 힘으로 공산당을 만들던지 무엇을 만들던지 자유로 하지 못하고 남의 주촉(嗾囑)을 받아서 내 집을 남에게 주고 그 집 행낭사리나 노예생활을 한다면 이것은 더욱 어리석은 일이 아닌가. 이완용(李完用), 송병준(宋秉畯)의 공명(功名)을 영광스러히 알 사람이 누구며 중국공산당이 저의 정부와 싸워서 동족을 상잔하며 남의 노예되기를 재촉하고 있는 것이 어찌 우리 사람들의 거울 삼어 각성할 바가 아니리요. 공산분자의 선동을 받고 이남에 와서 살인, 방화로 독한 짐승과 악한 야만의 행동을 하는 자들은 무슨 의도로 이와 같이 하는지 사람된 자로서는 측량키 어려울 것입니다. 이와 같이 함으로 이북동포들이 못 견디어서 복종할 것을 바란다면 이것은 우리 애국동포의 결심을 조금도 알지 못하는 연고입니다. 우리는 죽엄으로서 우리 조상의 유업을 지켜서 끝까지 싸워 한 사람이라도 살아있고서는 허락지 않을 결심이니 누구나 우리를 다 없이 하고 우리 땅을 차지하려는 사람은 저의 목숨도 온전치 못할 것을 깨달어야 할 것입니다. 지나간 3년 동안 외국의 정세가 공산당을 지지하며 우익진영을 백방으로 장해할 때에도 우리가 목숨을 내놓고 싸웠거든 하물며 지금은 세계가 거의 다 우리의 독립국을 인증해서 민주정체를 지지하는 이때에 우리가 당당한 독립국권을 가지고 반역분자들을 포용할 이치가 없는 것이니 공연히 주저하며 노예행동을 취하여 동포를 잔해(殘害)하려 하다가는 후회를 면치 못할 것이니 속히 방향을 고치고 마음을 바로 잡어 한 사람이라도 그른 길에 빠지는 자가 없게 하기를 바라는 바입니다. 현재 이북에서 나려와서 각종 테로와 파괴행동을 행하다가 사로잡힌 포로 중에 개과천선(改過遷善)하고 귀화한 자는 다 국군으로 대우하여 아모 차별 없이 동족의 정의(情義)를 보전(保持)하고 지내는 터이니 적색군에 참여한 모든 이북군인들은 다 마음을 도리키고 뜻을 고쳐서 선을 곳 철폐하고 남북통일로 동심 합력하여 민국의 권위를 세상에 표양(表揚)하며 민족의 복리를 날로 증진하여 우리 후세 자손에게 유전하도록 직책을 다해야 할 것이니 이것이 일반 이북동포들과 이북 적색군인들에게 나의 간담을 헤치고 더운 눈물로써 권고하는 말입니다.

(金珖燮 편, 『이대통령훈화록』, 중앙문화협회, 1950)

1946 B17 619

2부 1949

새해를 마지하는 마음

1949. 01. 01

잃엇던 나라를 찾었으며 죽었던 민족이 살어낫으니 새해부터는 우리가 모다 새 백성이 되어 새 나라를 만드러 가지고 새로운 복을 누리도록 합시다. 누구나 새 사람이 되려면 새마음을 가져야 되는 것이니 동포를 해롭게 하고 나만 잘 되려하는 것 나라를 단내고라도 자기의 이익만 도모하던 것 모든 더럽고 부패하고 나부끄러운 것은 한 가지도 하지 않기로 작정하며 그 대신 공명정대하고 애국애족하는 의롭고 정다운 말과 일로 서로 도아주며 피차 구제해서 우리들이 사는 사회를 곧 락원같이 만듭시다.

나태하고 한만한 생각을 일체 버려서 집안이나 이웃에 더럽고 냄새나는 것은 하나도 없도록 힘쓰며 돌 하나 나무 한 그루라도 다 내 것으로 알고 사랑하며 간수해서 우리가 살기에 편리하고 남이 보기에 아름답도록 만드러서 우리 동리와 우리 도성이 어제보다 낫고 작년보다 새로워서 세상에 자랑하며 후세에 전하기에 부끄럽지 않을만치 만들기로 결심하고 노력할 것이니 우리 애국남녀가 이와 같이 결심하고 일하면 지난 40년 동안에 잃어버린 세월을 얼마안에 회복하여 문명부강에 전진 전진하는 새 나라를 이룰 것입니다.

새해에 더욱 깊이 생각할 것은 우리 부형네들이 어떻게 못되게 해서 4천 여년 나려오던 조상의 신성한 유업인 반도강산을 남에게 잃어버리고 거의 반백년 동안을 피가 끓고 이가 갈리게 통분하고 욕스러운 세상을 지낸 것을 잊지 말고 기념해서 이후로는 몸이 열 번 죽어도 나라와 동족에게 해될 일은 각각 자기도 아니하며 남도 못하게 해서 다시는 남의 노예백성이 안되도록 하자는 것입니다. 우리가 다 우리 국토나 국권이 조고만치라도 침손을 받게 된다면 한사람도 살어 있고는 허락하지 않기로 각각 맘속에 맹서해야 됩니다.

기미년에 우리가 많은 피를 흘려서 대한독립민주국을 세상에 반포하여 민주 정체의 토대를 세운 것이 지금에 우리 민주정부로 세계의 축복을 받게 된 것이니 우리 민족의 자유복락과 우리 민국의 자주독립이 이 결과입니다. 그러므로 자유를 사랑하고 독립권을 애호하는 우리 일반 동포는 민주정체의 기초를 공고히 세워서 동양에 한 모범적인 민주국으로 세계평화와 자유를 보장하는 신성한 국가를 이룰 것이니 송구영신(送舊迎新)하는 금년에 성취할 것을 감사하며 새해에 성공할 것을 미리 축하합니다.

(金珖燮 편, 『이대통령훈화록』, 중앙문화협회, 1950)

평생에 기쁜 소식

1949. 01. 04

　미국이 대한민국을 정식 승인하였다는 보도는 나의 평생에 가장 기쁜 소식이고, 신년을 가장 반갑게 맞이하게 한 것이다. 조만간 이러한 승인이 있을 것으로 기대하였으나 참으로 그 보도를 접함에 나는 감격무량(感激無量)하다. 우리 삼천만 동포는 물론 소위 공산주의자들까지도 '트루만' 대통령과 미국민에게 감사하는 바이다. 이 승인은 곧 1948년 8월 12일부 UN총회 결의에 기인한 결과이다.

　대한민국국민은 UN결의에 준하여 그 책임을 이행하였으므로 이 승인이 오늘날 사실화하였으나 시기는 아무도 예측치 못하였다. 66년 전 알태 대통령은 1882년에 체결된 한미조약(韓美條約)에

　(1883년 미국상원에서 비준) 관하여 "미국과 그 국민은 해(該) 조약의 각 항을 엄수"할 것이라고 성명하였으며, 그 조약에 의하여 미국은 한국을 고립으로부터 떠어나오게 하였고, 1949년 1월 1일에는 트루만 대통령은 과거 40년간 일본에게 고립탄압 당하던 한국을 연합국가

에로 인도해 내었다. 이 승인은 한국의 자주독립뿐만 아니라 한인이 능히 스스로 통치할 능력을 인정한 것이다. 일본은 한국을 영원히 식민지화하고자 선진국가를 기만하려던 기획에서 한인은 무능하다 하여 자치에 부적하다는 인상을 외국인에게 널리 선전하였으니, 이는 한인의 감내치 못할 모욕이었고, 과거 40년간 부단히 투쟁하였던 것이다.

해방 후 2년간 한인은 자칫하면 뒤집어 쓸번 하였던 모스코협정에 의한 탁치(託治)를 투쟁 격렬히 반대하여 이를 면하였다. 지금 미국의 정식승인은 한인이 완전독립국으로 자치할 능력이 없다는 모든 의아(疑訝)를 일소해 버린 것이니, 우리는 기쁘고, 또 심심한 사의를 표하는 바이다.

(『대통령이승만박사담화집』, 공보처, 1953)

전국 청년단체 합동과 청년의 사명

1949. 01. 06

각 청년단이 자체를 해산하고 대한청년단(大韓靑年團)으로 전국 청년의 통일을 이룬 것은 누구나 다 잘 될 줄로 아는 바이다. 이 청년단의 급한 사명은 두 가지니 하나는 국내국외의 반역분자들의 파괴운동을 저지하여 국군과 경찰을 도와 치안을 보장하자는 것이요, 하나는 전국적 조직으로 민병제(民兵制)를 세워서 군인자격의 훈련을 받아 국가에 일이 있을 때에 국군의 후원이 되어 국권과 강토를 보호하자는 것이니, 이 사명의 중대성을 깊이 각오하는 청년들은 정신적 통일을 완수하여 사상과 행동이 일치되어야 할 것이며, 각인이 이전 자기 단체의 관념을 버리고 애증친소(愛憎親疎)를 초월해서 한 뭉치가 되어야 할 것이다. 오직 민족청년단(民族靑年團)이 주저하는 태도를 취하는 고로 아직 방임하여 자유로 해체하기를 기다렸으나 지금에 이르러서는 일 이 삭(朔)을 더 기다려 달라는 의도가 표시된다니 만일 이것이 사실이라면 부득이 대통령령(大統領令)으로 곧 해산시킬 것이니 즉시 자유로 해산하고 대한청년단(大韓靑年團)과 합류해서 통일을 완성하므로써 국가대업에 큰 공헌이 되게 할 것이다.

해방 이후로 청년단체가 여럿이 생겨서 피차 대립이 되어 경향(京鄕) 간에 종종 투쟁이 생겨 수치로운 광경을 보이며, 파당적 우려를 주게 된 중 가장 유력한 두 청년단은 이청천(李靑天), 이범석(李範奭) 장군의 명의를 가진 두 단체였었다. 이 두 단체가 각각 그 두 지도자의 명의를 의세하고 위세를 양성하게에 이르렀으므로 민중이 다소간 우려를 가지게 되었든 것인데, 이번에 통일을 이룬 것이 이 우려심을 일체 삭제시킨 것이니 모든 유지자(有志者)가 환영하는 바 있었고, 이청천(李靑天) 장군은 통일이 성립될 벽두에 먼저 자기는 대동청년단(大同靑年團)의 지도자들이 각각 이를 감독하여 더욱 성심을 다하기 바란다고 하였다.

이범석(李範奭) 장군이 정권을 탐내서 세력을 부식하려는 의도가 없는 인도자임을 누구나 다 믿는 바이요, 만일 이런 의도가 있다면 나로서는 아무런 지우 간이라도 결코 호응치 않을 터인 것을 이범석(李範奭) 장군이 또한 아는 바이므로 민족청년단(民族靑年團)을 자기 개인의 파당으로 만들랴는 것은 물론 아닐 것이다. 오직 민족청년단(民族靑年團)들은 은의로 통솔하여 오던 처지에 경솔히 포기하는 단행을 인정상 참아 못하는 관계로 거절치 못하는 동시에 청년 지도자들이 누누히 간청하는 중에서 이범석(李範奭) 장군의 입장이 곤란하매 민간에 비난이 생기기에 이른 것이니 이(李) 장군을 애대(愛戴)하는 청년들은 일단 단념하고 국군을 조직하드라도 국방장관에 세력을 의뢰하여 자기들이 우세한 지위를 점령하게 되기를 바라지도 말 것이며, 오직 다른 단체들과 평균한 대우로 애증친소의 편협하다는 감정이 없게 하는 것이 이(李) 장군을 더욱 봉대하는 본의일 것이다. 내가 대한청년단(大韓靑年團) 총재를 허락한 것은 나의 의도대로 통일을 완성시켜서 각 부분이 대립 분쟁하던 폐단을 개인부속의 명의를 피하여 단순히 민국에 속한 애국단체의 정신을 표명하자는 목적이니 이 목적이 성취되는 대로 나는 총재를 사면하고 상당한 지도자가 나서서 지도책임을 담임하게 할 것이다.

그러나 민족청년단원(民族靑年團員)들은 나의 의도를 밝게 알아서 해산령을 기다리지 말고 속히 자체를 해산하여 대한청년단(大韓靑年團)과 충분히 합류해서 앞으로는 화복안위(禍福安危)를 다같이 부담하기로 작정하고 즉시 진행하기를 권고하는 바이니 각각 사심과 사정을 타파하고 용단 순종하기를 부탁한다.

(『대통령이승만박사담화집』, 공보처, 1953)

개각설은 무근(無根), 국민은 현혹치 마라

1949. 01. 08

요사이 항간에 각원 개체(改替)다, 혹은 누가 어느 장관자리에 앉게 된다는 등등의 낭설을 유포시켜 인심을 현혹케 하는 폐가 있으니, 이것은 혹시 낭설만 듣고 그렇게 전하는 사람도 있겠지만, 모략적 수단으로 이러한 낭설을 고의로 조작해서 전하는 폐단이 또한 없지 않으니, 이는 민중의 명철한 자달력(自達力)으로서 그 파동을 믿지 말아야 국사에 손해가 미치지 않을 것이다.

특별히 국무총리에 대해서 대통령과 오해가 있다느니, 혹은 대통령이 불신임한다는 등의 허무한 소리를 무난히 선전하므로서 인심을 이산시키고, 정국을 소란케 하니, 종차(從次)로는 이러한 선전의 원인을 채택하여 유언을 주작(鑄作)한 죄과는 방임치 않을 터이니, 극히 주의하여야 할 것이다. 국무총리는 나의 절대로 신임하는 바이며, 또 인격이나 신앙상으로 이만한 인도자를 얻기 어려움은 우리가 다 각오(覺悟)하는 터이므로 이러한 무근지설(無根之說)은 조곰도 믿지 않기를 바라는 바이다.

(『대통령이승만박사담화집』, 공보처, 1953)

쌀 암매장치(闇買藏置)는 부당,
호농지주의 협력이 긴요

1949. 01. 14

　미곡 매입문제가 민중의 생명에 관계되므로 가장 중대성을 가진 것을 누구나 다 인식하는 바이므로 정부 당국자들은 특히 주의했든 것이다. 7백 50만석 매수계획 중에서 지금까지 매입된 총 수량이 2백 50만석이니 이는 그 수량의 삼분지 일에 불과하므로 금년 미곡 수집문제가 실패로만 볼 수 없는 것이다. 기왕에는 위력으로 압박해서 공출하게 되었으므로 상당한 수량을 수집하기에 비교적 용이하였든 것이다. 이번 매입법안은 단순히 미곡을 가진 사람이 자유로 정부에 팔게 된 것이니 중농 이하의 농민들의 애국애족심을 풍부히 표명된 바로써 이 농민들에게 대해서 나는 감격한 생각을 금키 어렵다. 지금부터 중농 이상의 사람들이 사사 이익을 생각하고 쌀을 사서 장치(藏置)해두고 있는 자도 있으니 이러한 사람들은 모다 죄를 범한뿐만 아니라 동족의 생사를 불구하고 죄상이 또한 겸하고 있는 것이다. 많은 양곡이 이러한 사람들의 속에서 아직도 나오지 않는 것이니 모든 대소 지방 관리와 경관들과 민간에서는 합력해서 미곡이 다만 한 두 섬이라도 이동 수출되지 못하게 만들고, 또 미곡을 가진 자들의 가정을 수색해서 범법자는 엄중히 처벌하여 민생

곤란으로 구제하며 국가의 기강을 세울 것이니 일반 국민은 다 이를 알아야 할 것이다. 그러나 이러한 사람들에게 또 한번 다시 기회를 주기 위하여 아직은 지방 지방에서 범법자를 불러서 양곡 매입에 관한 대통령령을 충분히 설명하고 곧 정부에 팔아서 고의로 위법하는 죄를 면하도록 해야 할 것이다.

(『대통령이승만박사담화집』, 공보처, 1953)

민생과 국방에 최중점

1949. 01. 25

　단기 4281년 10월로부터 동(同) 4282년 3월 말에 긍(亘)하는 대한
민국정부 4281년도 하반기 예산안은 행정권 이양 이후 기획처 예산
국에서 행정부(11部, 4처, 3원)의 예산으로 세입 18,443,497,200원, 세출
28,344,258,600원으로 조정하여 국무회의에 상정하였었다. 국무회
의에서는 동안(同案)을 중심으로 일주일 간이나 진지한 심의를 거듭
한 후 약간의 수정을 가하여 이를 통과시켰던 바 이대통령의 재심
으로 세입세출 각각 29,726,603,600원으로 재수정하여 단기 4282
년 1월 25일 제13차 국회본회의에 제출하고 조속한 비준을 요청하
는 다음과 같은 '단기 4281년도 예산교서'를 이범상(李範奭) 국무총
리로 하여금 대독케 하였는데 동(同) 예산교서는 대한민국정부 탄생
이후 최초의 것으로서 그 의의 가장 심중한 바이며 조야의 관심 또
한 지대한 것이다.

국무총리 예산 연설

1. 나는 대한민국 제1회 통상국회가 개최된 이 자리에서 방금 상정된 단기 4281년도 대한민국 세입출 총예산에 관하여 의원 제위에게 간단한 설명으로 정부가 의도하는바 시책의 대강을 알리는 동시에 이에 대하여 국회의 협력을 요청합니다.

2. 대한민국정부는 작년 8월 15일을 기하여 그 수립에 중외에 선포되었으나 행정권 이양 후 정부가 그 모든 기능을 명실 공히 발휘한 것은 작년 10월 1일부터 된 것입니다.

민주주의 국가에서 국회의 승인 없이 경비를 지출할 수 없는 것은 주지의 사실로서 그것은 헌법에 소상히 선명(宣明)되어 있는 바입니다. 그래서 정부가 쓴 경비는 모다 사전에 국회의 의결을 얻은 후에 비로소 지출했어야 순서일 것이었읍니다마는 우리가 정부 수립 직후 할 일이 너무 많아서 사실상 그것을 이행할 수 없었고 또 그 범위 양에 있어서 막대한 계수를 망라하여야 하는 정부예산을 성안화(成案化)하는 사무는 1, 2개월의 단시일에는 도저히 불가능한 일입니다. 예산은 적어도 연도개시 6개월 전에 정부 각 기관의 소요 경비 개산(槪算)이 완료되어야 시간적으로 연도 개시 전에 국회의 의결을 얻을 수 있는 것입니다마는 신생정부의 초년도 예산인 만큼 과도정부의 예산을 그대로 답습하는 것도 정부의 기구가 전혀 같다고 할지라도 우리가 취할 바가 아니므로 비록 시일관계가 절박하고 정부수립 조조(早早) 모든 점이 미비한 정세에서라도 최선의 노력을 다하여 예산을 편성한 것이 지금 제위 앞에 놓여진 것이올시다.

정부는 작년 9월 하순 예산 당국으로 하여금 현(現)연도 예산편성 방침을 책정케 하여 이것을 정부 각 기관에 시달하여 11월 중에 각 기관의 요구서(要求書) 작성이 완료하였으므로 이것을 기초로 하여 예산당국으로서는 주야불휴(晝夜不休) 노력으로 편성 사무를 진행하여 구랍(舊臘) 겨우 완성한 것이 이제 국무회의의 합의를 거처 나오게 된 것입니다.

3. 이와 같이 단기일에 편성한 이 예산안에 대하여는 제위가 그 토의에 드러가기 전에 한두 가지 주의를 환기하여 제위의 양해를 요청하여야 할 점이 있습니다. 그것을 첫재로 이 예산안이 작년 10월부터 오는 3월까지의 6개월 간 경비임에도 불구하고 임이 3개월 이상의 사용기간이 경과한 오늘에야 비로소 제출된 데 대한 문제로서 이때까지 사실상 지출하여 온 경비의 헌법상 근거문제이고 둘재는 연도 개시 전에 국회의 의결을 받기 위하여 정기 개회 초에 제출하여야 하는 명년도(明年度) 예산은 어찌되었느냐하는 문제입니다.

첫재 문제에 대해서는 정부 수립의 경위로 보나 또는 예산 편성에 실지로 소요되는 시일로 보나 사실상 도저히 사전 승인을 받을 수 없음에도 불구하고 국회의 의결이 있을 때까지 정부의 모든 활동을 중지할 때에는 상상조차 할 수 없는 중대한 결과가 발생될 것이기 때문에 대통령은 UN결의의 조항에 의하여 정부에 부하된 사업을 실천하며 현행법령을 실시하기 위하여 헌법이 정부에게 마련한 권능(權能)에 의지하여 이것을 지출하여 온 것으로 해석합니다. 그렇기 때문에 이 예산안에 망라된 관항(款項) 중 임이 지출된 금액은 정부가 여러분 앞에 보고하여 드리는 기(旣) 지출예산에 대하여 사후 승인을 하는 것으로 될 것이오. 둘째 문제인 내년도 예산안 제출은 방금 정부에서 그 편성사무를 진행하고 있는 고로 이 정기국회가 폐회되기 전에 가능한 한 급속히 제출할 작정인 즉 이 점은 미리 양해를 해주기를 바랍니다.

4. 이제 예산안의 내용에 대해서 그 대강과 요점을 세출 세입 급(及) 세입출 균형문제의 셋으로 크게 나누어 말씀드리겠습니다.

정부시정의 건전한 운영은 과학적인 제반 근본방안의 수립에 있고 과학적인 근본방책은 정확한 사실의 파악에서 수립되는 것인 바 이와 같은 사실 파악사업인 제반 통계사무는 왜정 시의 비밀주의와 해방 후의 국토분단과 모든 혼란이 겹치어 사실상 유명무실한 우려할 현상임에 비추어 정부는 통계사업의 중요성을 인식하고 총액 4천만 원에 이르는 예산을 계상하여 공보처로 하여금 본격적인 통계사업의 기초 준비에 착수하였습니다.

확고부동한 국권의 확립이 국가 만반 시책의 원천이오 기초임은 주지의 사실인바 이것은 외로는 제(諸)우방의 우호적 승인을 얻은 후 제반 우호조약을 체결함에 있으며 내로는 국방치안의 충실에 있는 바 외교비로서 총 1억 2천만 원을 마련하고 국방치안비로서 국방에 49억 5천만 원, 국내치안의 22억 3천만 원, 계 총72억 원을 계상하여 세출 총액 약 297억원의 총 사분지일에 해당하는 액이 예정되었읍니다. 이 국방치안비 72억 원은 후에 언급될 국세액 51억과 전매액금 18억원에 인세수입 2억 8천여 만원을 합한 세입액과 비등합니다. 그러므로 우리의 국권을 안으로 튼튼히 할 국방치안 보호는 그것이 국세의 전액에 의하여 지판(支辦)되고도 부족할 형편이므로 국방치안은 그 비용관계에 있어서 국민과 제일선에서 직접 연결되고 있다는 점에 특히 유의하시기 바랍니다.

국방치안의 확보가 국권을 위력(威力)에 의하여 직접 지지하는 것이라면 민생문제의 해결은 국권을 자애(慈愛)의 힘에 의하여 간접으로 용양(容揚)하는 최(最)중요 국가사업의 하나입니다.

민생안전의 근간이라고도 할 국민 식생활의 확보를 위한 미곡의 저렴, 공정한 배급은 현하의 시급 긴요한 일이므로 정부는 1억 원 여를 지출하여 이 미곡매입 급(及) 배급을 실시하기로 작정하였습니다. 기타 중요물자의 배급제 실시와 가격의 조정을 위하여도 정부는 기획처와 상무부에 이에 대비하는 응분의 기구를 마련하여 예의 그 기본적 조사입안을 진행 중에 있습니다.

전력과 석탄은 동력과 보온의 확보를 위하여 국민경제의 원동력이 되는 긴급한 물자인 바 13억 원에 가까운 경비가 발전(發電)과 채탄(採炭)에 충당될 것입니다.

농업국에 있어서의 농산확장(農産擴張)은 민생문제 해결에 있어서 커다란 비중을 찾이하고 있는 바 총 14억 8천만 원에 이르는 예산이 농림부에서 이 목적을 위하여 동원될 것이며 경제적으로 난처한 입장에 있는 동포들의 보호육성 구제를 위하여는 사회부에 6억 6천만 원에 이르는 예산을 마련함으로써 정부의 성의를 표시한 외 미국의 원조로서 정부에 들어오는 상당한 양의 물자가 또한 세궁민에게 동정의 손을 뻗치고 있음을 유의하시기 바랍니다. 농업에 상공업을 병진시키는 일은 상공업에 있어서 손색 있는 우리나라로서 당연한 시책일 것인바 정부는 상공부로 하여금 이에 관한 방안을 책정시키기로 하여 총2억 원의 경비를 배당하였읍니다.

국방치안과 산업문화 발전의 동맥이 되는 공공사업의 추진을 위하여는 토목 급(及) 항만비(港灣費)로서 내무부에 7억여 원의 예산이 마련되었으며 민족의 보건을 위하여는 사회부에 총 4억 원의 경비가 예정되었읍니다.

문교부 예산 17억 원여는 국민의 교육문화를 위하여 지출될 것이며 이외에 동일한 목적을 위하여 총 20억 원에 이르는 거액이 지방단체인 도(道), 군(郡) 부(府費)에서 지출될 것입니다.

입법 사법을 비롯한 민주주의 헌법의 옹호발전에 직접 지출되는 경비는 9억 원에 가까운 예산이 국회법원, 심계원(審計院), 감찰위원회, 법무부 등에 계상되었읍니다.

교통사업에 55억 원여, 체신사업에 근(近) 10억 원의 세출을 계상한 결과 그 수지관계에 있어서 교통이 13억 원여, 체신이 근(近) 4억 원, 도합 17억 원의 적자를 보이고 있음은 이들 국영사업이 국민경제에 미치는 영향을 고려한 나머지 저물가정책의 방루(防壘)가 되게 하려는 정부의 의도에서 그 요금은 저렴하게 한 것과 또 이 교통 체신이 왜정의 전쟁목적에 동원되어 그 시설이 파괴되었음에 인한 복구비를 고려하지 않을 수 없는 사정에서 이었읍니다.

전매사업에 있어서는 약 56억 원은 투입하여 18억 원의 흑자를 내도록 하였읍니다. 정부로서는 금후 전매사업에 더욱 유의하여 흑자를 증가시킴으로써 적자재정 세입의 보충에 노력할 작정입니다.

50여억 원에 이르는 국세징수를 위하여 총 4억, 군정에서 인계받은 정부차입금에 대하여 조선은행에 지불한 이자 3억 원이 각각 재무부에 계상되었읍니다.

여러분이 잘 아시는 바와 같이 작년 10월 하순 전라남도의 지역에 폭동사건이 야기되어 다수의 인명과 재화가 살상 파괴된 국가적 불행사건에 대하여 정부로서는 사건을 급속히 수습코저 동 지구에 계엄령을 선포하는 동시에 일면에서 진압, 일면에서는 이 사건 때문에 발생한 국가적 상처를 치유복구하기에 노력한 결과 지금은 대부분이 해결의 도상(途上)에 있읍니다. 이로 말미암아 응급 지출된 예산은 총 4억 원여 가임이 상술한 내무사회 교통 등 각부 예산에 포함 계상되었읍니다.

이상은 세출 일반 예산인바 이외에 특별 회계예산으로서 임시외자총국에 234억원, 임시관재총국에 8억 9천만 원여가 계상되었는데 임시관재총국의 세출에 5억 원여가 일반 회계전입금으로 계상된 것은 그 수지 관계에 있어서 흑자가 난 것을 일반 회계세입으로서 보충하는 것임을 특히 유의하시기 바랍니다.

이상과 같이 하여 산출한 일반 예산 세출은 그 총액이 실로 297억여 원에 이르는 방대한 것인바 이 액은 현시(現時)의 일반적인 물가고등(高騰)과 또 국토 양단에 인한 단일 경제권의 분할에 인한, 제반 계수의 팽창에 그 원인이 있으므로 정확한 통계가 없다할지라도 오늘의 물가가 1945년 해방 직전의 약 200배라고 가령할 때에 이 근 300억은 겨우 그 때의 1억 5천만 원에 이르는 정도의 액에 지내지 않음을 특히 유의하시기 바랍니다.

다음은 세입에 관하여 언급하고저 합니다. 세입 총액 297억 원여는 조세수입이 51억 1천만원, 인세수입 1억 8천 6백만 원, 관업(官業) 급(及) 관유(官有)재산 수입 215억 4천만 원, 잡수입 6억 6천 7백만 원, 임시관재총국 특별회계전입금 5억 원여, 차금107억 원여로 분류되었읍니다.

대개 정부의 세입이라는 것은 국가재정의 균형을 보전(保持)하는 데 있어서 대체로 그 증수가 국가적으로 절실히 요청되고 있는 반면에 조세에 있어서나 또는 전매국영사업에 있어서 나를 물론하고 그 증수가 직접 간접으로 국민생활을 위협함이 크다는 견지에서 그 저렴감수(低廉減收)가 또한 거족적으로 요청되는 이른바 이율배반적인 모순성을 내포하고 있는 것이므로 이와 같이 서로 반발하는 국가적 요청을 이떻게 조화시키냐 하는 문제는 정부로 하여금 적지 않게 번민부심(煩悶腐心)케 하는 것입니다. 결국 양출계입(量出計人)의 재정 원칙과 민생안정이라는 당면 현실적 요청은 그보다 더 고차적인 자주독립이라는 국시(國是)에 의하여 지양되지 않어서는 안되는 것이기 때문에 세출을 극도로 긴축하는 동시에 이 긴축된 세출에 대응하는 세입으로서 정부의 수지 입장에서는 최대한도로 국민부담의 입장에서는 무리 없는 정도의 액으로서 계상한 것입니다.

조세에 있어서는 시일관계로 세제의 연도 내 개혁이 불가능하므로 이 51억의 세액은 군정시대의 세제에 의하여 징수되지 않으면 안되게 되었읍니다. 그러나 현행세제에 중목소시(衆目所視)로 지적하는 단점이 있다면 정부는 그 운용을 융통성 있게 적절히 조작함으로써 단점을 시정할 각오에 있으므로 전자 재무당국으로 하여금 위선 제3종 소득세 예납제도의 실시를 정지시킨 것은 그 일례입니다. 관업(官

業) 급(及) 관유(官有)재산수입은 전매수입 74억 원, 교통 급(及) 체신수입이 47억, 기타 재산수입으로 분류되는 데 전매수입 74억은 그 지출을 제하고 18억 원여의 흑자를 내고 있음은 전술한 바와 같읍니다. 교통과 체신사업 역시 전술한 바와 같이 각종의 애로가 횡재하여 있는 관계상 그 세출에 비하여 17억 원의 적자를 내어 세입은 겨우 47억에 이르렀음은 이들 사업의 발전을 위하여 그와 같은 애로가 시급히 시정됨을 여러분과 함께 금후에 기대할 뿐입니다. 잡수입 6억 원여 중에는 아까 세출에서 언급한 미곡 통제비 해당액 3억 원이 납부금으로 되어있는 바 이는 미곡 통제 소요 경비를 배급 미가에 원가 배정하여 이것은 소비자에게 부담시키는 동시에 그것을 징수한 대한식량공사로 하여금 정부에 납부케 하는 것임을 유의하시기 바랍니다. 임시관재총국 특별회계전입금 5억 원여는 아까 세출을 말할 때에 언급한 바와 같으며 임시외자총국 특별회계는 한미 간의 '재산 급(及) 재정에 관한 최소협정'에 의하여 설정되어 있는바 그로부터의 전입금은 아직 확정되지 못하고 차금에 대해서는 후에 언급할 기회가 있을 것입니다.

5. 이상과 같이 4281년 10월부터 금년 3월까지의 6개월간 총예산은 특별 회계분까지 합쳐서 540억 원, 이에 대비하는 세입은 그 확정된 것이 433억, 차입금으로 예정된 것이 107억 원인바 세상에서는 실질에 있어서 세입부족액인 이 차입금에 대하여 지나친 우려를 한 남어지 비관적인 견해를 갖는 이가 있으나 세출은 우에서 개관하여온 것과 같이 극히 미약한 것으로 이것은 해방국가의 신흥 의욕을 의심할 만치 긴축된 것이므로 요는 이 적자인 차입금의 성질 검토에서 해결되지 않으면 안되는 것이라고 보는바 정부세출 중 임시비 95억은 재정이론 상 원칙으로 그 지출되는 당년(當年)에 꼭 수입됨을 필요로

하지 않는 영구적 경비임을 유의하시기 바랍니다. 그래서 정부수지는 최소한도 경상(經常)세입과 경상(經常)세출이 균형을 보전(保持)하면 되는데 이 양자를 비교하면 경상(經常)세출액에 있어서 70억이나 세입액을 초과하고 있는 것은 다분히 임시적 성질을 띤 국방 치안비에 1억 원 예산비에 6억 원을 계상한 것이니만큼 과히 원리에서 벗어나는 것은 아니라는 견해가 정부의 입장임을 양해하시기 바랍니다.

그러면 소위 임시비에 충당하는 차금의 금후 상환방도에 관한 문제인데 이것은 원칙으로는 그 지출한 임시비에 의하여 창조된 시설 등에서 금후에 국가가 수익하는 비례에 따라 매년 얼마큼식 상환하면 된다는 이치가 서는 것이나 현실적으로 한미 간의 경제원조 협정은 미국이 한국에 대하여 이와 같은 건설사업에 소요되는 비용을 원조하여 줄 것이 기대되는 것이므로 각종 토목사업, 철도, 체신의 건설사업 등은 사실에 있어서 이와 같은 원조물자에 의하여 수행되어지리라고 믿읍니다마는 대외국 문제이니만치 이 문제에 대해서는 이만큼 말씀하여 두기로 합니다.

그렇다면 이 차금은 증세로써 혹은 공채발행으로써 대할 의사는 없느냐하는 의문이 날 것인바 이는 신년도부터는 세원 파악, 기채(起債)계획도 세워보고저 합니다마는 현년도 분만은 세제 정리, 기채(起債)절차에 관한 약간의 문제와 또 정부가 인계한 과거 4년간의 미군정 적자지출금에 대한 근본적 방안수립 등의 문제도 있고 하여 종전과 같이 조선은행에서 일시 차입하는 형식은 잠정적으로 계속하려는 바입니다.

6. 이상 극히 개괄적이고 간단하지마는 정부예산에 관한 대체의 소회(所懷)를 말씀드렸는데 처음에 언급한 바와 같이 이 예산의 국회 통과 후에 그 통과된 각 관항에 의하여 지출할 때를 기대릴 수 없는 관계상 대체로 이 예산안에 의하여 정부는 그 백반(百般)사업을 진행시키고 있읍니다.

이 사실은 대부분의 관항이 법령의 규정에 의하여 당연지출을 요하는 의무비와 또 예컨대 폭동, 수해대책비와 같이 절대로 불가피한 경비이었다는 사실과 아울러 여러분께 무수정 통과를 요청하는 정부의 충분한 이유라고 믿는 바입니다.

의원 제위는 정부의 이와 같은 사정을 충분히 양해하셔서 아모쪼록 원안대로 무수정 통과 시켜주시도록 각별한 배념(配念) 있기를 간절히 부탁하는 바입니다. 여러분의 토의를 도웁기 위하여 더욱 세목에 관한 예산설명을 차차 신임된 정부책임자들로부터 있을 것으로 나는 이것으로써 말을 마치려고 합니다.

단기 4282년 1월 25일

(『시정월보(施政月報)』 2, 1949. 3)

불법 소장 양곡은 몰수 또는 강제 매입

1949. 02. 03

양곡 수집에 대하여는 누누히 성명한 바와 같이 자기와 가족의 식량과 종곡을 제한 외에는 애국적 열성으로 소정기간 내에 정부에 자진 매도하여 민생의 곤난을 면케 하려고 하였던 바 이때까지 양곡을 정부에 매도치 않고 은익하거나 또 잠매(潛賣)하는 자가 불소하여 정부의 양곡매입 성적이 극히 부진한 상태에 있으니, 만일 이대로 나간다면 우려할만한 사태에 이를 것이 예상되므로 앞으로는 양곡매입법 및 동 시행령의 벌칙을 단호히 발동하여 징치할 것이니 관민은 이를 일제히 준행할 것이며, 금반 대통령령으로 양곡의 매도기간을 2월 20일로 개정한 것은 양곡이 소진되기 전에 매입을 하려는 것이므로 양곡 생산자와 지주는 동 기일까지에 반드시 양곡을 정부에 매도하여야 할 의무가 있는 것이다.

만일 이에 응하지 아니하는 자가 있는 때에는 엄밀히 조사하여 단호히 처벌할 것은 물론이요, 불법으로 소장한 양곡은 이를 몰수하거나 또는 강제로 매입할 것이니 일반 국민은 모두 법을 준행하여 후회됨이 없기를 기하여 정부에 협력하기를 바라는 바이다. 그리고 금번 대통령령에 의하여 소작미와 토지행정처치미(구(舊) 신한공사미(新韓公社米))를 상금 정부에 매도치 아니한 자에 대하여서도 벌측이 발동할 뿐 아니라 그 불법 소장의 양곡을 몰수하거나 또는 강제 매입하게 되었으니 특별히 주의하여 지금이라도 즉시 정부에 매도하도록 하여야 할 것이다.

『대통령이승만박사담화집』, 공보처, 1953)

사무분담 명백히 하라,
반민법 실시에 대하여

1949. 02. 04

조사위원들이 법을 범한 자를 비밀리에 조사해서 사법부에 넘기면 사법부와 행정부에서 각각 그 맡은 책임을 진행하여 처단할 것인데, 이러하지 않고 입법부와 행정부와 사법부의 일을 다 혼잡하여 행한다면, 이것은 삼권분립을 주장하는 헌법과 위반되는 것이니, 설령 국회에서 특별법안을 만들고, 또 그 법안에 대통령이 서명하였다 할지라도 이것은 헌법과 위반되므로 성립되지 못하는 것이 되므로 지금이라도 조사위원들은 조사에 끝이고, 검속(檢束)하거나 재판하고 집행하는 것은 사법과 행정부에 맡겨서 헌법 범위 내에서 진행시켜 정부와 국회의 위신을 보전하며, 반민법안을 단기간 내에 완료하도록 하여야 할 것이다.

또한 중요한 것은 조사할 책임을 극비밀리에 진행하여 범법자가 몇 명이 되든지 다 연락해서 검찰부로 넘긴 다음 재판을 행해서 규정을 낼 것인데, 만일 그렇지 못하고 몇 날 만에 한 두 명식 잡아넣어서 1년이나 2년을 끌고 나간다면, 이것은 치안에 관계되는 문제이므로 이를 다 교정해서 비밀리에 조사하고, 일시에 진행되도록 함이 가할 것이다.

다음 한 가지 더 말하고저 하는 바는 치안에 관계되는 문제를 중대히 보지 않을 수 없으니, 지금 반란분자와 파괴분자가 처처에서 살인, 방화하여 인명이 위태하며, 지하공작이 긴밀한 이때 경관의 기술과 진력이 아니면 사태가 어려울 것인데, 기왕 죄범이 있는 자라도 아직 보류하고, 목하의 위기를 정돈시켜 인명을 구제하며, 질서를 유지하는 것이 지혜로운 정책이 아닐까 한다.

만일 왕사(往事)를 먼저 징계하기 위하여 목전의 난국을 만든다면, 이것은 정부에서나 민중이 허락치 않을 것이므로 경찰의 기술자들을 아직 포용하는 것이 필요하며, 따라서 기왕에 반공투쟁이 격렬할 때에 경찰의 기술자들이 직책을 다하여 치안에 공효가 많을 때에는 속죄한다는 성명이 여러 번 있었으므로 정부의 위신상으로나 인심 수습책으로 보나 조사위원들은 이에 대하여 신중히 조처하기를 바란다.

(『대통령이승만박사담화집』, 공보처, 1953)

매곡 완수에 노력하라

1949. 02. 06

여러분을 오늘 이 자리에 초청한 것은 미곡 수집정책에 대하여
그 시행방침을 토의 하고자 한 것입니다. 물론 지난 날 여러분의 노
력은 큰 것이었으며, 금후(今後) 일층(一層) 동일 보조로 이 정책 완수
에 전력을 경주하여야 하겠읍니다. 시초에는 강제로 빼앗아 가던 결
과로 농민의 감상이 또한 그러하였거니와 공출제도를 없애서 이 난
관을 돌파하여 제일 중대한 민권을 존중히 여기자함에 있었읍니다.
또한 반면에 농민은 호의로 자의를 존중하며 법령을 준수하며 동
포 구호에 호소할 것으로 큰 기대를 두었던 것입니다. 당시 이 공출
폐지문제에 대하여는 미국에서도 또는 국내 각원 중에서도 의견과
견해가 구구하였던 것입니다.

지금 현재 그 수집된 실적은 7백여 만석에 대하여 3백만 석에 달
하고 있읍니다. 혹 지방으로부터 들리는 말에 의하면 목표 수량을
5백 50만석이나 6백만 석으로 삭감하면 수집성적이 양호하리라고

합니다만 나로서는 믿기 어려운 일입니다. 미곡 수집에 대하여는 기간(其間) 신문지상으로 누누히 발표한 바 있었읍니다만 지금까지 수집된 3백만 석의 대부분 수량은 중농 이하의 애국농민들이 정부에 매도한 것입니다. 비밀히 장치한 그들은 법령에 명시된 3월 말일을 악용하여 3월만 지나면 또는 시세만 등귀(騰貴)되면 암암리에 방매할 것이라는 지방 보고를 나도 믿고 있읍니다. 이제 와서 근면으로서도 실패한다면 전부면(全部面)에 걸쳐 그 영향이 미칠 것이라 함은 여러분의 생각이요 나의 관측입니다. 특별히 말할 것은 그냥 방매하면 안 팔릴 것이요, 따라서 국민의 곤란은 일층 더할 것인즉 여러분은 각기 지방에 돌아가서 부락별 재고량 조사와 밀수출 방지에 부하관리를 동원시켜 적극 선전으로 범죄의 미연 방지에 노력하여야 할 것입니다. 금후 범법에 대하여는 그 경중에 따라 처벌하여야 할 것입니다.

과거 법령의 일부를 개정하여 매도기한 3월 말일까지의 법령을 2월 20일로 개정하였읍니다. 이 개정한 의도를 농민에게 이해시키며 여러분의 맡은 직책을 다하고 국가에 행복이 있기를 바라는 바입니다.

(『대통령이승만박사담화집』, 공보처, 1953)

통일은 한위(韓委)와 협의,
철병 운운은 시기상조

1949. 02. 08

외국 군인이 우리 국토에 주둔하고 있는 것은 물론 부당한 것이
나, 공산주의와 민주주의가 대립되어 있는 이때, 절대 다수인 세계민
주진영의 후원으로 국제적 승인을 받게 된 우리로서 얼마 남아있지
도 않은 미군을 즉시 철퇴하라는 것은 소군(蘇軍)을 들어오라는 결
과밖에 안되는 것이요, 또 세계공론이 주둔의 필요성을 인정하고 있
는 이때, 대한민국 국회에서 이런 지각없는 제안을 운위하는 것은
파괴교란을 가져오게 할 뿐 아니라, 중국과 꼭 같은 사태를 이르
키게 될 것이다. UN 한위(韓委)가 내한한 이 마당에서 우리는 UN과
협조하여 적당한 방법으로 평화적 남북통일을 추진할 것이요, 국
제적 승인을 받은 오늘 외국의 주둔으로 인하여 조금도 국권을 억
압당할 리 없고, 우리의 국방태세를 하루 바삐 완비하여 그 기간을
단축하기에 노력할 것이다. 남북통일도 UN의 내한으로 결정적 단계
에 도달하였은즉, 국회로서는 이런 문제를 제출하여 국제적 영향과
국가정책을 흔들리게 하지 말고, 국제정세를 통찰하여 신중한 태도
로 정부에 협력하기 바란다.

『대통령이승만박사담화집』, 공보처, 1953)

대 민간 작폐를 엄금,
건설 사업에 적극 매진하라

1949. 02. 10

대한청년단들이 전국 각 청년단체를 해산하고 통일을 완수한 것은 모든 청년단 지도자들과 단원들의 애국정신을 표한 것이므로 우리가 다 치하하는 중 민족청년단이 졸지에 폐지하기 어려운 조건을 물리치고 일체 해산해서 통합을 완성한 것은 민족청년단 지도자와 단원들의 애국심을 표명한 것이다. 오직 각 단체가 이 정신을 흡수해서 분열의 사상을 일체 버리고 오직 대한청년단 하나로 큰 기관을 만들어서 민족운동역사상 대성공을 자적해야만 될 것이다.

청년단이 이 건설사업에 크게 착수해야만 건국기초에 많은 공헌을 줄 것이므로 각 도시와 촌락에까지라도 수축 개량 청결 등 급급한 대사업을 청년단이 솔선 주장하고 선도자가 되어 각각 소재지에서 충분한 조직을 통하여 도성과 시가와 도로청결 등을 대대적으로 실시하여 장년 노년이 다 그 정신을 받들고 합심 합력으로 경관의 협조을 얻어 적극적으로 진행하여 얼마안에 많은 성공을 표시하는 것이 가장 긴급하고 가장 유효할 것이니 이 방면으로 계획을 정해서 당국의 지시와 승락을 얻어 진행하기를 바라는 바이다. 한편으로 일을 진행하며 한편으로 민병제도를 세워 각각 지방조직을 만들고 시간을 정하여 상당한 지도자 아래 훈련을 받게 할 것이니 이로서 반란분자들의 지하조직을 일일히 조사해서 살인 방화 등 악행이 없게 만들고 건설사업을 진행할 것이니 이러한 중대 사명을 우리 청년들이 맡아가지고 관민합작하므로써 대성공이 있기를 바라는 바이다.

끝으로 특히 한 가지 더 말하고저 하는 바는 도시에서나 지방에서 청년들이 민간에 대한 작폐가 있다하니 금후로는 이러한 폐단이 절대로 없게 하며, 만일 그러한 불의한 행동이 있으면 즉시 당국에 그 사실을 보고하여주기를 바라는 바이다.

(『대통령이승만박사담화집』, 공보처, 1953)

애국공채 발행에 대하야

1949. 02. 14

고담(古談)에 화살에 상한 새는 굽은 나무를 보고 놀랜다 하였나니 힛틀러, 뭇소리니, 히로히도의 전쟁으로 말미아마 상해를 당한 나라들은 한국에서 국군을 확대한다면 자연 의려심을 가지게 될 것이니 이는 인정상 면하기 어려운 사실일 것이다.

우리가 과거 40년 동안 전무한 치욕을 당해온 것이 오직 세계 공의와 조약을 믿고 우리 조상 쩍부터 주장하여온 평화를 고집하다가 강폭한 이웃에게 불법 침략을 당할 적에 이웃나라들은 다 우리를 비웃고 안저서 강폭한 우리 원수를 지지하여 온 것이니 이러한 경력으로 모욕을 당한 우리로서는 군사상 준비가 업시 또 다시 남의 도움이나 믿고 있다가 남의 침략을 감수하고 있지는 안을 결심이다. 그러나 우리의 국군준비라는 것은 절대로 남의 강토나 남의 이익을 침범하려는 것이 아니오 이러한 의도는 이전에도 없었고 지금도 없으며 앞흐로도 없을 것을 우리가 담보하는 것이오 오직 우리 강토를 보호하며 우리 국권을 공고히 세워서 안으로는 민생의 안전을 보장하며 밖으로는 세계 평화를 유지하는데 도움이 되려는 것 뿐이니 우리가 상비병 10만명과 예비병 20만명을 준비한다는 것을 양병이나 상무(尙武)라고 한다면 이는 과연 활에 상한 새가 굽은 나무를 보고 놀랜 것에 지나지 않을 것이다. 하물며 우리의 강토가 지금도 남의 점령 밑에서 절반은 통일이 못되고 있어서 공산반란 분자들이 三八선(38선)으로 넘어 들어오며 각 해안(海岸)으로 잠입해서 살인, 방화, 반란 등 모든 잔혹한 행동으로 전국을 공산화시켜서 남의 나라의 부속을 만들려는 이 위경에 있어서 우리는 모든 개인의 생명과 재산을 다 공헌해서라도 일헛든 독립을 끝까지 보전하야 우리의 자손만대에 유전케 하거나 그렇지 않으면 다 죽어서 업서지자는 결심이다.

이러한 우리의 결심을 우리의 친우나 친우 아닌 나라들이나 다 절실히 각오하고 양해하여주기를 바라는 바이다.

민병조직에 들어서는 훈련과 조직상 상당한 준비가 있어야 될 터이므로 위선 청년방위대를 조직해서 청년단의 우수한 정예분자와 호국군, 민보단 등 조직체에서 상당한 자격을 택해서 조직하고 청년단에서는 여전히 공작을 계속할 것인데 예비군 20만 명의 지도자로는 적어도 1만 5천명을 택해서 따로 훈련시켜야 될 것이니 이와 같이 조직하므로 각 지방의 촌락과, 부락까지도 이 청년 방위대가 청년단들과 합동해서 국군과 경비를 도아 치안을 보장케 할 것이매 이 일이 가장 급하고 긴절한 것이다.

이 중대하고 긴급한 사업을 착수할 때에 위선 거대한 재정을 요구할 것인데 어느 나라던지 이러한 비용은 정부의 통상경비에 들어갈 수 없는 것이오 특별한 준비가 있어야 될 것인데 지폐를 얼마든지 백여내서 그 경비를 지발할 수 있으나 이와 같이 한다면 국가 경제에 대 타격이 생겨서 국민생활상 곤란이 극도에 이를 것이므로 이것은 절때로 피하면서 이 사업을 속히 진행해야만 될 것이다.

그럼으로 정부의 계획은 애국공채를 발행해서 전국적으로 거대한 재정을 모집할 것이니 전국 남녀들은 누구나 국권을 확고히 하며 치안을 보장하자는 애국정심으로 이 공채를 살 적에 각각 자기의 생명과, 재산과, 또한 자기 나라를 위해서 면치 못할 직책으로 알고 성심을 다할 것이며 서로 권면해서 200억원을 표준하고 제1회에 100억원을 모집할 터인바 이 표준에 넘치게 해서 우방들로 하여금 우리의 결심이 어떠하다는 것을 보이도록 하여야 할 것이니 이와 같이 자기의 직책을 다해서 우리 전민족의 안전과 번영을 같이 누릴 것이다. 따라서 이 공채 발생이 이때에 가장 긴요한 이유는 헌재 국내의 금융수준이 매우 높흔 정도에 이르러서 이런 비상조치가 아니면 경제 기구가 전부 대타격을 당할 염려가 없지 않으므로 이 방식으로 국내에 융통되는 화폐를 거두었다가 다시 서서히 통행되게 만드는 것이 전민족의 생활안전을 보호하는 최선의 방법이니 일반 애국동포들은 이에 대해서 충분한 양해를 가지고정부와 합작해서 큰 효과를 이루도록 노력 응원하기를 바라는 바이다.

『주보(週報)』, 37)

특경대(特警隊)는 폐지하라,
특위 체포 못한다

1949. 02. 16

반민법(反民法)에 관하여 국회에서 특별조사위원을 선출하여 조사케 한 것은 일반이 다 아는 바이어니와 대통령이 과거에 위원 제씨(諸氏)를 청하여 협의적으로 논의한 내용은 전에 발표한 바와 같이 국회에서 법률만 만들어 당국에 넘겨서 행정부와 사법부에서 각각 그 책임을 진행하게 하지 않으며, 삼권분립의 헌장과 모순이 되므로 어떠한 법률이 있을 찌라도 그것이 헌법과 모순되는 법안이면 성립되지 못하나니 조사위원들이 조사하는 일만 진행할 것이요, 또 입법원의 책임에 넘치는 일은 행하지 아니 하는 것이 옳다고 권고하였고, 또 범법자를 비밀리에 조사해서 다 조사한 결과를 사법에 넘겨서 속히 재판케 할 것이요, 만일 지금 진행하는 바와 같이 며칠에 몇 사람씩 잡아 가두어서 1,2년을 두고 연타(延拖)하여 나간다면, 이는 치안에 중대한 영향을 주는 것이므로 지금 진행하는 방법을 다 정지하고 속히 귀결되도록 힘쓰겠다고 설명한 것이다.

근자에 진행되는 것을 보면 이런 의도는 하나도 참고치 않고, 특별조사위원 이 삼인이 경찰을 다리고 다니며 사람을 잡아다가 구금고문(拘禁拷問)한다는 보도가 들리게 되니 이는 국회에서 조사위원회를 조직한 본의도 아니요, 정부에서 이를 포용할 수도 없는 것이므로 대통령 령(令)으로 검찰청과 내무부 장관에게 지휘해서 특경대를 폐지하고, 특별조사위원들이 체포 구금하는 것을 막아서 혼란상태를 정돈케 한 것이다. 이 반민법안을 국회에서 정하고, 대통령이 서명한 것이니까 막지 못한다 하는 언론에 대해서는 가장 중요한 문제가 첫째로 치안에 대한 관련성이니, 이것이 상당한 법안이라 할지라도 전국치안에 관계될 때에는 임시로 정지하는 것이 마땅한 일이며, 또 이 법을 정할 때엔 국회에서나 대통령이 조사위원들에게 권리를 맡겨서 정부 사법부의 일까지 맡아가지고 이 삼인이 자의로 사람을 잡아다가 난타(亂打)고문하라는 문구나 의도는 없는 것이니, 즉시로 개정하는 것이 옳은 것이다.

이런 사실을 국회에서 소상히 알기만 하면, 즉시 법안을 시정해서 그러한 행동을 막을 줄로 믿는 터이므로 이미 법무부와 법제처에 지시해서 법안의 일부를 고쳐 국회에 제출케 하는 중이니 위선 조사원들의 과도한 행동을 금지하기로 작정한 것이다.

(『대통령이승만박사담화집』, 공보처, 1953)

정당한 공론이 필요

1949. 02. 22

반민법에 대해서 대통령이 친일분자를 구호한다는 말은 특별조
사위원 중 몇 사람이 자기들이 목적하는 바를 엄적(掩跡)하기 위해서
민심에 반감을 일으키려는 의도이므로 그 내막을 발로시키지 않을
수 없는 사실이다.

나는 이러한 의도와는 절대로 대치되는 의도로 나아가는 것이
니, 내가 하려는 바는 민심을 안위시키고 경찰을 정돈시켜 전국치안
을 보장해서 반란분자를 소청하며, 인명을 구호하려는 것이 제일 중
요성을 가진 것이나 조사위원 중 몇 사람의 의도는 이와 반대로 과
거의 흠절(欠節)만을 찾아서 현실을 더욱 험란케 만드는 것이니, 만
일 이것이 고의가 아니라면 누차 대통령이 설명하였음에도 불구하고
도리어 점점 기승해서 인심선동을 주장하기에 이른 것은 누구나 부
인할 수 없는 것이다.

미군철퇴문제를 제출한 것은 과연 치안을 보장해서 민심을 정돈하려는 것인가, 미군을 배척하고 공산군을 청해오려는 주의인가, 전쟁이 발생할 때까지는 경찰이 치안을 전담하고 그 책임을 지고 있음은 누구나 다 잘 알 것이다. 반민법으로 인해서 조사위원들이 사람을 잡아다가 고문취조한 후로 경찰 측에서 얼마나 요동 되었는가 함은 이것이 표면에 들어나지 않는 고로 다 무사태평한 것 같지만, 경찰 측의 말을 들으면 밖으로는 공산당에서 경찰과 그 가족을 기회 있는 대로 살해하는 중이요, 안에서는 국회의원들이 살 수 없게 만들고 있으니 치안을 위해서 아무리 헌신하고자 하드라도 어찌할 수 없다고 눈물 흘리며 억울히 호소하는 중이다. 그러므로 내가 특별조사위원에게 지성으로 설명한 것은 몇 십 명, 몇 십만 명이라도 비밀리에서 조사해서 일시에 다 잡아가두어 그 법안에 걸리지 않는 사람은 마음놓고 일하게 하여야 할 것이요, 그렇지 않고 시일을 연기하여 공포심을 내게 한다면 이것이 치안을 고려하는 사람이라고 할 수 없을 것이다.

위원들이 고문한 것이 없다고 변명하나, 지금이라도 공개로 조사하면 법관들이 다 아는 바이니, 이것은 엄적(掩跡)할 수 없는 사실이오, 특경대도 조직한 일이 없다고 하나, 만일 없었다면 조사위원들이 체포하기 시작한 이후 각 신문에 연속 보도되어 세상이 다 알게 된 사실을 어떻게 할 것인가, 경찰기술자 중에 기왕 죄범이 있으나 지금 치안에 필요한 이유를 내가 누누히 설명한 바는 그 사람들의 죄상은 법으로 재판도 할 수 있고, 처벌도 할 수 있으나, 그 사람들이 뒤에 앉아서라도 기술은 상당히 이용해서 모든 지하공작과 반란음모 등 사건을 일일히 조사하여 인명을 살해하고, 동란을 일으키는 위험상태를 미리 막아서 발로되지 못하게 하여야 될 것인데, 지금도 지방 보고를 들으면, 매일 2, 3명, 혹은 3, 4명식 살해당하지 않는 날이 없지 않다고 하는 터이니, UN대표단 환영 시에 탄약을 묻어서 전부를 뒤집어 놓을려는 이러한 종류의 음모를 기술적으로 방지하지 않으면 인명과 국사가 어떻게 될 것인가, 조사위원 중 몇 사람들은 이러한 것은 꿈에도 생각이 없는 모양이니, 이런 음험(陰險)한 내용을 발로시키는 사람이 없게 된다면, 국회 전체가 다 이 사람들과 동일한 것으로 세상이 알게 됨이 사실일 뿐만 아니라 우리에게 크게 불리할 것이다.

내가 이런 사실을 발표 아니 할 수 없으니, 지금이라도 그 분들이 달리 생각해 가지고 반민분자를 처벌하드라도 치안을 보장하면서 다 할 수 있을 터인데, 기어이 치안을 파괴시킬 일만 한다는 것은 누구나 동의를 줄 수 없을 것이다. 그리고 대통령이 담화를 너무 많이 발표한다는 비평이 없지 아니하나, 나로서는 아무 말도 아니하고 잘 되어가기만 하면 좋겠지만, 내가 발표하지 않으면 이런 내용을 민중이 알 수 없게 되고, 위기만 심하게 되는 터이므로 부득이 해서 이와 같이 하는 것이요, 지금부터는 정부에서나 국회에서나 언론기관에서 이런 내용을 알고 사실을 엄정하게 밝히도록 해서 공론이 정당히 서서 국사(國事)에잘 못되는 일이 없게 된다면, 대통령으로서는 마음도 평안하고, 입도 좀 쉴 수 있을 것이다.

『대통령이승만박사담화집』, 공보처, 1953)

국토방위에 분골쇄신하자

1949. 02. 24

국가를 위하고 국토를 지키는 군인의 사명은 극히 중대하다. 세계열강의 한 독립국가가 된 대한민국의 군인이 된 사람의 의무와 책임은 더욱 큰 바이다. 나는 국민개병이 되어 남녀가 군인정신을 가지고 외환과 내환을 감당하여야 하겠다는 생각이다. 변이 있을 때 남녀를 가리지 않고 나아가 싸울 줄 알고 물러서지를 않는 국민이 되어야만 하겠다. 먼저 국가의 주초가 되는 학생들을 잘 훈련하여서 군인정신을 고취하도록 하여야 하겠다.

지난 번 여수, 순천 반란사건은 우리 군대와 경찰이 급속한 시간에 수습하고 진압하였는데 이는 외국에서 그 예를 찾을 수 없었던 것으로서 세계 각국의 동정과 칭찬을 얻었던 것이다. 아직도 제주도는 미지하다고 하지만 우리 국군은 이런 공산분자들의 선동과 악행을 어서 속히 청쇄(淸刷)하여야 하겠다. 해군은 해안을 잘 지켜서 공산파괴분자들이 드나들지 않게 하여야 하겠고, 밤에는 반란을 이르키고 낮에는 숨어버리는 이런 자들을 어서 속히 소탕하여서 치안을 확보하여 참된 국민으로 선도하여야 하겠다.

나는 UN은 세계적으로 여론을 이르키는데 끌리고 국내의 일은 우리 전국민이 해결할 것이라고 믿고 있다. 그러므로 양병하여서 만약 소련이나 일본이나 중국이나 그 어느 나라가 야심을 가진다 하드라도 능히 물리치고 국권을 더욱 공고히 하여 나아갈 결의와 각오를 가지고 감히 침해가 없이 하도록 남녀노소가 다같이 국민개병의 정신으로 온갖 군비와 훈련을 하여야 하겠다.

(『대통령이승만박사담화집』, 공보처, 1953)

일본 재무장설(再武裝說)에 대하여

1949. 02. 26

미국이 일본의 재무장을 방임할 때에는 그들은 민주주의를 버리거나, 또는 미국의 존립이 위협될 때 그들은 여하한 방법으로던지 이를 방어하여야 할 것이라는 결심을 해야 할 것이다. 소련은 세계 각처에 대하여 공산주의를 집요하고, 또한 꾸준하게 전파하고 있으므로, 어디서는 매일 매일 승리를 하고 있는 것 같이 보이는 것이다. 만약 미국인 공산주의 전파에도 불구하고 양보를 계속한다면, 공산주의와 투쟁하는 전국은 낙담할 것이며, 위성국가군(衛星國家群)에 들어가지 않으면 안 될 것이다.

그리고 미국 민주주의는 곧 공산주의대양(共産主義大洋) 내에서 고립된 개각(介殼) 속에 들어가고 말 것이다. 그렇게 되면 미국은 공산주의세계에 가맹(加盟)하거나, 또는 공산주의 방어를 위하여 단독으로 투쟁하는 양자 중에서 한 가지를 결정해야 할 것이다. (중략) 여하한 계획이 미국군대를 동양으로부터 철퇴시키기 위하여 실시된다 할

지라도 단지 가장적국(假裝敵國)을 미국에 근접시키거나, 또는 해내해외에서 공산주의 공격으로부터 본국을 방어하지 않으면 안 될 시기를 짧게 할 뿐이다.

이는 일본으로부터 미국군대를 철퇴케 할려는 미(美) 전략보다는 오히려 소련의 전략이라는 것을 판단하는 것은 그리 선전을 요하지 않고도 용이하게 알 수 있는 것이다. 만약 미국이 일본을 포기한다면, 미국에 대항할 일소동맹(日蘇同盟)의 가능성에 대하여 여하한 보증이 있을 것인가, 또한 그런 위험은 없을 것인가? 비통한 마음을 갖고 일본은 또다시 세계정복을 감히 기도하지는 않을지 모르나, 그리 멀지 않은 과거에 일본군국주의자들은 미국의 적국과 합세하여 미국을 정복하려 하였든 것은 우리들의 기억도 새로운 사실이다.

내가 미국인으로써 공산주의의 주요 목적이 세계민주주의를 파괴하고 있다는 것을 잘 알고 있다면, 공산주의를 파괴하는 대신에 가능한 지역에서 공산주의 주변에 반공국(反共國)을 수립하는데 전(全) 능력을 경주(傾注)할 것이다. 구라파(歐羅巴)에 있어서의 공산주의 전략은 아세아(亞細亞)에 있어서 보다 미국의 군사적 안전에 더 큰 위협을 주었다고는 믿지 않는다. 공산주의의 군사적 위협은 태평양연안(太平洋沿岸)보다 대서양연안(大西洋沿岸)에서는 그리 위태롭지 않을 것이다. 그와 반대로 아라스카는 미국의 어느 지방보다도 공산주의전선에 제일 접근한 곳이다.

일본으로부터 미국군대를 철퇴하는 것은 미국은 군국주의(軍國主義)는 일본인의 뇌리에서부터 말살되었다고 주장함에도 불구하고, 일본으로 하여금 자유로히 과거의 기(其) 무서운 야망을 수종(隨從)케 하는 것이다. 이 상태는 공산주의 확장을 방어하기 위하여 그 세력의 대부분을 이미 정비를 완료한 한국에게 또 한 개의 적을 만드는 것이므로 점령당한 일본은 지금 또다시 38선을 통하여 이미 우리들의 세력을 시험한 공산주의 전파에 대한 강력한 민주적 보루로서 한국을 발전시키고 있는 우리들의 자유에 대하여 위협을 창조할 것이다.

(『대통령이승만박사담화집』, 공보처, 1953)

국가 민족을 수호하라

1949. 03. 01

30년 전 오늘에 13도 대표인 33인이 비밀히 모여서 독립을 선언하고, 대한민주국의 탄생을 세계에 공포하였든 것입니다. 울리 선열들이 용감스럽게 이 일을 행한 환경이 140여 년 전에 미국 독립선언(獨立宣言)을 맹서하던 그 때의 형편만 못지않게 어려웠던 것입니다. 우리가 지금 건설하는 민주국은 탄생한 지 아직 일 년이 못되었으나 사실은 30세의 생일을 맞이하게 된 것입니다. 그러므로 이 민주국은 해방 후 미군정(美軍政)의 힘으로 성립된 것은 아닙니다. 우리는 오직 미국이 모든 방면으로 우리 민주국 탄생을 위하여 노력한 것을 기념합니다.

해방 후 2년 동안은 미국의 정책이 확립치 못한 관계로 우리가 공산당과 대립하기에 많은 곤란을 받았던 것입니다. 그러나 트루만 대통령의 새로운 정책이 우리 한국에 새로운 희망을 주게 된 것입니다. 오늘 세계는 공산과 민주 두 충돌되는 주의로 크게 투쟁하는 중간에 끼여들게 되었읍니다. 조만간에 이 두 투장이 결정되려면 이 두 주의 중 어느 하나가 승리를 얻음으로써 판단이 날 것입니다. 공산주의는 큰 전염병입니다. 세계의 막대한 병력이나 재력으로도 어떻게 할 수 없을 것이요, 오직 사람마다 남녀를 물론하고 든든히 서서 민주주의 민주조직을 위하여 계속적으로 싸워야만 될 것입니다. 이에 세계 모든 민주국들은 자기의 보존을 위해서 진퇴를 함께 해야 될 것입니다.

해방 이후로 반탁운동과 반공운동에 우리 전민족이 목숨을 내놓고 싸워서 태산같은 방해를 다 물리치고 오늘까지 성공하여 온 것이니, 우리가 그 정신과 그 기상으로 계속하여 용진하면, 과거보다는 전도가 더욱 쉽게 발전되어 갈 것이나, 정부수립 이후로는 모든 정세에 인연해서 인심이 점차 냉정하여 투쟁열이 식어가므로 살인, 방화, 파괴분자들이 처처에 생겨나며, 반란분자들의 극렬한 지하공작을 다 등한히 보고 있는 것 같으니, 나로서는 무엇보다도 이것을 가장 우려하는 바입니다.

공산반란은 정부의 힘으로만 저지키 어려운 것이니, 민간 각 단체의 민족운동과 아울러 청년과 부녀들이 열렬한 애국심을 발휘하여 삼일정신을 부활하므로써 능히 우리 단체도 보존하고, 개인생명도 보존하며, 국권도 공고할 것입니다. 이북 동포들도 이때에 많은 공작과 조직으로 우리가 우리 일을 해야만 된다는 결심을 가지고 남북이 통합해서 38선을 철폐시켜야 될 것입니다. 소위 우익분자라는 중에서도 속으로 운동해서 언제든지 소련군이나 공산당이 이남으로 침입할 때에는 자기들의 살길이 있어야 되겠다는 의도를 가지고 연락과 음모를 행하고 있는 중이니, 이런 분자들에게는 국군이나 경찰의 힘이 미치기 어려울 것이오, 오직 열렬한 애국남녀의 성심성력으로만 저지 할 수 있을 것이다.

　나는 대통령의 지위나 영광을 중히 여기는 것이 아니오, 우리 민국과 우리 민족을 보호하여 우리나라로 하여금 민주주의의 보루가 되게 하자는 것만이 나의 유일한 목적이니, 대통령의 자리에 앉으므로 해서 말과 행동을 자유로 못하여 민중과 나 자의에 의사의 소통이 충분히 되지 못하므로 심히 유감으로 여기는 중이나, 나로서는 언제든지 높은 지위나 영예를 원치 아니하고, 일반민중과 환난질고(患難疾苦)를 같이하며, 사생맹서(死生盟誓)하고, 끝까지 투쟁하여 내 목숨을 공헌하려는 것이 나의 원하는 바입니다. 온 세상이 다 적색화(赤色化)하고, 온 세계가 다 합해서 우리를 공산화시키려 할지라도 우리는 주검으로써 항쟁하여 우리나라는 우리의 것이요, 우리 일은 우리가 해간다는 굳은 결심으로 최후의 1일, 최후의 1각(刻)까지 나라와 민족을 지켜 나아가야 할 것입니다.

(『대통령이승만박사담화집』, 공보처, 1953)

기미독립운동 정신

1949. 03. 01

오늘 우리가 여기 모인 것은 기미년에 무저항혁명으로 시작된 독립만세운동을 기념하는 것입니다. 역사에 처음 되는 이 운동이 오늘로 바로 30주년이 된 것입니다. 금년이 경축이 특별한 의미를 포함하게 된 것은 대한민국이 설립된 이후 처음으로 이날을 경축하게 된 까닭입니다.

대한민국이 탄생한 것 바로 말하자면 대한민국이 다시 탄생한 것은 연합국에게 우리가 빚을 진 것이오. 특별히 미국에 빚을 진 것입니다. 우리 독립국을 회복하기에 많은 공헌을 준 모든 우방 친구들과 또 민주주의를 사랑함으로써 희생적 공헌을 한 우리 민족에게 무한히 감사하여 마지않는 바입니다.

30년전 오늘에 13도 대표인 33인이 비밀히 모여서 독립을 선언하고 대한민주국의 조직을 세계에 공포하였던 것입니다. 우리 선열들이 용감스럽게 이 일을 행한 환경이 그때부터 140여 년전에 미국 독립선언을 서명하던 그때의 형편만 못지않게 어려웠던 것입니다.

그러나 자유와 독립을 사랑하는 정신은 어데서나 한정이 없는 것입니다. 1778년에 미국독립의 시조들을 감응시킨 그 정신이 1919년에 우리 독립운동의 선열들을 감흥시켰던 것입니다.

우리가 지금 건설하는 민주국은 탄생한지 아직 1년이 못되었으나 사실은 30세의 생일을 마지하게 된 것입니다.

그러므로 이 민주국은 해방 후 미군정의 힘으로 성립된 것이 아닙니다. 우리는 오직 미국이 모든 방면으로 우리 독립을 위해서 노력한 것을 기념하는 동시에 우리 민중이 미국의 민주주의를 사랑해서 마음속에 이미 민주정부를 설립한지가 오래되었던 것입니다.

해방 후 2년 동안은 미국의 정책이 확립되지 못한 관계로 공산당과 대립하기에 많은 곤난을 받았지만 끝끝내 트루만 대통령의 새로운 정책이 우리한국에 새로운 희망을 주게 된 것입니다. 오늘 세계는 공산과 민주 두 충돌되는 주의로 크게 투쟁하는 중간에 끼어들게 된 것입니다. 조마간에 이 투쟁은 이 두 주의 중 어느 하나가 승리를 얻음으로써 판단이 날것입니다. 이 냉정전쟁이 오래 계속할수록 침략적 주의를 가진 자가 더욱 유리하게 될 것입니다. 실상은 민주주의가 공산주의자들의 흉폭하게 밀고 나오는 이 세계형편을 힘있게 저제하기 어려울 것입니다. 공산주의는 큰 전염병입니다. 세계의 막대한 병력이나 재력으로도 어떻게 할 수 없을 것이오. 오직 사람마다 남녀를 물론하고 든든히 서서 민주주의와 민주조직을 위하여 계속적으로 싸워야만 될 것입니다. 이에 세계 모든 민주국가들은 자기의 보존을 위해서 진퇴를 함께해야 될 것입니다.

공산주의자들은 국가나 사사단체나 개인을 물론하고 싫으나 좋으나 다 한지휘 밑에서 진퇴를 가치하는 고로 세력이 있어 보이고 또 실상 세력이 있게 되는 것입니다. 그러나 민주진영에서는 각각 자유의사와 자유행동으로 동일한 보조를 가지지 못하게 되는 것이 가장 약점입니다. 그러므로 민주국가들은 무슨 명칭으로든지 국제간 동맹으로 체결할지라도 일이 있을 때에는 저만 살자는 주의로 약조를 다 포기하게 되므로 국제상 신의가 생기지 않아서 처음에는 매양 독재주의자에게 많은 곤욕을 당하기에 이르는 것입니다. 그러나 민주진영은 자유와 민주정치를 사랑하는 까닭으로 결국은 매양 승리하는 법이니 장내의 성공에는 조곰도 의심할 바 없으나 오직 우려하는 바는 모든 민주국가와 단체들이 이 위험한 것을 미리 깨닫지 못하고 이 전염병에 거러려 들어 많은 손해를 보게 될 것이니 우리가 이를 방지하기위해서 노력하자는 것입니다.

해방 이후로 반탁운동과 반공운동에 우리 전민족이 목숨을 내놓고 싸워서 태산같은 방해를 다 물리치고 오늘까지 성공하여 온 것이니 우리가 그 정신과 그 기상으로 계속해서 용진하면 과거보다 전도가 더욱 쉽게 발전되어 갈 것입니다. 정부수립 이후로는 모든 정세에 인연해서 민심이 점차 냉정하여 투쟁열이 식어가므로 살인 방화 파괴분자들이 처처에 생겨나며 반란분자들의 극열한 지하공작을 다 등한히 보고 있는 것 같으니 나로서는 무엇보다도 이것을 가장 우려하는 바입니다. 내가 이왕에도 수차 말한 바와 같이 공산반란은 정부의 힘으로만 저제키 어려운 것이니 민간 각 단체의 민족운동과 아울러 청년과 부녀들이 열열한 애국심을 발휘해서 삼일정신(三一精神)을 부활함으로써 능히 우리 단체도 보존하고 개인생명도 보전하며 국권도 공고할 것입니다. 이북동포들도 이때에 많은 공작과 조직으로 우리가 우리 일을 해야만 된다는 결심을 가지고 남북이 통합해서 38선을 철폐해야 될 것입니다. 우리정당과 사회단체 중에 좌익분자들은 더 말할 것도 없지만 소위 우익분자라는 중에서도 속으로 운동해서 언제던지 소련군이나 공산당이 이남으로 침입할 때에는 자기들이 살길이 있어야 되겠다는 의도를 가지고 연락과 음모를 행하고 있는 중이니 이런 분자들에게는 국군이나 경찰의 힘이 믿기기 어려울 것이오. 오직 열렬한 애국남녀의 성심성력으로만 제거할 수 있을 것이니 이것이 오직 우리의 생존을 유지하고 보전하는 유일한 방책입니다.

내가 또다시 지위나 영광을 중히 녀기는 것이 아니오. 우리 민국과 우리 민족을 보호하여 우리나라로 하여금 민주주의의 보루가되게 하자는 것만이 나의 유일한 목적이니 대통령의 자리에 앉음으로 해서 말과 행동을 자유로 못하고 민중과 나 사이에 의사소통이 충분히 되지 못한다면 심히 유감으로 여길 것입니다. 나로서는 언제든지 높은 지위나 영예를 원치 아니하고 일반민중과 환란을 가치하며 사생을 맹서하고 끝까지 투쟁하여 내 목숨을 공헌하려는 것이 나의 원하는 바입니다.

다시 선언커니와 나는 왼 세상이 다 적색화하고 왼 세계가 다 합해서 우리를 공산화시키려 할지라도 우리는 죽엄으로써 항쟁하여 우리나라는 우리의 것이오. 우리 일은 우리가 해간다는 굳은 결심으로 최후의 일인 최후의 일각까지 나라와 민족을 지켜나가야 할 것입니다.

(金珖燮 편, 『이대통령훈화록』, 중앙문화협회, 1950)

납세와 국민

1949. 03. 07

　독립국의 자유민이 되는 것은 국가의 지위가 높아지는 동시에 개인의 지위와 권리가 높아지는 것이므로 권리의 증진에 따라서 직책이 또한 많아지는 것이다. 국민이 그 국가에 대한 책임을 이행치 못해서 국가가 세계에 대한 직책을 못하게 된다면 그 민족은 자유민의 권리와 지위를 잃고 노예대우를 받게 됨으로 남에게 서러운 압박만 받을 뿐 아니라 그 나라에 대한 직책을 필경은 남의 강제로 피할 수 없게 될 것이니 이것은 자주 자유하는 민족으로 인내할 수 없는 것이다. 우리가 국권을 세우고 국가의 만년 기초를 세워서 우리 뒤에 오는 사람에게 유전하려는 결심을 가지고 우리의 재산과 생명을 희생해서라도 민국 기초를 공고히 세우는데 누구나 주저할 수 없을 터이니 우리 민족 자체가 이에 대하여 충분한 각오와 결심으로 자유 국민의 직책을 조곰이라도 소홀이 여기는 사람이 없을 것을 우리는 믿는 바이다.

국민으로서 국가에 대한 직책이 여러 가지가 있겠지만 먼저 세금을 정당한 법규대로 납부하여서 정공(正供)의 수입으로 국가 재정을 유지하며 발전시켜야 될 것이니 이것은 일반동포가 다 알고 힘서 준행해야 할 것은 조금도 의심이 없는 것이다. 국권이 회복된 지 얼마 되지 못했으나 그동안 당국자의 보고를 보건대 국가 세납총액이 전보다 많이 늘어서 내외국인들이 칭송하며 일반국민이 민국정부를 애호하는 성심이 표명된다고 하니 이는 정권수립 후 당국에서 세납수봉에 많이 노력할 여유도 없었음에 불구하고 민간에서 각각 스스로 각오하고 전에 세금을 내지 않던 사람들도 자의로 납부하며 전에 증세를 피하려 하던 사람들도 자각하고 납세하게 되어 이같이 수입이 증가한 것이니 정부에서 힘써 수봉(收捧)하게 되면 효과가 더욱 충분이 나타나서 국가의 지위가 정치와 경제 양 방면으로 더욱 공고해질 것이다.

납세주간을 실시함에 있어서 나는 일반동포에게 감사한 뜻을 표하며 아직도 충분히 양해를 못하고 있는 동포가 있으면 서로 알려주며 권고해서 한 사람도 빠지지 말고 국가에 대한 직책을 행함으로써 국가건설에 많은 공헌이 되기를 부탁하는 바이다.

(金珖燮 편, 『이대통령훈화록』, 중앙문화협회, 1950)

대서양동맹에 기대함

1949. 03. 23

대서양동맹은 가맹국의 활약 여하에 따라서는 유럽 국가의 안전보장을 확보하는 방편으로 그 역할을 할 것이다. 그렇지 않으면, 무릇 어떠한 조약이든 서명이 되자마자 휴지화(休紙化)한 조약과 같이 또 한 개의 국제평화조약을 만드는데 지나지 않을 것이다. 그러므로 과거의 루즈벨트 대통령은 "언어는 행동으로 표시될 때에 비로서 훌륭한 것이다"라고 말하였든 것이다.

우리는 이 신동맹에 큰 기대를 가지고 있는 바이며, 나는 이 동맹에 가입할 제(諸)국가가 이기적 동기를 초월하여 굳은 결심을 가지고 이를 지지할 것이라고 확신하는 바이다. 과거 2차에 긍(亘)한 세계대전의 쓰라린 경험을 통하여, 세계 각국은 대소를 막론하고 집단안전보장은 "일개(一個)를 위한 전부요, 전부를 위한 일개'를 의미한다는 것을 인식하게 되었든 것을 이 무서운 전쟁이 우리들에게 아직 교훈을 가리치지 않았다면, 우리들은 또 하나의 전쟁을 면치 못할 것을 두려워하는 동시에 더구나 우리들의 영구한 평화를 달성하기 전에

153

이 동맹은 필요한 것이라고 말하여야 할 것이나, 나는 '트루만' 대통령이 이 사실을 세계정치가에게 확증할려고 기도하였으며, 애치손 국무장관의 최근의 성명으로 내 신념은 더 한층 확고한 바가 있다.

비율빈(比律賓) 대통령 퀴리노 씨는 대서양동맹에 표시된 바와 같은 주의 하에서 태평양동맹(太平洋同盟)도 미국 지휘 하에 형성되어야 할 것이라고 아세아(亞細亞) 인민 전체의 의사를 말한 바 있는데, 우리는 이 의견을 전폭적으로 옹호하는 바이며, 미국은 모든 가능한 방법으로 동양 제국(諸國)을 원조키 위하여 취해진 선구자가 되어야 할 것이다. 이 원조를 받는 전국가는 상호의 복리안전 및 독립을 위하여 충실한 지지와 협조를 확약하여야 할 것이다. 이와 같이 하면, 여하한 강국이나 열강국가군(列强國家群)도 전쟁을 야기하기 전에 재삼 재고하지 않으면 않될 것이다.

(『대통령이승만박사담화집』, 공보처, 1953)

태평양동맹

1949. 03. 24

　대서양동맹(大西洋同盟)은 가맹국의 활약 여하에 따라서는 구라파 국가의 안전보장을 확보하는 방편으로 그 역할을 할 것이다. 그렇지 않으면 어떠한 조약이든 한 서명이 끝나자 마자 휴지화한 허다한 조약과 같은 또 한 개의 국제 평화규약을 만드는데 지나지 않을 것이다. 그러므로 과거 루스벨트 대통령은 "언어는 행동으로 표시될 때에 비로소 훌륭한 것이다"라고 말하였던 것이다.

　어떠한 공약이나 성문도 세계에 표시하고저 하는 그들의 배후에 숨은 동기를 계획할 수는 없을 것이다. 우리는 이 동맹에 큰 기대를 가지고 있는 바이며 나는 이 동맹에 가입한 여러 국가가 이기적 동기를 초월하여 굳은 결심을 가지고 이를 지지할 것이라고 확신하는 바이다.

　과거 2차에 달한 세계대전의 쓰라린 경과를 통하여 세계 각 국가는 대소를 막론하고 집단적 안전보장은 "1개를 위한 전부요 전부를 위한 1개"를 의미한다는 것으로 인식하게 되었던 것으로 이 무서운 전쟁이 우리들에게 아직 이 교훈을 가르키지 않았다면 우리들은 또 하나의 전쟁을 면치 못할 것을 두려워하는 동시에 나아가 우리들의 영구한 평화를 달성하기 위하여 이 동맹은 필요한 것이라고 말하여야 할 것이다. 나는 트루만(Harry S. Truman) 대통령이 이 사실을 세계 정치가에게 확증하려고 의도하였으며 애치슨(Dean G. Acheson) 국무장관의 최근의 성명으로 나의 신념은 더 한층 확고한 바가 있다.

필리핀 대통령 퀴리노(Elpidio Quirino) 씨는 대서양동맹에 표시된 바와 같은 주의 하에서 태평양동맹(太平洋同盟)도 미국 지휘 아래 형성되어야 할 것이라고 아세아 전민족의 의사를 말한 바 있으니 우리는 이 의견을 전폭적으로 옹호하는 바이며 미국은 모든 가능한 방법으로 동양 제국(諸國)을 원조하기 위하여 취해진 선구자가 되어야 할 것이다. 이 원조를 받는 전국가는 상호의 복리와 안전 및 독립을 위하여 충실한 지지와 협조를 확약하여야 할 것이다. 이와 같이 하면 여하한 강국이나 열강 국가군도 전쟁을 야기하기 전에 재삼 재고하지 않으면 안될 것이다.

(金珖燮 편, 『이대통령훈화록』, 중앙문화협회, 1950)

새와 짐승을 사랑하자

1949. 03. 28

동양 상고(上古) 문명시대에는 고기잡이와 사냥하는 것은 다 국법으로 제정해서 매년 정한 시기와 한도 외에는 어별(魚鼈)과 금수를 잡지 못하게 마련하고 천하를 다스리게 된 것인데 중고(中古) 이래로 법강이 해이하고 문명이 퇴보되어 서양 각국 사람들이 와서 우리를 볼 적에 서양에만 그러한 법이 있고 우리는 자초로 알지도 못한 것처럼 되기에 이른 것이다.

하와이 군도에 빛깔 좋은 새들이 많이 있어서 경치까지도 아름답게 하던 것을 토인들이 깊은 산속에까지 들어가 그것을 잡어 새 한 마리에서 빛 좋은 털을 몇 개씩 뽑아다가 추장의 복장을 만들기만 숭상해서 지금 박물관에서 그 옷들을 자랑하나 새는 멸종이 되어 깊은 숲속에서 간혹 한 두 마리식 보게 됨으로 미국이 하와이를 점령한 후 법을 만들어 그러한 새를 한 마리 잡는데 미화 5백 불의

벌금을 받게 하고 그 외에도 짐승과 새들을 보호하였으니 이것이 문명과 야만의 정도를 구별하는 표준이 되는 것이다.

우리나라에 좋은 짐승과 새들과 바다에 어물들이 동양 어느 나라보다도 우수한 지위를 차지하고 있어 천조물(天造物)로는 거의 남에게 부러울 것이 없을 만큼 풍부하나 우리 동포들이 이것을 보호할 줄 몰라서 오늘만 살고 내일은 모른다 할진대 이 뒤에 오는 우리 자손들이 억울한 한을 품을 것이오. 세계 사람들이 우리를 문명한 민족으로 대우하여 주기 어려울 것이다. 그러므로 학교, 교회, 사회 각 방면으로 이것을 교육하고 장려해서 시기와 조리 없이 언제나 살상하는 것은 법으로도 막으려니와 인도상으로도 못할 일인 줄로 알게 하여야 진정한 사람의 대우를 받을 것이오. 또 사람의 복리를 누리게 될 것이다.

얼마 전 우리나라의 사냥과 고기 잡는 법령에 대하여 당국의 보고를 듣건대 거기 대한 법령이 다 있어서 함부로 총을 놓거나 고기잡이를 못한다 하므로 그 법을 다시 집행해서 범법자가 없게 하면 다 잘될 것으로 생각하고 오는 신년도부터는 짐승과 새를 함부로 잡지 못하게 하며 적어도 1년간은 보호하기를 기대하고 있던 중이니 관민 일심으로 이에 대해서 극히 주의하기를 바라는 바이다.

우리나라에서는 새와 짐승을 잡지 못하는 법이 4월 1일부터 시행된다 하므로 우리나라의 기후 관계로 보아 상당한 시기인 줄로 생각하였으나 타국에서는 보통 3월 1일부터 시작되는 때문에 그 차이의 이유를 알고저 하던 중 지난번 어떤 친구가 노루 한 마리를 잡어서 우리에게 선물한 것을 잡어 보매 뱃속에 세끼가 들어서 어미

와 함께 죽었기로 참아 볼 수 없어 새끼는 버렸으니 이것을 표주하
여 보면 4월 1일까지 사냥면허장을 주는 것은 곳 교정하여야 될 것
이며 이 법을 극히 존중히 여겨서 짐승을 사랑하고 남겨 두어야 우
리 뒤에 오는 동포들도 천년한 복리를 누리게 될 것이니 정부 관리
나 군경이 이를 더욱 신척하며 외국 친구들에게도 특별히 요청해서
비금주수(飛禽走獸)를 보호하기에 협조해야 할 것이다.

(金珖燮 편, 『이대통령훈화록』, 중앙문화협회, 1950)

나무를 심그고 사랑하자

1949. 04. 05

내가 넌어렸을월 적에 어떤 교과서에서 재미있는 그림을 보았는데 노인이 밤나무를 심그며 일청년과 문답하는 그림이었습니다.

청년이 노인에게 "무얼하십니까" 하고 무르니 노인의 대답이 "밤 나무를 심근다"고 하였습니다. 그 청년말이 "당신이 지금 밤나무를 심그면 밤이 열리기 전에 세상을 떠날 터인데 남 좋은 일만 웨 하십 니까" 하니 그 노인이 다시 대답하기를 "밤나무를 심그는 늙은이 가 있어야 이후에 밤을 따먹는 청년이 있을 것이라"고 하였습니다.

짐승들은 천연적으로 난 것을 따다가 먹는 줄만 알고 심거서 먹 을 것을 만들 줄은 모르며 보통사람은 저만 먹고 살기 위하여 심 글 줄 아는 것이나 개명한 사람들은 저만 먹고 살 뿐 아니라 남도 잘 살게 하기 위해서 심그기도 하고 기르기도 하는 것입니다.

우리나라 사람들이 상고 이래로 문명이 발전되어서 수목을 심그며 보호해서 "부근(斧斤)을 이시입산(以時入山)이면 재목을 불가승용(不可勝用)이라" 하였으니 제목도 버이는 대가 있어 그때에 한 번식만 버이고 다른 때에는 버이지 못하게 하여 재목을 풍족히 썼던 것이나 불행히 우리의 문명 정도가 많이 퇴보되어서 서양사람들은 날로 전진 발전하는 동안에 우리는 다 퇴보하고 잊어버려서 지금 와서 남과 비교하면 우리에게서 배워다가 행한 사람들은 일신우일신(日新又日新)해서 문명상 고등정도에 이르고 우리만은 뒤에 멀리 떠러저서 도로혀 남에게서 배우게 되었으니 우리가 이것을 부끄러히 알며 분하게 알아야 할 것입니다.

내가 어렸을 적에는 서울 내외만 하여도 수목이 어떻게 밀집했던지 북악산 밑에 호랑이가 나왔다는 소리를 종종 드렀던 것입니다. 서울이 이만하면 다른 대도회처(大都會處)도 이러하였을 것이니 우리 금수강산(錦繡江山)이 얼마나 화려하며 아름다웠던 것을 가히 짐작할 수 있었을 것입니다. 그러던 것이 민중의 정도가 점차 타락되고 왜정 40년 동안 나무를 심그고 보호하며 기를 줄은 모르고 모도 버어서 불 때기와 재목 쓰기에만 골몰하던 중 더욱 전쟁 중에는 일인들이 나무를 모조리 버어 냈으므로 지금 와서 보면 도처에 자산(紫山)이 되어 황토 백토에 사태가 나려서 큰 강에는 모래밭이 물보다도 더 많게 되고 있으니 그 손해가 어떠할 것을 누구나 보면 알 것입니다.

유람객들이 일본에서 구경하고 우리나라에 드러와 산천을 보고 먼저는 산명수려(山明水麗)한 경치를 치하하며 둘째로는 나무가 없어서 벗은 몸같은 것이 유감이라고 하니 그 사람들의 마음에는 일인의 문명 정도가 우리보다 높다는 감상을 자연 가지게 되므로 이러한 평판은 우리가 다 면할 수 없는 평판이오. 이런 평판을 듣고서도 개량할 생각이 나지 못한다면 그 정도에 해당한 대우를 피하기 어려울 것입니다.

그 뿐만 아니라 수목이 있어서 우리나라의 경치가 보기 좋다는 것보다도 우리의 밭과 논을 보호해서 농사를 지어 먹으며 과실과 채소를 걷울 자리가 있을 터인데 수목을 다 작벌해 버려서 붉은 진흙과 흰 모래가 비에 밀려 나린 결과로 사태가 나서 밭이 덮여지고 논이 다 사장이 되고 말면 어데서 곡식과 실과 채소를 지으며 무슨 재목으로 집을 세가 자조 나면 농사에 흉년이 들고 강물이 말러들어 선박이 통하기 어려울 것이니 이것을 생각지 못하고 나무가 난 대로 버여대고 뽑아 버려서 차차 없어지고만 뒤에는 우리 뒤에 오는 사람들이 무엇을 가지고 살 수 있을 것인가. 그러므로 금년에는 적어도 사람마다 여섯 주씩 심그고 하나도 버이지 말기로 작정하며 남녀노소를 물론하고 나무를 보호하며 살리는 것을 직책으로 알어야 할 것입니다.

수목 작벌(斫伐)의 제일 필요는 연료문제인데 나무를 버이지 않고는 화목(火木)이 없으니 겨울에 무엇으로 불을 때며 조석으로 밥은 무엇으로 끄릴까 하는 문제에 대해서는 정부에서 새 정책을 정하여 앞으로는 토탄과 석탄을 쓰도록 만들 것이니 이것은 다 부강 전진하는 나라에서 쓰는 방법이오. 우리만 아직도 구습에 젖어서 화목을 쓰는 것이니 금년에는 특히 여름부터 준비하여 토탄(土炭)을 화목의 삼분지일(三分之一) 가격으로 사서 쓰도록 만들 것이니 이에 대한 조리와 설명은 장차 다시 할 것이지만 누구나 다 이것을 쓰기로 준비해서 오는 겨울부터는 화목을 배로나 추력으로 실어 오는 것을 엄금할 터이므로 지금부터라도 이 방면으로 준비하기를 부탁하는 바입니다.

　식목하는데 한 가지 깊이 부탁할 것은 뽕나무를 심그는 것이 제일 긴급하니 이것은 상고이래로 전해 나려오는 좋은 법인데 농가마다 뽕나무를 몇 주씩 심그면 명주를 짜서 입게 될 것이오. 또 명주실을 외국에 수출하는 것이 땅에 곡식을 심그는 것보다 여러 갑절 이익이 되므로 일인들이 과거 40년 동안 우리나라에서나 명주실과 중국에서 나는 명주실을 도매하여다가 미국에 수출해서 수출액 중 가장 큰 금액을 매년 가저오게 된 것입니다. 일인들이 자기네 정부의 이익만을 위하여 민간에 뽕나무를 심거서 양잠(養蠶)은 강제로 하고 이익은 다 자기네가 가저 갔으므로 한인들이 이것을 통분히 녀기고 다 찍어 버려서 지금은 뽕나무가 거의 없을 만치 되었으니 손해가 한량 없이 밎이게 된 것이오. 지금 외국사람들이 우리를 보고 말하기를 우리나라에서 다시 양잠을 시작해서 충분히 생산하면 동양에서 전에 미국에 수출하던 명주실 총액의 80퍼센트를 우리나라에서 벌 수 있겠다 하는 것이니 지금부터는 뽕나무를 많이 심거서 양잠실을 내는 사람들은 그 이익을 자기가 가지게 되므로 밭머리나 문깐이나 정원에라도 뽕나무를 많이 심그면 장차 큰 이익이 될 것입니다. 이외에 과실과 화초목을 다 일일이 말할 수 없으나 우선 나무를 많이 심그는 것이 우리의 복리가 크게 될 것이므로 사람마다 나라를 사랑하고 민족을 사랑하는 직책으로 나무를 많이 심그고 길러 보호하여야 할 것입니다.

（金珖燮 편, 『이대통령훈화록』, 중앙문화협회, 1950)

애국애족정신으로 나무를 애호하자

1949. 04. 06

우리나라 사람들이 상고이래로 문명이 발전되어서 수목을 심그며 보호해서 부근을 이시입산(以時入山)이면 재목도 베는 때가 있어 그 때에 한번 식만 베고 다른 때에는 베지 못하게 하여 재목을 풍족히 썼던 것이었으나, 불행히 우리의 문명정도가 많이 퇴보되어서 서양 사람들은 날로 발전하는 동안에 우리는 퇴보하고 잊어버려서 지금 와서 남과 비교하면 우리에게서 배워다가 행한 사람들은 일신우일신(日新又日新)해서 문명상 고등정도에 이르고 우리만은 뒤에 멀리 떨어져서 도리어 남에게서 배우게 되었으니, 우리가 이것을 부끄러히 알며 분하게 알어야 할 것입니다.

내가 아이 쩍에는 경성내만 하여도 수목이 어떻게 밀집하였던지 북악산 밑에 호랑이가 나왔다는 소리를 종종 들었던 것입니다. 수목이 있어야 우리나라의 경치가 보기 좋다는 것보다도 우리의 밭과 논을 보호해서 농사를 지어먹으며 과실과 채소를 거둘 자리가 있을 터인데, 수목은 다 작벌해버려서 붉은 진흙과 힌 모래가 비에 밀려버린 결과로 사태가 나서 밭과 논이 다 사장이 되고 말면 어디서 곡식과 실과와 채소를 거두고 무슨 재목으로 집을 지며 집간을 만들어 쓸 수 있겠는가, 따라서 수목이 없을수록 비가 아니 와서 한재가 자조 나며 농사가 흉년이 들고 작물이 말라든다. 이것을 생각지 못하고 나무가 난대로 베여 때고 뽑아버려서 차차 없어지고만 뒤에는 우리 뒤에 오는 사람들이 무엇을 가지고 살 수 있을 것인가, 그러므로 사람마다 적어도 여섯 주씩 심고 하나도 베지 말기를 작정하며 남녀노소를 물론하고 나무를 보호하고 살리는 것을 직책으로 알아야 할 것입니다.

식목하는데 한 가지 깊이 부탁할 것은 뽕나무를 심는 것이 가장 긴급하니 이것은 상고이래로 유전해 나려오는 좋은 방법인데 농가마다 뽕나무를 몇주식 심어 명주를 짜서 입게될 것이요, 지금이라도 명주실은 외국에 수출하는 것이 땅에 곡식을 심는 것보다 여러 갑절 이익되므로 뽕나무를 많이 심그면 장차 큰 이익이 될 것입니다. 이외에 과원과 화초목을 다 일일히 말할 수 없으나 우선 나무를 많이 심는것이 우리의 복리가 큰 것이므로 사람마다 나라를 사랑하고 민족을 사랑하는 직책으로 나무를 많이 심고 길러 보호하여야 할 것입니다.

(『대통령이승만박사담화집』, 공보처, 1953)

관민합력으로 경제개량,
신년도 예산안을 국회에 회부코

1949. 04. 13

본 시정 방침은 대통령이나 국무총리가 자의로 단행하는 것이 아니요 각부 당국의 부분적 관찰로 제공한 방침을 종합해서 전체에 공동한 입장으로 참조가감해서 전체에 적합한 방침을 세워 기획처에서 침착 세밀히 조정하여 만든 것이니 이것이 즉 정부의 행정방침입니다.

군주시대에도 성군 양상이 애민애족(愛民愛族)의 목적으로 나라를 다스릴 때에는 경제정치상 모든 방침을 국가의 공동이익을 표준하고 정하야 행하였든 것이지만 이조말엽에 정령이 퇴폐하야 부패 타락한 경우(境遇)에 이른 고로 백여 년 내에 지난 역사를 보면 모든 정책을 다부분(多部分) 왕실과 세력가들의 이익을 주장하야 진행케 되었으므로 실로 그 나라의 주인인 민중은 자기들의 토지와 근로와 자원을 다부분 정부 당국의 이익만을 위하야 쓰게 되었든 것이며 그 후 왜정 40년에는 일인들이 저의 이익을 표준하야 이용하였든 것이요 그 후 미군정시대에는 미당국자들이 자기 나라 물건을 가져다가 우리를 도으며 행정하여 온 것이니 과거 전례에 비할 것은 아니나 의도에 다소간 차이가 없지 않은 것은 사실입니다.

정권을 이양한 후 처음 반년은 다소간 이전 정책을 인계하야 진행한 것이요 이번 새 방침은 비로소 단순히 민국정부가 민국대중의 공동복리를 표준하고 자유로 세운 것이므로 대한민국은 수백 년 내 처음으로 자기들의 독립 자유만을 찾을 것이 아니라 국내에 모든 자원과 민중의 지혜와 노력을 합하야 자기들의 복리만을 위하여서 공동이 쓰자는 원칙을 자유로 세워서 제정된 것이니 처음으로 시작하니 만치 모든 조건이 다 진선진미하다는 보증은 없으나 국민 전체의 복리만을 위하여서 지공지정(至公至正)히 만든 것은 사실이니 우리 정부와 민중은 이것을 서로 경하하야 이 행정방침을 전적으로 지지하며 이에서 기본하야 발행되는 정령을 절대지지하야 날로 개량 혁신하여 발전시키는 것이 우리 전체의 책임일 것입니다.

본 예산안은 전부가 양입계출(量入計出)해서 수지균형을 한 것인 바 본 안건에 총지출이 총수입액보다 많이 차이가 있게 된 것은 목하 형세의 부득이한 사정에 기인한 것이니 치안과 국방 등 몇 가지 중대 긴급한 사정으로 면할 수 없는 경비가 필수됨이요 따라서 우방에 대사 공사 총영사 부영사 등을 교환하는 경비가 자연 다대한 액수를 점령케 되는 것도 창립 시기에는 경비만 수용되고 수입이 없는 관계로 이와 같이 됨을 면할 수 없는 것이니 종차로는 교제와 통상관계로 수입이 늘게 되는 중에서 수지액을 비교하게 될 것이니 이것도 장래를 위하야 면할 수 없는 사실입니다.

그러나 이상 몇 가지 비상경비 외에 경상액을 따로 뽑아 비교하면 수지균형이 충분히 된 것이므로 근본 계획에 많은 차이가 없는 것이며 오직 부족액은 보충하기에 다소간 곤란이 있으나 이것은 다행히 우방의 후의로 주는 원조물자 중에서 얼마를 얻어서 보용하게 되기를 바라는 것이니 금년 액만 원조물자로 얼마간 보충된다면 우리는 관민합력으로 경제개량책에 극히 주의해서 수지균형을 충분히 달성하도록 노력하므로 이다음부터는 비상경비까지라도 우리의 자력으로 충용하도록 용력할 것입니다.

이상에 말한바 정책을 수행키 위하야 정부각부와 지방행정기구에서는 모든 방법으로 각각 경성하야 각기 소정의 부처 서국 내에 인사를 극히 축소하며 모든 경비를 절약하야 재정이나 시간과 노력을 허비하는 감이 없도록 할 것이며 민간에서도 또한 절검준절(節儉 節)하는 정신으로 모든 사치품이나 부경제(不經濟)한 일은 일절 폐지하고 부지런하며 검소하므로 덕행과 풍도를 세워서 서로 도으며 서로 보호하는 중에 전민족이 평강 안전한 동락을 일절 누릴 만년 기초를 확립하기에만 유일한 목적을 정하기를 바라는 바입니다.

(『주보(週報)』2)

감위(監委)의 직제개정,
파면권은 정지

1949. 04. 16

감찰위원(監察委員)은 정부당국들의 비행을 조사하는 책임이 있음으로 조사한 결과, 사실을 사실대로만 보고한다면 누구나 시비할 수 없는 것이다.

그러나 우리의 법제상 이러한 사실을 공포하는 것이 의당한 일로 되어 그 사실을 대통령이 정당히 조치하기 전에 세상에 죄명이 공포되고 보니, 순리로 처결될 여지가 없어 죄명부터 세상이 알게 되므로 누구나 자기가 행한 일이 죄명으로 공포될 때에는 가만히 앉아서 죄를 자백하는 것처럼 하지 않을 것이 인간의 상정(常情)이요, 또 감찰위원으로서는 자기들이 조사한 죄명을 공정한 판결 없이 자기들끼리 집행해서 파면, 징계까지 한다면, 이것은 삼권분립의 민주제도로서는 도에 지나치는 것이므로 옛 군주시대(君主時代)에 어사(御使)가 국명을 가지고 조사와 징벌을 행하던 것처럼은 될 수 없는 것이니, 국무회의에서는 이번이 문제로 말미암아 직제를 개정할 필요가 있다하여, 감찰위원은 조사하되 사실은 공포하지 말고, 대통령에게 상신(上申)해서 정당히 처결하도록 만들 것이요, 감찰위원이 파면, 벌칙까지 판단하는 것은 정지하게 될 것이다.

그리고 감찰위원이 조사한 사실을 대통령에게 상신하는 동시에 국회에까지 보고하게 되었으므로 이같이 하면 정당히 조처될 일도 신문상에 먼저 발표케 되어 사람의 죄의 유무를 대통령이나 또는 법정에서 심사하기 전에 죄명부터 공포되게 되므로, 이것이 직제상 잘못된 것이요, 또 감찰위원이 자기의 조사를 의거하여 처벌까지 자의로 결정하여 공포되게 되는 것은 더구나 삼권분립 제도에 부적당한 일이므로 국무회의에서 몇 조건 개정하기로 양해된 것이다.

『대통령이승만박사담화집』, 공보처, 1953)

반민 특경대는 해산

1949. 04. 16

　인권상 제일 중요한 것이 생명, 재산보호권이요, 정부의 제일 중요한 책임도 생명과 재산을 보호하는 것이다.

　반민법 특별조사위원 중에서 어떤 국회의원이 자동차를 몰고 가다가 길가에서 어린 아해를 치여 죽였다는데, 그 후에 경찰이 조사해서 사실을 소상히 보고할 기회를 주지 않고, 사체를 없이했다는 보고를 들었으나, 경관들과 검찰관들이 다 정당히 조치할 줄로 믿고 조치되기를 기다리고 있던 것이다. 그러나 종시 아무소리가 없으므로 법무당국에게 들은 즉 사실을 조사는 했으나 특별한 조치는 없게 된 것을 알기에 이르렀으니, 나로서는 대단히 놀랍게 여긴 것이다. 그래서 그 사실을 법으로 판단하고 공포해서 민중이 알아야 되겠는데, 아무 판단 없이 그냥 덮어두고 말면, 경관과 검찰관이 책임을 질 것이라고 하였다. 이러한 상태가 오직 특별조사위원 중 몇 사람들이 반민법을 진행한다는 명의로 헌법에 대치되는 일을 행해서 치안에 많은 동요가 있게 되므로, 나로서는 이런 일을 법적으로 교정하기를 수차 선언하였으나, 국회의원 중에서도 여러분이 협의하여 국회에 조처하겠다고 누차 말한 일도 있었고, 행정장관 중에서

171

도 순조로 막겠다고 담보하는 고로 기다리고 있던 중인대, 한가지 양해된 것은 경찰이 조사위원의 명령으로 관민을 잡아가두고, 심문하는 것만은 막아서 조사위원들이 평민을 고용해서 특경대를 만들어 사람을 자유로 잡아 가두게 된 것이니, 이것이 다 위법한 행동이다. 지금에 와서 더 놀랠만한 보고를 들었으니, 수일 전에 국회의원 경호원 한사람이 취중에 대로에서 단총(短銃)을 난사하여 행인 2명을 즉살하고, 1명을 중상시켰으므로 경관들이 어찌할 수 없이 필경은 총으로 그 자의 다리를 쏘아서 총을 빼았었다 하니, 이에서 더 놀라울 것이 없을 것이다.

'와싱톤'에서 온 보고를 듣건대, 감리교(監理敎) 월치 씨가 장면(張勉) 대사(大使)에게 편지를 보낸 내용 중 양주삼(梁柱三) 목사를 반민법에 걸어 수감했다는 것이요, 이 외에도 여러 친구들이 이 사건에 대단히 격분해서 국제문제를 삼게 이르렀으니, 나는 양주삼 씨가 수감되었다는 것도 알지 못하고, 이와 같은 문제를 이르키게 된 것은 더욱 놀라운 일이다. 지각없는 사람들이 내외 대세를 모르고 이와 같은 행동으로 국제문제를 이르키게 된 것은 많은 유감을 면할 수 없는 바이다. 그러므로 지금부터는 소위 특별조사위원은 조사안하고 사법에 넘겨서 행정이나 사법일은 조곰도 참여하지 못할 것이요, 특경대는 해산시켜서 그러한 명의로 부결행위(不決行爲)를 하는 자는 엄벌징치(嚴罰懲治)할 것이니, 국회의원 중에서도 공정한 생각을 가진 분들은 자기들이 정한 헌법을 존중히 여겨서 헌법의 대지(大旨)를 위반하는 것은 여간 사소한 조문(條文)이 있다 하더라도 다 폐지하고, 법을 존중히 하여야 될 것이다.

『대통령이승만박사담화집』, 공보처, 1953)

미군의 철퇴를 토의 중

1949. 04. 19

대한민국의 UN가입신청에 대해서 소련이 거부권(拒否權) 행사로써 방해한 것은 소련이 법적으로 성립되고 국제적으로 승인된 한국정부에 대하여 계속적으로 적의(敵意)를 표시한 것이다. 본 정부는 UN에서 48개국 대 6국으로 가결되어 전적으로 지지를 받은 정부이다. 동시에 대한민국 정부는UN과 미합중국의 협의로 1947년 11월과 1948년 12월 UN총회에서 통과된 결의안에 대한 모든 책임을 일일히 진행하여 온 것이다.

이 결의안에 포함된 중에는 한국 국방군을 조직케 하는 조항이 있는바, 우리 국군 조직이 날로 진취되어 가므로 외국이 침략하는 경우가 있기 전에는 우리가 안전을 보장하리만큼 한 지위에 도달케 된 것이다. 그러므로 지금 대한민국과 미합중국 정부대표자들이 수개월 이내로 어느 날자를 정하여 미군이 한국에서 철퇴할 것을 토의하는 중에 있다. UN한국위원단에게 이 토의진행을 맡게 하였으며, UN한국위원단의 고문(顧問)과 협조가 이 진행에 많은 도움이 될 것을 각오하는 바이다.

그러나 이 토의가 미국이 한국에 대한 책임이나 관계를 조금이라도 감소시키는 의도는 아니며, 도리어 민국의 안전과 행복을 위하여 경제, 군사, 기술 기타 모든 원조를 다시금 강화하는 것이요, 따라서 미군사사절(美軍事使節)은 여전히 계속하여 우리 국방군을 발전시키고 확장하기에 모든 장교를 빌려줄 것이다. 이 토의는 UN총회의 결의문 제 조항에 충분히 순응해서 진행되는 것이다.

(『대통령이승만박사담화집』, 공보처, 1953)

북벌 아닌 통일달성,
중국 사태에 우려 무용

1949. 04. 28

통일을 위해서 나는 이북 자체의 애국적 요소에 기대하는 것이다. 이북 공산군도 대부분이 강제적으로 끌려나가고 있음으로 그들이 이북 동포들과 함께 통일을 위해서 일어날 것을 믿는 바이며, 그것을 위해서는 남한의 안정화가 필요하다. 그러면 나는 남한국군이 북벌해서 통일하게 된다는 것 같은 남북충돌사태는 없으리라고 생각하며, 현재 고려되고 있는 국군강화는 남북통일 후 만주(滿洲)의 중공군에 대하기 위한 것이다.

(『대통령이승만박사담화집』, 공보처, 1953)

어린이날에 대하여

1949. 05. 01

오늘은 전국 어린이날로 해마다 기념하는 날인데 방송국 기획임원회에서 나에게 특별히 요청하므로 어린이들에게 관한 나의 의도를 대강 설명하려고 합니다. 이 기회를 이용해서 위선 내가 금번 남도 각처에 순행하고 시찰한 감상 몇 가지를 끼어서 말하고저 합니다. 첫째는 전국 남녀가 독립정부를 수립하고 국권 회복한 것을 열정적으로 기쁘게 생각하며 전민족의 합작으로 정부를 옹호하며 강토를 회복해서 남북통일을 우리 힘으로 하자는 결심이 충만한 것을 심심히 깨닫게 된 것입니다.

이런 결심과 이런 정신으로 다 같이 나아가면 불원간에 이북동포들과 합심 합력해서 세계대세의 순응으로 우리 앞에 문제가 멀지않은 장내에 다 해결될 것을 가일층 믿게 된 것입니다.

둘째로는 반동분자들이 경향(京鄕)에서 살인, 방화 등 모든 악독한 행동으로 치안에 대한 우려와 생명에 대한 관심을 누구나 아니 가질 수 없는 터이나 군경과 관민 합작으로 반도들의 행동이 지하에서도 발붙일 곳 없이 만들자는 결심이 상당한 것을 본 나로서는 많은 안심을 가지게 된 것이니 지금은 우리가 파괴시키기를 지나서 건설시기로 들어가는 터이므로 파괴분자들은 어데로 가던지 무력하게 만들 것이오. 건국사업이 다 합심 합력해서 한길로 나아가므로 4, 50년 동안 남의 압박 하에서 모든 기회를 잃고 퇴축했던 우리가 멀지 않어 세인의 이목에 놀랠만한 발전이 될 것을 믿게 된 것입니다. 각처에서 보면 집을 건축하고 무너진 다리를 수축하며 수목을 심그고 사태 난 언덕을 방축하고 있어서 우리 민족의 향상주의가 충분히 발전되는 것이 나타나고 있는 것입니다.

한 가지 특별히 마음에 반가운 것은 철도종업원들이 임금부족과 생활유지가 심히 곤난한 중에서도 각각 책임을 단임해서 기술자와 종업원들이 도처에서 직책을 다하므로 기차 운행에 실수나 착오가 없이 순리로 진행하며 모든 정거장과 대합실도 다 청결하고 정숙한 상태를 볼 적에 우리 사람들의 기능과 단합심을 치하하지 않을 수 없는 것입니다.

이왕에는 철도종업원 중에 많은 파괴분자들이 섞겨서 모든 고장과 모든 장애가 한 두 가지가 아니었으며 기차에 유리창과 앉는 자리를 모다 파상시켜서 어찌할 수가 없었던 것인데 이것을 다 자기들끼리 청쇄(淸刷)해서 기차 운반과 여행에 전같이 어렵던 폐단도 다 삭제되고 조석으로 기차에 학생들이 가득 탄 것을 보고 기뻐한 것입니다.

모든 인심이 이와 같이 순응되어서 전체가 한마음 한뜻으로 같은 보조를 취해 나가므로 우리의 앞길이 열려서 매진분투 할 수 있는 것을 생각할 때 우리 민족 전체를 위해서 깊히 감격되는 것입니다. 도처에서 남녀동포가 먼 길을 걸어와서 몇 시간식 자의로 서서 기다리다가 나를 열정적으로 환영하는 것을 심심히 느낀 중 가장 귀엽고 아름다운 것은 남녀학생 더욱 어린이들이 길가에 느려서서 나를 보고서는 기뻐서 뛰며 태극기를 흔들고 만세 부르는 소리와 광경은 나로 하여금 눈물을 먹음지 않을 수 없게 하였던 것입니다. 우리 늙은 사람으로 나라를 위해서 목숨을 내놓고싸울 적에 어찌 우리가 백년 천년을 살며 자유권을 누려보자는 사심만을 위함이리오. 오직 우리나라를 찾어서 우리 청년들과 어린이들에게 유전하기를 우리 조상들이 목숨과 피를 히생하고 이 나라를 보호해서 우리에게 유전한 것같이 하고저 하는 욕심 뿐입니다.

　　우리는 우리나라를 찾을 뿐만 아니라 완전한 기초를 세워서 우리 뒤에 오는 사람들은 나라를 찾기 위하여 우리와 같은 고통당하는 것을 면하고 건설발전에만 노력해서 남과 같이 자유를 누리고 영광스럽게 사는 사람을 만들자는 욕심이니 나라를 다 찾어 놓고서라도 우리자질들이 다 못생기거나 사상이 바로 백히지 못해서 우리가 목숨을 히생하며 찾어 놓은 강토와 국권을 지킬 수 없는 형편이라면 왼 세계가 다 우리를 도아서 국권을 찾고 도아 줄지라도 우리 앞길은 한심하고 답답할 뿐인데 다행히 하늘이 도웁고 사람이 화하므로 우리 어린이들의 신체와 총명이 우리보다 나어 보이며 애국정신이 노성한 애국자보다 더욱 뚜렷한 것을 볼 때에 나로서는 지금 세상을 떠나도 눈을 감을 수 있다는 것입니다.

외국사람들이 각 도를 유람하고 와서 칭찬하는 말이 한인 아이들이 향학열이 특수해서 공부에 열심이라고 하며 또 배우는 것은 다 속히 깨달어서 능히 모범하며 또 잘 모범한다고 하니 이것이 과연 우리나라의 장내에 제일 큰 희망입니다.

우리나라 어린이들이 잘 배우기만 하면 얼마 안에 선생보다 낫게 한다는 칭찬을 듣게 되는 것을 우리는 기뻐 아니할 수 없는 것입니다.

이번 여행 중에 도처에서 군악과 악대를 조직해서 길에서나 회장에서 주악하는 것을 보면 시작한 지 얼마 안되었다는데 자랑할 만한 악대를 이룬 것을 우리로는 신기하게 여기지 않을 수 없으며 그 중에서도 수원(水原)에서는 어린이들이 악대를 만들어서 남자악대와 여자악대가 있고 또 남녀가 합해서 조직한 악대가 있어서 지휘까지도 어린아이가 하는 것을 볼 적에 누구나 신기하게 여기지 않는 사람이 없는 것입니다. 이와 같이 날로 발전해 나가면 우리의 장내가 한량키 어려울 것입니다.

또 한 가지 치하하고저 하는 바는 우리나라 부모 되는 분들이 어린 아이들을 소중히 여길 뿐 아니라 그 빈곤한 가운데서도 의복을 깨끗이 입히고 코를 흘리거나 발을 벗기거나 벌거숭이로 내놓지 않고 정성을 다하여 아이들을 양육하는 것입니다.

내가 1911년 어떤 서양사람과 남방으로 말을 타고 순행할 적에 어느 곳에 이르니 어린아이 형제가 벌거숭이로 서 있는데 배가 불룩한 것을 보고 그 서양사람이 말하기를 "너는 배만 있고나" 할 적에 나는 부끄러운 마음으로 우리도 언제나 교육을 보급시켜 부모들부터 이런 것을 알고 우리 어린이들을 유치시대(幼稚時代)부터 이와 같이 지도해서 구습을 버리고 신세계를 이루어 남에게 자랑할 만치 되어볼까 하였던 것입니다. 지금에 와서 이같이 발전된 것을 볼 때에 나로서는 기쁜 마음을 금하기 어려웠던 것입니다.

이번 여수, 순천 반란 때에 우리 어린아이들이 공산분자들의 꾀이고 선전하는 것을 받아서 창과 군기를 가지고 눈에 열이 올라서 부모와 선생을 배척하며 항거하는 참혹한 형상을 이룬 것은 아이들의 죄로 볼 수 없는 것이오. 오직 부모들과 선생들이 정당한 주의를 주지 못해서 이런 화를 당하게 되는 것입니다. 그러므로 자녀를 가지신 분들은 특별히 주의하고 만반 조심해서 우리 어린이들이 다시는 이러한 악독한 화에 빠지지 않도록 명심하여야 될 것입니다.

내가 미국에 있을 적에 왜적의 선전으로 신문에 보도되는 것을 보면 우리 한인들은 다 한인의 정신을 잃어버리고 말도 일어를 하며 행동과 심리가 다 변해서 일본인이 된 줄로 생각했던 것입니다. 그러나 귀국하면서 우리 어린아이들부터 조선말을 하여 조선글을 쓰는 것을 보고서는 우리 부모들의 애국적 모험심으로 아이들을 가정에서 이와 같이 교육해서 민족성을 가지게 한 것을 치하하지 않을 수 없었던 것입니다.

이 어린이날은 27년 전 방정환(方定煥)씨가 주장해서 그 후로 해마다 지켜오는 날이라는데 이 운동이 우리 민족발전상 기본적 주의임을 누구나 인식하지 않을 수 없는 것입니다. 우리가 서양사람에게 대해서 자랑하는 것은 우리아이들이 부모와 어른을 공경하는 좋은 예절입니다.

이것을 서양사람들이 우리에게 배워야 할 것이오 또한 많이 배우는 중입니다. 그 반면으로 우리가 어린아이들을 귀중히 여길 줄 알아야 될 것입니다.

이에 대한 이해와 이론은 다 장황한 것이므로 설명할 여가가 없지만 오늘 어린 아이들은 내일 우리나라 시민이오 어려서 배운 것이 평생을 지도하는 법이니 어린 아이의 사상과 주의를 더욱 중히 여겨서 사랑으로 배양하며 지도하여야 될 것입니다.

금후로는 어린이들의 모임을 만들고 외국의 어린이들과 문자로 통신하며 혹은 딸(인형각시)을 교환해서 국제친선을 증진하며 어린이들의 사상을 보급시키는 것이 국제평화를 보장하며 우의를 돈독케 하는 장원한 계획이 될 것입니다.

이렇게 어린이들을 인도해서 민족발전에 많은 공헌이 되게 하는 것이 가장 요긴하고 중요한 일입니다.

어른들이 이 일을 더욱 중대시해서 어린이날을 전국적으로 장려하며 해마다 더욱 진전되기를 바라는 바입니다.

(金珖燮 편, 『이대통령훈화록』, 중앙문화협회, 1950)

국회 제1회 정기회의 폐회식 치사^(致辭)

국회 제1회 정기회의 폐회식 치사(致辭)

1949. 05. 03

금반(今般) 의회에 있어 여러분께서 큰 성과를 거둔 것을 먼저 치사하는 바이다. 그동안 입법부와 행정부 사이에 다소 알력이 있었던 것도 민주정치를 하여 나가는 데에는 있을 수 있는 일이라 할 것이다. 물론 사상을 달리하여 사태가 여하히 되든지 오불관(吾不關)이라는 태도라면 모르지만, 얼마동안 서로 싸우다가 최후에 가서는 법적으로 모든 일을 잘 해결하여 나감은 반가운 일이라 할 것이다.

금반 회기 중에 여러분이 제시한 농지개혁법(農地改革法)은 특히 민중의 대환영을 받을 것이다. 본 농지개혁법에 대하여는 지주들에게 과히 억울하지 않도록 하여야 할 것인데, 내가 본 바로는 그리 치우침이 없이 잘 되었다고 생각되는 바이다. 그리고 미국의 원조물자에 대하여는 민주진영을 위해서 싸우는 나라에 주는 것인바, 이엥 대하여는 앞으로 국회의 형식적인 동의를 필요로 할 것인즉, 유의하여 주기를 바란다. 우리는 만일 공산화된다면 남의 구속을 받을 것인즉, 우리는 차라리 죽는 한이 있드래도 공산주의를 면하여야 할 것이다.

　이 세상은 공산과 민주 양진영이 공존할 수는 없는 것이며, 미국 친구들도 말하기를 둘 중에 하나는 죽어야만 세계가 평화롭게 될 것이라고 하고 있다. 그러므로 조만간 승패를 규정하게 될 것이다. 우리도 이 공산주의진영과 투쟁하여 민주진영을 만들어 독립국가로 출발하게 될 것인바, 여러분도 한마음 한뜻으로 굳게 단결하여 민주국의 발전을 기(期)하도록 노력하여 주시기 바란다.

(『대통령이승만박사담화집』, 공보처, 1953)

38선 사태에 대하여

1949. 05. 06

　일. 개성(開城)접경지대─지난 2일간 38선을 건너와서 공격하던 공산당 군대는 모다 쳐 물리쳤다. 현지군은 어제밤 국방부로 네 번이나 전화로 월북 출동허락을 요청하여 왔다. 4일 아츰에 개성에서 북쪽 군대 두 대대(大隊)가 공격을 시작하였다. 이에 국방군을 곧 격퇴했는데, 5일 또다시 공격해 왔으나 다 쫓았다. 채(蔡) 참모총장(參謀總長)은 적어도 공산군 400명 이상이 사망하였다는 것이고, 국군을 사망 17명, 부상 30여 명이고, 박격포탄으로 개성시민 1명이 부상하였고, 소련식 무기를 전리품(戰利品)으로 압수하였다 한다.

　일. 춘천(春川) 제2대 대원(大隊員)의 월북─춘천에 있는 제1연대(聯隊) 제1대대 표(表) 소령(少領)은 5월 4일 하오(下午)1시 38선 말고개쪽으로 자기부하 455명을 데리고 야간연습을 하러 갔는데, 이북군에 포위된 장교 4명과 졸병 210명은 그대로 이북으로 표 소령과 함께 넘어가고, 장교 2명과 병족 240명은 도망해 돌아왔다. 그런데 이때 표

소령이 인솔한 부대는 무기는 가지고 갔으나 탄환을 가지지 않았었고, 표 소령은 부하 장교를 불러 북쪽 군대에게 포위되었으니 솔선해서 이북으로 넘어가야 한다고 하며 넘어갔다.

일. 홍천(洪川) 제2연대 사건―강태무(姜泰武) 소령은 38선에 서남(西南)으로 9리 지점의 '생남리'라는 데서 2일 이래 진지구축을 하는 중, 5일 새벽 강 소령은 200명과 생남리에 있든 다른 군대 100명을 데리고 38선을 넘어갔다는 경찰보고가 있다. 이들이 간 목적은 도망을 간 것인지, 싸우러 간 것인지는 아직 모른다. 그 뒤 96명이 되도라 왔는데, 7명은 부상자였다. 그리고 동(同) 보고서에서는 5일 저녁 이응준(李應俊) 소장(少將)은 유력한 부대를 인솔하고 춘천 방면으로 갔으며, 신(申) 국방장관도 현지로 가리라고 한다. 38선 접경지대 국군은 사기는 왕성하며, 군대 전체가 공산당의 내습을 막기 위하여 월북 토벌하는 것을 중지시킨데 대하여 유감으로 여기고 있다 한다. 국군은 넘어가는 것 만은 못하게 하고 있다 한다. 또한 채병덕(蔡秉德) 총장(總長) 말에 의하면, 춘천과 홍천과의 이러한 사태는 경비행기가 있으면 좀 더 적은 희생으로 능히 처 막아 낼 수 있을 것이라고 상부에 보고하였다고 한다.

(『대통령이승만박사담화집』, 공보처, 1953)

5·10선거 제1주년을 맞이하여

1949. 05. 10

꼭 1년 전 나는 신문에 특별 성명을 발표하기를 우리 38 이남의 이천 이백만 동포는 40년 간 노력하고 투쟁해 온 것 이상의 조흔 기회를 갖었으니, 이는 우리의 저부를 수립하기 위하여 자유롭고 민주주의적인 선거를 한 것이라고 말하였다. 5월 10일이야 말로 우리 한국의 장구한 역사를 통하여 가장 위대한 날이다. 또 이날은 최대한 민족으로써 자유로 귀환하는 것을 인(印)치는 날이었고, 우리 한국에 민주주의가 탄생되며, 21세 이상의 모든 남녀는 한가지로 우리 정부에 대해서 동일한 언권(言權)을 가질 수 있게 된 날이며, 세계만방 중에 한국에 지위가 부활된 것으로 모든 자유스러운 민족으로 더부러 인정된 것을 뚜렷이 한 날이었다.

우리는 과거에 있어서 오랬 동안 우리는 반드시 재기하는 민족이라는 신념하에 모든 기초적인 문제를 두고 투쟁 노력해 왔으며, 또 침략적 왜정(倭政)의 신산(辛酸)하든 그 시절이 지나 이때 통일성공을 위하고, 민주주의적 정체(政體)의 새로운 전통과 새로운 형태를 창조해야 한다는 정치적 문제를 가지고 있는 것이다. 이러한 문제들은 여하히 생각하드라도 아직 해결되지 않고 있으나, 그 민주주의 정체(政體)의 형태는 점진적으로 조성되어가며, 또 우리 민족의 통일을 위한 목적과 그 의지는 자못 공고하여, 여하한 공산도배(共産徒輩)의 폭력행위와 위협이라도 능히 분쇄할 수 있을 것이 역연(歷然)한 바이다.

전쟁과 미군정 하에 3년간의 공핍으로부터 이탈하여 복구할 경제적 문제는 특히 우리들로부터 강탈하여간 북한자원을 획득하는 문제와 아울러 방대하고 기술적인 미국으로부터의 원조에 의하여 그 성과를 이미 걷우고 있는 바이며, 군사보육 문제도 우리의 큰 관심사이다. 우리들은 우리 군의 용감성과 미국으로부터 군수품의 원조가 일층 증가될 것이 크게 기대되는데, 이러한 훌륭한 정신을 가진 군대를 보존하여 공권(空拳)으로는 싸우지 못할 것이다.

우리들은 장차 해결할 문제가 많은 바 있는데, 나는 국민이 집에서나 밖에서나 공장에서나 믿는바 사명을 완수하기 위하여 희생적으로 협력할 것이라고 믿는 바이다. 우리들은 우리들 자신의 손으로 우리들 자신의 국가를 건설하고 있는 것이며, 공산주의에 대항하는 전쟁에서 연합국과 같이 세계인류의 자유를 위하여 일하고 있는 것이다. 우리 측에 있는 자유국가와 협력하고 진취적 결단성의 정신을 가진 우리들은 확실히 오는 해에는 백척간두(百尺竿頭)에 추진일보(推進一步)의 대(大) 발전을 할 것으로 믿는 바이다. 금년 내에 우리들은 다음과 같은 것을 기대할 수 있다고 확신하는 바이다.

일. 우리 국군은 외부의 세력이 공격하지 않는 한 국내 안전을 확보할 수 있도록 될 것이다.

이. 통화팽창(通貨膨脹)은 조정될 생필품 가격도 저락(低落)하게 될 것이다.

삼. 우리 정부는 세계 대부분의 전(全) 자유국과 같이 정상적 외교 방식을 통하여 완전한 정식 우호관계를 맺을 것이다.

사. 농민은 토지개혁법을 실시한 결과로 자기들의 농토를 소유할 것이므로 만족할 것이며, 새로운 독립의 책무를 감당(堪當)할 것이다.

오. 미국원조와 한국의 기업이 전(全) 공장을 완전 조업(操業)하도록 결합 협력할 것이므로 실업자는 감소되고, 생산도 증가될 것이다.

인간사에 있어 기적을 기대하거나 의뢰하는 것은 결코 현명할 것은 아니나, 우리가 희생적 헌신과 백절불굴(百折不屈)의 굳은 의력(意力)으로 현재까지 모든 것에 승리하여 왔으며, 장래 달성할 것도 우리들 자신의 애국적 노력에 의거하여 달성될 것이다. 나는 한국 동포의 정신을 잘 알고 있으며, 우리들은 성공을 향하여 전진하고 있다고 믿는 바이다.

(『대통령이승만박사담화집』, 공보처, 1953)

역사적 의의 깊은 민족의 날! 5·10 선거

1949. 05. 11

5월 10일이야말로 우리 한국의 장구한 역사를 통하여 가장 위대한 날이다. 또 이날은 최대한 민족으로서 자유로 귀환하는 것을 인(印)치는 날이였고 우리 한국에 민주주의가 탄생되어 21세 이상의 모든 남녀는 한 가지로 우리 정부에 대해서 동일한 언권을 가질 수 있게된 날이며 세계만방 중에 한국의 지위가 부활된 것으로 모든 자유스러운 민족으로 더부러 인정된 것을 뚜렸이 한 날이였다.

우리는 과거에 있어서 오랫동안 우리는 반드시 재기하는 민족이라는 신념 우에 모든 기초적인 문제를 두고 투쟁 노력해왔으며 또 침략적 왜정의 행산(幸酸)하든 그 시절이 지난 이 때 통일성공을 위하고 민주주의적 정체의 새로운 전통과 새로운 형태를 창조해야하는 정치적 문제를 가지고 있는 것이다.

이러한 문제를 여하히 생각하드라도 아직 해결되지 않고 있으나 그 민주주의 정체의 형태는 점진적으로 조성되어가며 또 우리 민족의 통일을 위한 목적과 그 의지는 자못 공고하여 여하한 공산도배의 폭력 행위와 위협이라도 능히 분쇄할 수 있을 것이 역연한 바이다.

전쟁과 미군정하 3년간의 궁핍으로부터 이탈하여 복구할 경제적 문제는 특히 우리들로부터 강탈하여간 북한 자원을 획득하는 문제와 아울러 방대한 문제이다. 이 방대하고 기술적인 미국으로부터의 원조에 의하여 그 성과를 이미 거두고 있는 바이며 군사력 보유문제도 우리의 관심사이다.

우리들은 우리군의 용감성과 미국으로부터 군수품의 원조가 일층 증가될 것으로 크게 기대되는데 이러한 훌륭한 정신을 가진 군대를 보유하여도 공권으로는 싸우지 못할 것이다. 우리들은 데 이해결할 문제가 많은바 있는데 나는 국민이 집에서나 밭에서나 공장에서나 맡은 바 사명을 완수하기 위하여 희생적으로 협력할 것이라고 믿는 바이다.

우리들은 우리들 자시의 손으로 우리들 자신의 국가를 건설하고 있는 것이며 공산주의 대항에 대하는 전쟁에서 연합국과 같이 세계 인류의 자유를 위하여 일하고 있는 것이다.

우리 측에 있는 자유국가와 협력하고 진취적 결단성의 정신을 가진 우리들은 확실히 오는 해에는 백척간두에 추진일보의 대발전을 할 것으로 믿는 바이다. 금년 내에 우리들은 다음과 같은 것을 기대할 수 있다고 확신하는 바이다.

1. 우리 국군은 외부의 세력이 공격을 하지 않는 한 국내안전을 확보할 수 있도록 될 것이다.

2. 통화팽창은 조정되고 생필품 가격도 저락하게 될 것이다.

3. 우리 정부는 세계 대부분의 전자유국가와 같이 정상적 외교방식을 통하여 완전한 정식 우호관계를 맺을 것이다.

4. 농민은 토지개혁법을 실시한 결과로 자기들의 농토를 소유할 것이므로 만족할 것이며 새로운 독립의 책무를 감당할 것이다.

5. 미국 원조와 한국의 기업이 전 공장을 완전 조업하도록 결합, 협력할 것이므로 실업자는 가소되고 생산도 증가될 것이다.

인간사에 있어 기적을 기대하거나 의뢰하는 것은 결코 현명한 것은 아니다. 우리가 희생적 헌신과 백절불굴의 굳은 의지력으로 현재까지 모든 것에 승리하여 왔으며 장래 달성할 것도 우리들 자신의 애국적 노력에 의거하여 달성될 것이나. 나는 한국동포의 정신을 잘 알고 있으며 우리들은 성공을 향하여 전진하고 있다고 믿는 바이다.

(『주보(週報)』 6)

미국 온정에 영원히 감사하자

1949. 06. 09

　미소 양국의 분점(分占)으로 인한 국토양분으로 말미아마 마비된 우리나라의 경제회복을 위하여 우방 미국이 스스로 막대한 원조를 공여한데 대하여 나는 국민에게 심심한 감사의 뜻을 표하는 바입니다. 그리고 미국 대통령 트 씨를 비롯하여 미국 국회와 미국정부의 고관들 특히 '호프만' 씨가 우리 대한민국 국민의 행복을 위하여 지대하고 동정적인 관심을 가진데 대하여 또한 사의(謝意)를 표하는 바입니다. 차제(此際)에 우리는 대한민국의 탄생과 더부러 우리 반도 강산의 남반부에서나마 자유와 독립을 누릴 수 있는 것은 우방 미국의 은혜가 많다는 사실을 다시한번 상기하기 바랍니다. 뿐만 아니라 우리 한국 국민 그리고 우리의 자손들은 미국의 이 같은 온정에 대한 사의(謝意)를 영원히 간직할 것입니다. 반미선동자(反美煽動者)들은 미국의 이러한 정신을 고의로 왜곡 선전할 것입니다.

세계의 모든 국가가 예외 없이 그 인접국을 착취하는데 분주한데 타국에 대하여 물자원조를 스스로 제공하는 국가가 있는 가를 여러 사람들은 이해에 곤란할 정도일 것이다. 그러나 온 세계 사람들은 받는 것보다 주는 것이 얼마나 뜻 깊은 것인가를 미국에게 배울 날이 곧 올 줄 압니다. 미국은 공여하는 것이 많으면 많을수록 부강하게 될 것이며, 한편 인국(隣國)을 사멸시키고 그 폐허 위에 자국에의 왕국건설을 꿈꾸는 국가를 접종붕괴(接踵崩壞)할 것입니다.

(『대통령이승만박사담화집』, 공보처, 1953)

입법, 행정부 대립은 부당, 상호협조하자

1949. 06. 14

입법부나 행정부는 다같은 국가를 위한 기관이다. 즉, 말하자면 일국가일정부(一國家一政府)를 위해서 동일한 목적을 가진 단체이다. 그러므로 우리나라의 목적은 국권을 확립함이 중요한 목적이며, 정권을 수립함이 크나큰 대지(大志)일 것이다. 국회에서나 정부에서는 파동을 이르키지 말고, 어디까지나 확고부동한 목적으로 나가야 한다는 것을 거듭 말한다.

이 강토를 완전무결하게 하며, 민족을 통합하는 의도 하에 정부나 민간이나 국회에서 주장하는 것은 피차 양보하고, 우리는 국제정세가 민주주의 공산주주의 이대 조류(潮流) 하에 움직이고 있는 것을 인식하여야 한다. 현재 소련에서는 자유를 이저버리고 그 부수(附隨)되는 국가 역시 자유는 없으며, 민중은 도탄에 빠지고 있다는 것을 모르는 사람이 없을 것이다. 민중은 민주주의 정치에 나가며, 민주진영에서 공산주의를 제외하고 잘 살아 나아가자는 것이 우리의 강력한 의지이다.

한국은 미국의 정제원조와 군사원조를 받아야 하는데 있어 미국회(美國會)에서는 이 문제를 토의하여 한국의 경제부흥과 군사원조를 육성시켜 상호협조하며 다같이 세계평화를 도모하려고 하는 한편, 공산분자를 박멸하고저 나아가고 있는 것이다.

그러므로 민생고에 빠진 우리 한국도 이때에 미국의 원조를 받지 않으며 어려울 것이다. 이러한 단계에서 미루어 보더라도 우리는 의견의 시비가 있을 때 변론을 국회나 정부나 협조하여 들어주어야 한다. 그러므로써 우방국에 대한 한국국회나 정부위신을 지켜 나아가야하며, 조속히 우리의 목적을 달성하여야 한다.

국회나 정부가 세력을 다투는 일이 없도록 하여야 하며, 자기잘못이 먼저 무엇인가를 알아야 한다. 하시(何時)를 막론하고 대통령이나 정부의 행사에 잘못이 있다면, 이를 지적해 주기를 바란다. 그러하므로써 모든 것을 시정하도록 하겠다. 그리고 개헌하여 내각책임제(內閣責任制)로 하여 총 퇴진(退陣) 운운의 결의를 할 수 있다는 일부의원의 의견은 이는 도저히 불가한 것이다. 국회공기(國會空氣)로서 좋지 못한 공론을 이르키게 한다는 것을 볼 때, 일을 침착히 하여 나아가야겠다. 그리고 조속히 조처할 것이며, 다만 우리는 대의를 잊지 말고 소기의 목적을 달성하기에 매진하여야 한다.

(『대통령이승만박사담화집』, 공보처, 1953)

애국자 윤병구 목사

1949. 06. 24

　고 윤병구(尹炳求) 목사는 우리가 어렸을 때부터 호형호제(呼兄呼弟)로 친근히 지내던 터이오. 감리교 선교사 죠지 히비 죤스(Geouge Heber Jones) 씨와 더욱 친밀하여 제물포(濟物浦)에서 목사로 오랬 동안 있다가 한인들이 하와이로 이민갈 때에 목사로 초대를 받어 하와이에 간 8천명 한인 농민을 총할하며 있었던 것입니다.

　그 후 왜적의 침략으로 한국정부가 없어질 때 해외 한인들이 충분한 결심으로 독립운동을 열렬히 진행시켜 한인 남녀노소는 무엇이나 아낄 것 없이 다 공헌해서 활동할 적에 윤병구 목사는 해외 한인단체가 제일 유력한 하와이와 호노루루에서 열렬한 운동으로 상당한 조직을 이루었던 것입니다.

　1904년에 내가 7년 세월을 옥중에서 지내고 비로소 탕척(蕩滌)을 받고 나와 보니 일노전쟁(日露戰爭)은 아직도 계속되는 중이나 시국은 다 글렀고 왜적들이 세력을 잡어서 황제이하 정부에서는 무슨 말이나 행동을 자유로 할 수 없이 되어 왜적은 벌서 나의 뒤를 밟아서 또다시 옥에 들어갈 형편이 발전되고 있으므로 민영환(閔泳煥), 한규설(韓圭卨) 양씨와 밀약을 맺고 그분들의 밀서를 맡아 가지고 미국으로 떠날 때에 이민배에 3등표로 이민들과 섞겨서 전 감옥소장 이중진(李重鎭)의 아우 이중혁(李重赫) 군을 다리고 하와이에 들어가니 하와이 동포들은 벌서 알고 이민국에 주선해서 나를 맞어 큰 환영회를 열고 그날 저녁 대회를 개최하야 늦도록 연설한 후 윤병구 목사 처소에 가서 밤을 지내며 내정한 것은 우리 정부에서는 임군이 자유로 세계에 호소할 수도 없고 전국 관리라고는 벌서 다 왜적의 수중에서 속박을 받고 있으니 해외 한인들끼리 우리나라를 대표해서 일노평화회의(日露平和會義) 때에 우리가 참가 호소하여야 되겠다는 약속을 정하고 이중혁 군의 여비 중 얼마를 얻어가지고 이군은 로스앤젤리스에 떨어지고 나는 혼자 워싱턴에 들어가니 그때는 1904년 12월 31일 밤 9시였습니다. 간신히 여관방에 들어가서 밤을 자고 그 다음날 새해 첫 아침에 공사관으로 가니 공사대리 신태무(申泰茂)라는 분이 있고 비서로 윤(尹) 모라는 분이 있었고 서기로 김윤정(金潤晶)이라는 사람이 있었는데 민영환 씨가 미리 서울 있는 미국공사를 통해서 비밀편지를 영국 있는 우리 공사관에 보내어 나와 합의해서 서로 도아 일하라고 하였으므로 그분들이 비로소 알게 되었으나 신(申) 공사는 국사에는 도모지 관계없고 김윤정이라는 분이 그 내용을 대강 알려주고 친근히 굴면서 자기를 공사대리로 내면 무슨 일이든지 다 우리 원대로 할 수 있다는 것을 열열히 맹서하였던 것입니다. 그래서 전에 우리나라에 미국공사로 왔던 된소모어 (Hugh A. Dinsmore) 씨가 미국 상원위원으로 있어서 민영환, 한규설 양씨의 편지를 받고 모든 주선으로 나를 소개해서 미 국무장관 헤이 (John M. Hay) 씨와 반시간 동안 담화를 하게 하고 그분을 통해서 민영환 씨에게 외교통신 비밀서함 중에 편지를 동봉해서 민영환 씨에게 알린 결과로 신공사는 갈리고 김윤정이 대리공사가 되어 우리의 약속이 다 준비되었던 것입니다.

미국 해군장관 태프트(William H. Taft) 씨가 루스벨트(Theodore Roosevelt) 대통령의 딸 애리스 루스벨트(Allis Roosevelt)와 원동지방 여행으로 올 때 하와이에 유(留)하는 기회를 타서 한인 8천명 대표가 호노루루에 모여 공동대회를 열고 결의문을 통과하여 일노평화회의에 대표를 보내기로 작정하고 우리 두 사람을 대표로 지정하였던 것이니 이 대회 결과로 해외 한인들이 한미조약(韓美條約)에 의지해서 미국 대통령이 한국 국권을 보호할 책임이 있다는 요청을 세계에 표시하게 되었던 것입니다.

하와이 동포들이 재정을 모집해서 윤병구 씨가 워싱턴에 와서 우리들이 오이스터베이(Oyster Bay)에 가니 그곳은 루스벨트 대통령의 산장이므로 하기휴가로 대통령이 거기 와 있을 때이니 만치 일노평화회의 대표들이 포츠마우드(Portsmouth)로 가는 길에 미국 대통령을 방문하고자 그 곳을 다 들러가게 되므로 세계 모든 신문기자들이 다 거기에 모여 들 때입니다. 모든 신문기자들이 벌서 일본 선전에 넘어가서 한국은 다 일본에 부속된 것으로 치고 임군과 정부에서는 아모 말도 못하게 되므로 나라는 다 없어지고 이름만 있었던 것인데 해외 한인들이 이같이 하는데 대하여 다소간 동정은 표하나 일본을 찬성하는 본의로 우리들을 대하여 여러 가지로 권면하는 말이 대통령이 지금 분주해서 당신들이 볼 수 없으니 시간과 재정을 허비하지 말고 도라가는 것이 좋겠다는 것입니다.

그러나 우리는 대통령에게 제출할 청원서가 있었고 또 따라서 태프트 장관이 대통령에게 소개하는 편지를 가졌으므로 대통령의 비서인 로이에불 씨를 그날 밤 찾어 보고 소개장을 전한 후 여관에 도라오니 그날 밤 대통령 비서로부터 전보가 오기를 내일 아침 9시에 대통령 사저로 오라는 기별이었습니다.

그제야 모든 신문기자들이 놀랍게 여겨서 비로소 우리를 보고 치하를 하며 큰 성공이라고 했습니다. 그 이튿날 아침 우리 두 사람이 대통령 처소에 가서 대빈실에서 기다리고 있으니 이때는 마침 노국대사(露國大使) 일행이 와서 대통령에게 접견을 청할 때인데 루스벨트 대통령이 그분들을 밖에서 기다리게 하고 먼저 우리에게 와서 담화를 할 때에 우리가 글을 제출하니 받어 보고 하는 말이 귀국 공사가 워싱턴에 있으니 그분을 알거던 곧 가서 귀국 공사를 통해서 외무성에 보내면 그것이 공함이 되므로 내가 공식으로 받어 중국서 온 글과 합해서 평화회의에 제출해 주겠다고 하였습니다. 우리의 희망이 이에서 더 전할 수 없으므로 곧 그리하겠다 하고 도라오니 신문기자들이 와서 치하하며 대성공이라고 하기에 그때는 곧 독립을 찾는 듯한 감상이 나게 되었던 것입니다. 그날 밤 차로 워싱턴에 나려와서 공사관에 가서 이런 이야기를 하니 김윤정 공사가 냉정히 거절하며 이것은 본국 정부에서 명령이 나리기 전에는 보내지 못한다 하므로 우리가 몇 일을 두고 싸우다가 필경은 경찰을 불러서 공관을 보호한다는 말이 났고 나로서는 공관에 불을 놓겠다는 말까지 했으나 그때는 벌서 미국관리와 모든 친구들이 내용을 이같이 작성한 것이니 무슨 효력이 있을 것입니까?

원래 김윤정은 간교한 인물로서 내게 붙어서 공사의 명의는 얻게 되었으나 왜적이 반대하면 임군이 임명할지라도 진행될 수 없는 줄로 각오하고 이 사실을 왜공사(倭公使)에게 비밀히 알려주고 왜공사가 김윤정을 이용하기 위해서 그를 공사로 쓰게 된 것이니 이것을 각오한 우리로는 속절 없이 그 청원서를 보낼 수 없게 된 것이니 이것도 다 왜공사를 통해서 협의가 되어 가지고 한 것인지도 의문이 없지 않은 바이며 그 후 공사관은 다 왜놈이 차지하고 김윤정은 본국에 와서 도지사로 잘 지내게 되었던 것입니다.

내가 1910년에 귀국했을 때에 김윤정의 아들이 미국에서 도라와서 하는 말이 이런 속박 속에서 살 수 없으니 다시 미국으로 도라가려고 하여도 왜놈들이 허락하지 않는다고 나를 찾아와서 설명하기에 내가 말하기를 너의 부모가 너이를 다 팔아먹어서 이렇게 된 것이니 누구를 한탄하겠느냐고 일러주었던 것입니다.

1945년 내가 처음 환국하여 조선호텔로 들어올 때에 모든 동포가 환영하는 중에 김윤정이 따라와서 살려 달라고 애원하는 것을 보았는데 그 후에는 다시 보이지 않더니 근자에 들으니 벌서 세상을 떠났다는 것입니다.

이런 경역이 우리 역사상에 관계있으니만치 이 기회를 타서 대강 말한 것이지만 해외에서 하와이 동포를 조직해서 의연(義捐)을 걷우어 가지고 이런 활동을 역사적으로 행하게 한 것은 대부분 윤병구 목사의 열렬한 애국정신이었던 것입니다. 그 후로 계속하여 간단없이 힘써온 것은 다 말할수 없으나 윤목사는 기독교를 믿어서 민족의 도덕정신을 발전시켜야 할 것을 깨닫고 미국에서도 전쟁에 나가서 미국을 위하여 목숨을 받친 자들의 가족과 또 상처당한 군인들을 후원하는 회를 조직해서 한미 양국인의 재정을 얻어서 많은 후원을 해주는 동시에 각국인에게 글로 써서 한국독립운동에 도움이

될 일은 주야로 쉬지 않고 계속하였던것이며 본국에 도라와서는 종
군목사(從軍牧師)가 되기를 여러 방면으로 활동하였으나 형편으로 인
연해서 여의치 못하고 주야 열심히 모든 활동을 하던 중 얼마 전에
내가 청해서 말 하기를 미국에 도라가서 멕시코와 쿠봐에 있는 한
인 거류민을 심방하고 또 따라서 중미와 남미에 있는 각국을 역방
하고 UN 결의안에 우리 독립을 찬성하여 투표한 48개국 우방에
감사를 드리며 친선관계를 맺도록 하라는 책임을 가지고 속히 발정
(發程)하라고 하여 준비하고 있던 중입니다. 작고하기 전날 밤 늦도
록 영문으로 타잎라이터에 초안하고 있은 것이 한미협약(韓美協約)이
라는 조문이었으니 윤목사의 생각에 한미협약 문서를 시급히 만들
필요가 있다는 것을 가히 알 수 있을 것입니다.

밤늦도록 서역(書役)하다가 얼마동안 잠을 잤던지 아침에 일어나
서 옷을 입다가 돌연 졸도하여 세상을 마쳤으니 윤목사는 과연 끝
까지 나라를 위해서 힘쓰다가 생명을 공헌한 것입니다. 그 부인과
자녀가 미국에 있어서 놀라고 슬퍼할 것은 우리가 다 눈앞에 보는
것 같고 따라서 윤목사를 애중히 녀기는 동포들이 해외에서 우리
와 같이 슬퍼하는 중 하와이와 미주에서 더욱 여러 동포들이 비감
한 눈물을 금치 못할 것입니다. 공사간에 비통한 마음을 금할 수
없으며 얼마 아니면 나도 또 뒤를 따를 터이니 윤목사와 같이 질병
이나 고통을 받지 않고 하느님이 부르실 때가 되면 돌연히 운명하게
되는 복을 비는 바이며 따라서 우리는 윤목사의 애국정신을 더욱
모범하여 국가 장래에 더욱 많은 공헌이 있기를 바라는 바입니다.

1949년 6월 24일 장의식에서

(金珖燮 편, 『이대통령훈화록』, 중앙문화협회, 1950)

김구 선생 급서에 통탄불금

1949. 06. 28

백범 김구선생이 오늘 암살을 당하신 보도를 들은 나로서는 놀라고 담한(膽寒)해서 말이 잘 아니 나옵니다. 범인이 잡혔다하니 무슨 주의로 이런 일을 행하였으며 이것이 개인행동인지 연루자가 있는지를 엄밀히 조사해서 일일히 공표하여 범인은 법대로 처벌될 것입니다.

한인이 어찌해서 이런 만행을 범하는지 과연 통탄할 일입니다. 공사 간에 원혐(怨嫌)이 있거나 억울한 일을 당하였을 때 법리적으로 해결하는 것이 개명(開明)한 사람이 행할 바이거늘, 하물며 이로운 사람을 피해하고 어찌 그 백성이 그 개명한 사람의 대우를 받을 수 있으리요. 백범선생이 피해 당한 것으로 우리나라와 민족에게 얼마나 손해를 주게 된 것을 통분하여 마지않습니다.

지금 민국정부가 성립된 지 1년이 다 못되어서도 우리 우방들이 많이 도와서 민주주의가 잘 발전되는 것과 관민합작으로 치안을 잘 유지하여 나가는 것을 칭찬하며 미국에서도 트루만 대통령 이하 여러 당국이 우리에 대한 경제원조로 1억 5천만 불을 국회에 요청하여 며칠 안으로 통과되기를 기다리고 있으나 한인들만 합심합력하여 잘해나가면 다 같이 행복을 누리게 될 것인데 어찌해서 이런 불법행동을 행하여 저의 목숨에 해롭고 나라와 민족에게 누를 끼치게 하는지 생각할수록 통탄할 일입니다.

나와 백범 김구선생 사이의 친분으로 말하면 호형호제하고 의리는 실로 사생을 같이 하자는 결심이 있는 터이며 임시정부주석으로 내가 절대 지지하였고 그 후 임시정부가 귀국한 때에는 무조건하고 지지하여 온 것입니다. 중간에 와서 정치상 관찰에 약간 차이로 말미아마 정계에 다소의 의아하는 점이 없지 아니해서 우리 두 사람이 양편으로 시비를 듣고 있었으나 내가 믿고 듣고 바라기는 백범선생이 조만간에 나의 주장하는 것이 아무 사심이 아니요 민국대계에 유일한 방침으로 각오될 날이 있을 것을 믿고 있었으며 근자에 와서는 이런 희망이 점점 표면에 나타난 것을 보고 나는 마음에 기대하는 중인데 졸지에 이런 일이 생기고 보니 어공어사(於公於私)에 원통한 눈물을 금하기 어렵습니다.

해내해외에서 백범 김구주석을 모든 동포는 한줄기 뜨거운 눈물로 그분의 주검을 조상하며 따라서 그분의 평생 애국애족하는 대의를 본받아 그 사업을 계속 완수하기를 다 같이 맹서(盟誓)하기 바랍니다.

『대통령이승만박사담화집』, 공보처, 1953)

최근 사건에 관하여

1949. 07. 02

주한 서울AP특파원이 제공한 동(同) 성명서의 전문이다. 관련성 없는 일련의 사건으로 말미암아 해외에는 대한민국의 국내 사정에 어떤 위급조건이 있는 듯 한 인상을 주었다는 말이 나에게 들어왔는데, 이것은 사실이 아니다. 불행하고도 충격적인 김구(金九) 씨 살해사건은 자연히 한국 및 나 어린 한국이 관계하고 있는 문제에 주의를 이끌게 하였고, 그와 함께 UN한위(韓委)의 분과위원들이 우리의 옹진반도(甕津半島)를 방문하여 무엇보담도 공산주의 침략으로부터 우리의 자유로운 지역을 방위하기 위해서 우리가 싸우고 있는 것을 본 것으로 해서도 관심이 우리에 집중되었다.

나는 선출된 국회의 몇몇 의원을 체포하게 된 필요성이 금일 발표된 동 사건의 경찰조사보고 중에 설명된 것으로 믿는 바이다. 그리고 김구 씨를 살해한 동기에 관해서도 공표하고 싶은데, 그것은 발표할 만한 때가 되면 물론 반드시 공표될 것이다. 그러나 지금 모든 사실을 일반 앞에 공개해 놓는 다는 것은 나의 생각으로는 그

생애를 조국독립에 바친 한국의 한 애국자에 대한 추억에 불리한 것이 아닐까 생각된다. 우리의 법정에서 용의(用意) 깊게 검문된 이들 사실은 김구 씨의 살해가 순수히 여하한 행동노선이 조국을 위하여 가장 유리할 것일가에 관한 당내 의견차이의 직접적 결과임을 표시한 것이다. 그리고 이러한 의견 불합치는 결코 당 자체밖에는 알려진 일이 없으며, 김구 씨의 추종자가 동 논쟁을 결말짓고자 취한 격렬한 수단은 우리 전국에 비애를 초래하였다고 말할 수 있는 것이다.

옹진반도의 전투보고는 내가 믿기는 침략을 혐오하고 자치에 대한 인민의 권리를 종중하는 모든 인민을 고무할 것이다. 사실은 분명하다. 북한의 공산정권은 옹진반도의 17만 5천 인민이 민국으로부터 바다에 의하여 격리되어 있음으로 보아 5월 중에 동 지역을 제압하려고 기도하였든 것이다. 우리는 동 지역이 그 안전을 확보하기에 충분한 우리 군대를 이동시켰다. 우리는 크레므린의 명령을 받도록 강제되어 잘못 인도된 북한인이 한국인에 의하여 통치되고 있는 한국의 어느 부분에 대해서 침략하여도 우리는 어디서든지 이와 같이 할 것이다. 우리는 세기의 다른 민주주의적 인민으로부터의 이 이상의 원조자가 있건 없건 이일을 해갈 것이다. 그러나 우리는 그들의 조력과 지지를 환영하는 바이며, 또한 필요로 하고 있다.

(『대통령이승만박사담화집』, 공보처, 1953)

임시제도로 성안(成案), 자치법 공포(公布)에 대하여

1949. 07. 04

민주국의 법적 요소는 백성이 다스린다는 제도이므로 군주(君主)나 전제(專制)의 제도와 반대되는 것입니다. 백성이 나라를 다스리는 법은 개인이 군주나 독재자의 권리를 사용해서 나라 일을 한다는 것이며, 상당한 인물을 자기들이 마음대로 투표선정해서 대통령을 내고, 국회의원을 선출하여 그들이 전민족의 대표로 법을 정하고, 법을 행하며, 법을 판단하게 만드는 것이므로 우리나라 민주정부 수립 이후로 국회의원들을 선정해서 국회에서 헌법을 제정하고 대통령을 정하므로 중앙정부는 충분히 성립된 것이지마는 지방행정에 대해서는 각 도지사를 민중이 공동투표해서 각각 그 도의 지사 당국되신 이들이 행정케 하는 것이 우리 정부의 목적을 완성하는 것이요, 이것으로서 민주국가를 완전히 성립할 것입니다.

그러므로 이번 국회에서 지방자치법안을 정할 적에 각 도지사를 각해(各該) 지방에서 투표공선하자는 것이 이 본의를 집행하자는 것이므로 정부에서는 이것을 협의해서 공포(公布), 실시하는 것이 마땅한 것이나 오직 민간이 아직도 어린 아기의 정도에 있고, 해내해외(海內海外)의 대세가 혼란한 시기에 처해 있을 이때에 정부의 통일주권을 확고히 세워서 요동이 없으리만치 보장해 논 후에 지방관리의 선거권을 실시하는 것이 민주제도를 보호하는 방법이나, 또한 중앙정부를 공고케 하자는 주의에 필요할 것이니 너무 급조히 나가다가 장애를 받느니 보다 점차로 추진하는 것이 좋을 것으로 생각하므로 국회의 동의를 얻어 이만한 임시제도로 법안이 성립되며, 자(玆)에 공포하니 이는 정부당국들 뿐만 아니라 민중 전체가 다 정당한 제도로 알 것이요, 관민합심으로 남북통일 문제를 속히 해결한 뒤에는 즉시 지방자치제를 선거법안대로 진행하게 될 것이니, 이 법안을 공포하는 나로서는 오래지 않는 장래에 이 법안을 다시 고쳐서 민주제도 원칙대로 시행할 날이 머지 않기를 바라는 바입니다.

(『대통령이승만박사담화집』, 공보처, 1953)

선거는 UN 감시로, 북한 제안에 대하여

1949. 07. 10

만약에 공산주의자가 승인될 만한 선거를 실시할 것을 원한다면 그것은 반드시 UN 감시 하(下)나 그와 같은 기관의 감시 하에 실시되어야 할 것이다. 북한 괴뢰정권을 지배하고 있는 분자들은 그들의 우방 소련 이래에는 어떤 나라, 어떤 사람들과도 협조하기를 두려워하고 있다. 북한 측이 조국통일민주전선(祖國統一民主戰線)을 내세우는 것은 상투적인 기만이며 선전에 불과한 것이다. 그런데 북한 측의 제안 중에는 한국통일을 위하여 UN위원단은 철퇴하라는 요구가 들어 있다. 한편, 동(同) 위원단은 통일을 위하여 북한에 가기를 희망한다.

(『대통령이승만박사담화집』, 공보처, 1953)

바귀오 회담에 대하여

1949. 07. 12

비율빈(比律賓) 대통령 퀴리노 씨와 중국 장개석(蔣介石) 총통(總統)은 태평양 제 국민들의 반공투쟁을 조직화하는데 좋은 출발을 한 것이다. 내가 전에 누차 언명한 바와 같이 대한민국은 이 운동에 참가하는데 만반의 준비가 되어 있다는 바귀오 회담에 관한 정식 보고에 접하지 않았으나, 신문 보도에 의하면 양자 간에 합의를 보았다 하니 크게 기대하는 바이다.

그들이나 우리들이나 아니 모든 세계의 자유국가들은 우리들의 공동의 적은 공산주의라는 것을 알고 있다. 큰 산화(山火)가 되기 전에 이것을 방지하려면, 투쟁하여야 할 것이다. 우리들은 지금 삼림 속에 있는 것이다. 모든 사람은 이 투쟁에 참가하여야 할 것이다. 만약 그렇지 않는다면, 세계를 위협하는 이 큰 불덩이로 인하여 타버리고 말 것이다. 나는 장 총통과 퀴 대통령이 함께 혹은 한 분만이라도 이 기회에 우리를 방문하여 우리 한인들에게 적색위협과 전체주의에 대항하는 우리들의 공동투쟁에 취선의 원조를 하는 방법을 가르쳐 주기를 충심(衷心)으로 바라는 바이다.

(『대통령이승만박사담화집』, 공보처, 1953)

명예박사 학위수여식에 임하여

1949. 07. 15

국립서울대학교 제3회 졸업식을 당하여 나에게 말할 기회를 주신 것을 감사합니다. 따라서 나에게 명예박사의 학위를 수여하시는 것은 내가 무한한 영광으로 아는 바입니다. 미국에서는 가장 유명한 대학 몇 군데에서 학위를 받은 일이 있으나 우리나라 국립서울대학교에서 법학박사의 명예를 얻게 된 것은 특별한 영광이니만치 대학총장과 여러 학장과 일반 교수 제씨에게 많은 감사를 표하는 바입니다.

미국에서 내가 졸업증서를 받을 때나 혹 친우들이 증서를 받는 때 참석할 적마다 매양 마음에 통분히 생각하던 것은 우리나라에서도 언제나 대학교를 발전시켜서 남과 같이 자유로이 고등학술을 배워 각 방면으로 세계 모든 나라와 경쟁하여 볼까하고 한탄하던 것입니다. 지금에 우리나라가 대학교를 상당히 발전해서 이만치 성취해나가는 것은 여러 교육 대가들이 분투노력하신 공적을 일변 치하하며 또 일변으로는 우리나라 이남만이라도 해방된 공효를 치하하지 않을 수 없습니다. 미국에서도 얼마 전까지는 대학이라 전문이라 하는 학교의 구별이 소상치 못해서 칼레지라 유니버시틔라 하는 것을 별로 차이가 없이 인정하여 왔던 것입니다.

근래에 와서는 구라파 오랜 나라들의 방식을 모범해서 전문학교 여럿이 합해서 한 대학교가 되게 한 것이므로 전문학교 여럿이 합해서 되지 않은 대학교는 이름을 대학이라 할지라도 실상은 상당한 대학교의 대우를 받기 어려운 터입니다. 우리나라에서는 해방된 지 오래지 않고 한국정부 수립한 지 1년이 다 못되어서도 우리 학식계의 모든 지도자들의 고명한 식견과 노력한 성심으로 여러 칼레지가 모여 한 대학교를 이루어 이만한 기초를 잡게 한 것을 나로는 무한히 감격하며 우리 대학이 세계 모든 대학들과 교수도 교환하며 학생도 교환해서 과정과 정도가 날로 진취되어 구미 각국의 많은 대학들보다 앞서 나아가서 교육계의 중앙기관이 되기를 바라며 축하하는 바입니다.

세계 학술계에서 알기를 예전 우리나라에 있은 대학과 도서관이 세계 제일 오랜 대학과 도서관 중에 몇재 안가는 지위를 가지고 있다는 것입니다. 우리나라 규장각(奎章閣)이 세계에 가장 오랜 도서관 중의 하나이고 우리 성균관(成均館)이 세계에 가장 오랜 대학 몇 개중의 하나로 치는 거입니다. 근래에 와서 세계 학식계에서 우려하는 것은 일인들이 우리나라 도서관에서 제일 오래고 귀중한 서적을 많이 도적하여 갔을 것을 염려하고 있는 것입니다. 이것을 우리 교육계에서 조속한 한도 내에 조사위원을 정해서 서울과 동경에서 심밀(深密)히 조사하여 일본에 대한 우리 배상문제가 제출되기 전에 명확한 보고가 있기를 바라는 바입니다.

규장각은 우리나라 관립도서관이라 하겠지만 규장각 이외에 민간에 장치한 서적과 사사 도서관에 있는 것이 또한 많은 것입니다. 내가 해외에 있을 적에는 이런 것이 다 하나도 없게 되었으리라고 생각한 것이나 귀국한 이후 차차 알어 보니 지금도 야사, 비사(秘史) 등 역사상 문헌과 그 외에 고적 고문을 사사로히 장치해 둔 것이 종종 발견되는 것을 볼 적에 누구나 한인들이 문화를 숭상해서 문헌과 서적을 생명보다 더 귀하게 보호하는 성진을 찬탄하지 않을 수 없었던 것입니다.

　우리나라에 세계 제일 오랜 백과전서가 있었던 것이니 그 이름은 대헌비고([東國]大獻備考)인데 내가 듣기까지에는 우리나라 안에는 규장각에 있는지는 모르나 다른 곳에는 없다 하니 이것도 우리 문학 세계에서 주의해야 될 것입니다.

　이런 것을 다 말하려면 책이 몇 권 될 것이나 동양에서 우리나라가 문명의 중점을 차지해서 동양의 고대문명이 우리나라에서 많이 발전되어 일본에 전해준 것인데 일인들은 이 역사를 없이 하고 처음부터 자기네가 다 개명한 사람인 것처럼 세상에 알리자는 욕심으로 이와 같이 한 것이나 지금 우리가 상당한 지위를 다시 회복할 터이니 우리가 또다시 고유한 문명과 신세계의 학술을 더욱 더 발전시켜 동방 여러 나라들이 우리에게 와서 배워갈 것이 많도록 만들어야 우리가 우리의 자격과 정신을 충분히 발휘할 것이오. 문화발전을 따라서 우리나라가 부강 전진의 선구자가 될 것입니다.

　이전에는 학자들의 숭상한 것이 철학, 문학, 종교학 등 몇 가지에 지나지 않었던 것입니다. 그러나 이 과학시대에 이르러서 이것만으로는 부강 전진의 길을 열기 어려울 것입니다. 그러므로 대략 40년 전에 디오도어 루스벨트(Theodore Roosevelt) 대통령이 교육회에서 연설하는 것을 들엇는데 그분의 말이 미국은 학자가 많기를 원하지 않고 보통 상식을 가진 사람이 많아야 쓰겠다 한 것입니다. 오늘 우리나라 형편으로는 고명한 학술가와 도덕가만으로는 우리의 발전이 더딜 것입니다.

내가 전에 미국에 있어서 우리 유학생들이 오는 것을 보면 보통 문학, 철학, 신학을 연구하는 학생들뿐이었는데 지금은 외국 유학생들의 목적을 들어보면 보통 과학, 기계학, 공장기술 등을 배우고저 하는 것이 거의 유일한 목적인 것 같습니다. 이것이 과연 우리나라가 발전되는 증거입니다. 지금 세계는 과학으로 기계를 만들어서 인력을 대신하며 발전시켜 군기를 대신하는 세상이니만치 우리도 이것을 깊이 주의해서 고명한 과학자들이 많이 나와야 될 것을 나는 학생 제군에게 권면하는 동시에 모든 교사들이 이 방면으로 많이 지도해야만 지난 40년 동안 잃어버린 시간과 기회를 조속한 시일 내에 회복할 것을 깊이 믿는 바입니다.

교육계에 항상 토의되는 문제는 보통학업이라 전문학업이라 하는 두 가지 장점을 비교하는 것이나 미국인들은 보통학식을 배워서 사람의 식견과 사상을 넓힌 뒤에 전문과로 들어가서 전업하는 것이 원만한 것이라는 사람이 많으나 구라파 학술계에서 덕국(德國)이 가장 주장하는 바는 보통학식을 배우고 전문과로 들어가는 것이 원만하다 할 수 있지만 인생 백년에 그 시기가 단촉하니만치 세월을 많이 허비하는 것보다는 처음부터 학생들이 각각 자기의 기능을 따라서 한 가지 전문으로 들어가면 시간을 많이 경제하고 그 전문 한 가지만은 철저히 발전할 수 있다는 것이니 이 제도로 덕국인의 모든 과학상 발전이 구미의 고등 지위를 점령하게 된 것입니다. 우리도 전문학을 처음부터 많이 주장해서 발전시키므로써 학생들의 시간도 경제하고 국가의 많은 세월을 단축시켜 전진 발전하는 것이 지혜로울 줄로 생각하는 바입니다.

졸업생 제군은 이 좋은 20세기에 나서 우리나라 건설시기를 가지고 국립대학의 졸업증서를 받게 된 것을 깊이 치하하며 따라서 이 기회와 이 학식을 충분히 이용하므로 국가와 민생에 복리를 주며 모교인 서울대학에 광영이 되며 이름이 역사에 빛나기를 바라고 축복합니다. 다시 대학총장과 여러분 교수들게 나에게 이만치 학위명예를 주신 것을 감사하며 마지않는 바입니다.

(金珖燮 편, 『이대통령훈화록』, 중앙문화협회, 1950)

장(蔣) 총통의 방한은 단결을 증명

1949. 07. 28

장개석(蔣介石) 총통이 한국을 방문하려는 것은 공산주의의 조류를 방지하기 위한 극동(極東)의 자유국가군의 일치단결을 증명하는 것이라고 믿는 바이다. 우리들은 우리의 자유와 주권을 보전하기 위한 투쟁의 총결산기(總決算期)에 접근하고 있으므로 아세아(亞細亞)의 모든 자유국민들은 모든 우리들이 당면한 위협에 대항할 수 있는 집단적 방어태세를 형성하는 것이 절대로 필요한 것이다. 우리들은 태평양주변의 모든 민주국가가 이해와 협력을 가지고 이 전체주의세력을 조지(阻止)하는 동시에 아세아의 확고한 평화를 보존할 수 있기를 바라는 바이다.

(『대통령이승만박사담화집』, 공보처, 1953)

만민공락의 국초(國礎)를 전정(奠定), 이대통령년의 시월정방침 연시

1949. 07

1. 서론

단군(檀君) 시조의 전통적 역사와 단일민족으로서 찬란한 문화를 승계하여 온 우리 대한민국은, 역대 순국 순열의 끊임없는 가호와 세계 민주주의 제국가의 절대한 동정적 성원에 의하여 이제 바야흐로 국권을 회복하고 신생 자주독립 민족적 민주주의국가로 탄생하여, 순국선열의 대의에 보답케 됨은 대한민족 전체의 천재일우의 기쁨이며, 또한 자손만대의 광영이 않일 수 없읍니다.

앞서 삼천만 동포의 열렬한 환희와, 세계 우호 제방의 환호 리에 민국정부의 정식 성립을 보게 되자, 우방 미국, 중국과 비국(比國)의 솔선 승인을 얻었으며, 지난 8월 15일에는 조국 해방의 사도 맥아더 원수의 원방(遠訪)을 받아 대한민국 정부수립 국민경축대회석상에서, 대한민국이 자주독립, 민족적 민주주의 국가임을 넓히 중외에 선포하였음은 비단 우리 민족의 기쁨일 뿐만 않이라 또한 세계민주주의 제국민의 큰 기쁨의 하나일 것이라고 생각합니다.

신생민국의 영광스러운 역사적 이 마당에, 본인이 존귀한 대통령의 중책을 맡아 이제 국회의원 제위와 국내 국외 삼천만 동포 앞에 시정의 대요를 피력함은 나의 가장 흔쾌히 생각하는 바입니다.

대저(大抵) 조국 향로의 대강은 국조선시(國祖宣示)의 숭고한 건국정신과 위대한 기미 독립정신에 의감하여 조명한 터이며 국가정강의 기준은 이미 공포된 국헌에 명시되였나니 나는 마땅히 전통에 의빙(依憑)하고 국헌을 준수하여 일야긍긍(日夜兢兢) 오로지 조국 융창(隆昌)에 노구(老軀)를 편달할 뿐입니다. 시정의 기본 방침에 있어서는 이미 대통령 취임식과 민국정부 수립 국립경축대회 석상에서 천명한 바 있었으나 나는 이제 다시 친애하는 의원제위에게 시정방책의 일단을 개진하여 제위의 주의를 새로웁게 하고저 하는 바입니다.

2. 민족국가로서의 민국의 특성

반만년의 유구한 역사를 가진 우리 민족은 전 세대를 통하여 동일한 혈통과 강토(疆土)를 계승 보유하여왔으며, 공동한 문화와 운명을 창조 담하(擔荷)하여 온 우수한 단일민족입니다. 아득한 고대로부터 무수한 외부의 위협에 대하여는 항시 우리 조상 선인들은 철혈의 영용심(英勇心)과 견결한 민족의식으로 이를 극복 격퇴하였으며, 안으로 위대한 덕성과 창조적 자질로서 부단히 그 찬란한 예술과 발명으로, 인류문명에 공헌 기흥하여왔든 것입니다. 이러한 탁월한 역사를 관통하여 우리 민족의 불굴의 영용성과 영민한 창발성(創發性)은, 지금도 우리의 혈관 속에 틀림없이 약동하고 있음을 체득하는 것입니다.

이 탁월한 덕성과 우수한 자질은, 이 강역 이 불행히도 왜국에게 유린되었든 과거 40년간에도 연면(連綿)이 승전되어 한번 기미독립선언(己未獨立宣言) 시(時)와 같이 민족의식 앙양에 당면하며 직시 그 본질을 현현(顯現)하여 정의와 인도와 평화를 사랑하는 세계인류로 하여금 우리 민족은 불가멸의(不可滅義) 존재이며 대한국가 재생이 필연적임을 인식시켜왔든 터입니다.

귀중한 자기의 생명과 육친을 돌보지 않고 오로지 숭고한 민족의 생명에 공헌한 순국 선인열사들의 영웅적 투쟁은 급기야 금차 세계대전 중 미국을 위시한 주요 연합국으로 하여금 우리 민족의 자주독립을 누차 약속 선명(宣明) 실히고야 말었든 것이니 승리는 정의에 가담한다는 고금의 철칙이 연합국 완승에 구현된 결과 우리는 오늘날 광영의 대한민국 국민으로서 잃었든 민족과 국토와 문화를 찾고 이제 서기영롱(瑞氣玲瓏)하고 생기충일(生氣充溢)한 광복의 날을 맞이하게 된 것입니다.

우리는 과거에 상도(想到)하고 미래에 관조하여 선열에 대한 무한한 감사를 올리며 아울러 회오(悔悟)와 반성을 촉구하여 단일민족국가의 일원으로서 조국 재건의 성업에 열성과 노력을 다하여야 할 것입니다.

3. 기본국책

신생대한민국은 이러한 역사적 연유와 국제적 신의 하에 탄생한 것인 고로 이를 수호 관철하려는 바, 기본국책은 민족 전체의 복리를 보속(保續)하고 국가 위신을 안고(安固)케 할 수 있는 민족적 민주주의 국가를 건설하여 자손만대에 전승시키는 데 뚜렷한 지표가 서 있는 것입니다. 환언하면 대한민국은 완전한 주권국가인 동시에 우리 민족의 역사적 독자성과 현실적 환경에 빛우어 반듯이 단일민족 국가인 것이며 결코 어떠한 개인적 또한 집단적 특권도 용허되지 않을 것입니다.

주권은 오로지 삼천만 민족에게 있고 모든 정치적, 경제적, 사회적, 문화적 권리와 책임이 기본적으로 만민의 균등한 국가인 것입니다. 따라서 이러한 국가 이념에 부합되지 않는 모든 과거의 악폐(惡弊)를 내포한 사회제도는 마땅히 근본적으로 개혁을 단행하여 참으로 민족 전체의 전면적 균형발전을 보장할 수 있는 민족국가를 건설하지 않으면 안될 것입니다. 그렇지 않이 하면 우리는 세계 역사에서 낙후됨을 면치 못할 것입니다.

따라서 우리 국가에 있어서 제반 제도가 이 방향으로 진전한다면 모든 동포가 평등한 인격과 생활과 교양을 가지게 될 것임으로 동포 간에는 원칙적으로 우열의 차별이라던가, 계급의 마찰이라던가, 여러 가지 형태로 나타나는 동족 간의 대립 같은 것이 자연 소멸되고, 이천만 전 민족으로 하여금, 자유로운 발전의 길을 것게 하며, 진정한 애국사상을 제고시켜서, 우리 민족의 기반을 견고하게 할 것입니다.

이것이야말로 선인열사가 장렬한 투쟁을 하면서 잠시도 잊지 않든 이상이었으며 또 우리 민족의 운명과 문화를 개척하여 민족 만년의 복리를 누릴 수 있는 것입니다. 국가의 기본국책이 이미 말한 바와 같을진대 신정부의 사명으로 거기서 연역되는 것임을 인식하여 주실 줄로 믿습니다.

해방 후 적지 않은 민족 의지의 소침(銷沈), 역량의 분산, 혼미와 장애가 계기(繼起)하였으나 모든 국민은 과거에 담담하고 미래에 청정하여 사소한 시비곡직(是非曲直)과 소의망신(小義妄信)을 초월하고 민족의 정열과 예지를 흡연(洽然)히 귀일하여 앞서 말한 바와 같은 국책 실천의 제일보를 힘차게 내드디는데 지향하여야 할 것입니다.

민족과 국가를 몰각한 의타심과, 정의와 공도에서 이탈한 사리사욕과 그리고 엄숙한 현실의 요청을 무시한 공론, 허설과, 파벌, 당쟁 등으로 임염천일(荏苒遷日)하는 폐단 등 사회의 악습과, 민족을 억저(抑沮)하는 일절의 병폐를 쇄신 시정하여 사상의 통일, 정신의 일치를 도모함으로써 국가 민족의 자주자립과 세계민주주의 우방이 공존공영의 기반을 닦아서 우리 민족의 전력량과 역사적 자질을 집중 매진하는데, 정부는 부단의 노력을 주입할 것입니다.

이제야 신생 대한민국에 조기봉발(朝氣蓬發)하는, 신흥 국가의 초석은 놓여지고, 영광스러운 민족 부흥의 날은 찾어올 것입니다.

4. 정부의 당면정책

역사의 지향, 민족의 희구(希求), 세계의 대세에 배합된 신정부의 사명이 여사(如斯)하다면 정부의 당면정책은 위선 조속한 기간 내에 군정을 완전 이수하고 국제적 승인과 협조를 얻어 국가자치의 기초를 전정함으로써 도탄에 신음하는 민생 문제를 해결하여 국가부강의 완본을 배양육 성함으로서, 국력의 충실을 서기할 것이니 정치의 군점(軍點)은 오로지 국리민복의 증강에 지향될 것이며, 또 정부는 위선 남한에 있어서 시급히 국군을 건설하고 국방에 필요한 시설을 촉진하여서 진공상태에 빠진 국내 치안을 확보하며 생산 진흥에 인적 결함을 방지하고 국가의 경제적 부담을 경감하면서 일단 유사지추(有事之秋)에 능히 국가가 강력한 자제력을 발동함에 적합한 병역제도를 실시하여, 평시 최소한도의 우수한 정예국군을 조직 편성함으로써 국시와 국책을 수호보전하며 일방 정치적으로 다수우방의 동지를 획취(獲取)하여 국제연합과의 긴밀한 합작 하에 국제 공약을 평화리에 극력 추진케 할 것이니 이럼으로써 동족상쟁 상잔의 참화를 방지하면서 안으로는 반만년의 전통에 빛나는 삼천만 동포의 민족적, 도의적 공동 반성으로서, 민족통일 강토완정(疆土完整)에 지향하는 남북통일 국가 조기실현에 매진할 것입니다.

정부 당면 정책의 상세에 관하여서는 조각(組閣) 이래 시일이 여튼 관계로 현재로서는 각각 주무 국무위원이 신중한 연구와 과감한 실천에 기대할 바 적지 않겠으나 이하 신정부 시정의 기본 대강을 개진하여 제위의 협찬을 요청하고저 하는 바입니다.

1) 국권의 완전회복과 국제승인

다 아시는 바와 같이 8월 12일 이후 미국과 중국은 이미 사실상 우리 대한민국을 승인하고 지난 8월 19일에는 극동 우호국가로서 과거 우리와 처지를 같이 하든 비국(比國)의 승인을 얻었으며 국제연합 조선위원단 역시 전복적 지대를 불사하는 터이며 타면(他面) 미군정은 8월 15일로서, 일단 종결을 고하였고, 기간 군정의 행정권 이양에 관한 협정이 한미공동회담을 주축으로 하여 우호리에 순조로히 9월 12일에 조인되었으니 여기에 민국국권은 완전히 회복되었다는 것을 확신하는 바입니다.

또 국제적 승인문제도 우리 국가가 연합국의 수차 공약과 그 절대다수의 지지 후원 하에 조직된 국가이니만치 정의와 평화를 희념하는 국가는 미국, 중국과 비국(比國)의 뒤를 이어, 승인의 우의를 표명할 것을 확신하는 바입니다.

이 여러 우방들은 과거에도 우리의 참된 벗이었지만 현재와 미래에 있어서도 더욱 우리와 함께 인류의 정의와 자유를 보위하기 위하야 고락과 운명을 공동히 하고 참된 벗이 될 것이니 국제연합 가인 문제도 다소의 파란곡절은 예측되나 필경 실현되고야 말 것입니다. 이를 위하야 정부는 9월 21일 개최되는 국제연합총회에 대처하기 위하야 이미 대통령특사를 파견하여 세계연합국가와의 친선과 외교협조를 도모함으로써 민국의 국제적 지위를 안고케 하는데 기여할 것입니다.

여기에 한마디 첨가할 것은 대일문제에 관한 정부의 대답이니 우리는 극동 우호 제국가와 더부러 일본의 금후 동향에 지대한 관심을 가질 것입니다. 제1차 세계대전 이후 독일이 당시의 파리 구화조약(構和條約)을 일방적으로 파기하고 재무장 국가로 단장하여 소위 추축국군의 주동국으로서, 제2차 세계대전의 직접 도화선이 되었든 역사적 사실을 전감한 우리는 일본의 제국주의적 침략주의의 완전 포기와 향후의 민주주의적 재건에 관하여 마땅히 엄정한 감시를 게을리 하지 않이 할 것입니다.

정부는 과거의 일본제국주의 정책으로 인한 모든 해악을 회복하고 또한 장래 인접 국가로서의 정상한 외교관계를 보속(保續)하기 위하여 연합국의 일원으로서 대일구화회의(對日構和會議)에 참열(參列)케 할 것을 연합국에 요청할 것이며 민국이 대일 배상에 대한 정당한 권리를 보유하며 또한 그 이후의 발전에 관하여 국제적 의무를 부하한 것을 주장할 것입니다.

요컨대 대한민국은 오직 정의와 인도에 입각한 진정한 민주주의의 실천국가이며 또 민주주의를 보위하는 국제군의 일원으로서 안으로 생존의 길을 찾고, 밖으로 정신이 같은 우방들과 더부러 국제만방의 친선협조와 세계인류문화의 수립 공헌에 전력을 다할 심산입니다.

2) 민생개선과 국내 당면 중요 정책

일본제국주의의 가혹한 강압정책, 특히 전시 중 대식민지 전비 착취의 그것으로 인하야 우리나라의 자원과, 민력은 여지없이 황폐 학갈되었으며 금차 세계대전의 장기 확전으로 인한 전세계 공통한 경제파탄의 영향을 받어 우리나라 경제는 이중으로 피폐한 것입니다.

농공 기타 중요산업의 일반 상태는 설상가상으로 미소양군의 부자연한 분할점령으로 인하여 일층 위축되어 궁핍마비의 일로를 걸어 왔으며 이 결과는 사회, 문화, 민심 등 각 방면에 현저한 악영향을 맞이어 왔음으로 차제(此際)에 분기하여 대세를 만회하는 방도를 취하지 않이 하면 전도(前途)의 서광이 소멸할 우려도 없지 않으니, 정부는 동포로 하여금 헌법이 제정하는바 생활의 기본적 수요를 충족할 수 있게 하여 사회정의를 실현하고 균형 있는 국민경제의 발전을 기함을 기본으로 하는 경제질서를 확립하여, 국가자활의 원동력을 부양함이 핍절(逼切)한 급무로 생각하는 바입니다.

정부는 현하 국가경제의 위기를 극복하고 국민생활의 안정을 도모하기 위하여 산업의 긴급재건과 경제부흥에 정치의 중점을 치하여 그 실천에 최선의 노력을 다할 것입니다.

경제기본정책에 있어서는 현하 국내 실정에 빛우어 헌법에 규정된 범위 내에서 종합적 경제체제를 확립하여 이에 계획성을 보유케 하되 가능한 개인의 창의와 경영의 자유를 보장하여 이에 적절한 보호, 조성, 장려 정책을 꾀할 것입니다.

정부는 종합적 경제정책을 책정하기 위하여 곧 국력의 기본실태 조사에 착수할 것입니다.

산업의 재건에 있어서는 농공균형 입국을 지향하는 산업국가재건에 치중하되 치밀한 연차계획에 의하여

(1) 식량의 증산
(2) 생필품의 자급자족과
(3) 동력원의 확보및
(4) 지하, 수산자원의 적극개발과
(5) 이에 부수하는 중요공업을, 적극 조성 장려하고,
(6) 교통, 통신기관의 급속한 복구, 민활한 운용을 기도하며
(7) 산림황폐의 부흥을 급속도모하여 생산의 전면적 앙양을 촉진함으로써 국민경제의 향상을 기필할 것이며, 아울러
(8). 실업자의 전면적 전향에 전력할 것입니다.

일방 적절한 재정 금융정책을 확립하고 물가 무역의 통제 관리정

책을 수립하여 물가의 전면적 합리적 안정을 책정함으로써 현하의 심각한 인푸레 을 극력 방알(防?)할 것입니다.

민생문제 해결에 있어서 항상 나의 가슴을 앓으게 하는 것은 농민과 노동자의 생활향상의 염원이니 정부는 농민과 노동자의 생활향상을 위하여 시급한 대책이 있을 것입니다.

전자에 있어서는 헌법의 조항에 의하여 앞으로 토지개혁법이 제정 시행될 것이니 토지개혁의 기본목표는 전제적, 자본제적 토지제도의 모순을 제거하여 농가경제의 자주성을 부여함으로써 토지생산력의 증강과 농촌문화의 발전기여에 지향될 것인 고로 먼저 소작제도를 철폐하여 경자유기전의 원칙을 확립할 것이나, 농민대중의 원하는 바에 의하여 정부는 균등한 농지를 적당한 가격 또는 현물 보상의 방식으로써 농민에게 분배할 것입니다.

그리고 우리 국민의 약 7할을 점하는 농민동포의 염원인 미곡 수집의 개선은 정부에서 국회에 향하여 법률안을 제출하였든바 아직 법률이 제정되지 않이 하고 정부가 극히 긴박한 사정으로 인하여 정부는 단호한 결정으로 세계 식량 사정과 그 조절을 위한 공동협조의 정신을 유지하고 요(要)보장수량을 획득코저 만선의 조치를 실행하여 농민 제위의 생산품과 농민의 요(要)소비공업 생산품과의 가치 조절에 잇어서 그동안 억울한 입장에 있든 농민의 지위를 앙양 보전케 할 것입니다.

또 후자에 있어서는, 헌법의 정신에 의거하여 이익 균점의 권리를 보유하게 될 것이며 기타 사회보험 제도를 창설 실시하여 그 처우가 심히 개선될 것이니 동포남녀를 불문하고 각각 그 직장에 충실하여 상호 부조 협심하며 면려근행(勉勵勤行)하여 세계 문명국가의 국민으로서 국력의 배양, 민력의 보강에 힘쓰기를 바라는 바입니다.

산업단체에 관하여서는, 종래의 난립성과 이윤 추구 지상의 욕구를 지양하고 그 업종과 규모의 대소를 막론하고 국가산업 정책에 솔선 협력할 것을 요청하는 바이며 정부로서는 협동적 조직체계를 고찰하여 정부협력기관의 육성 발전에 관심을 가질 것입니다.

원래 산업경제는 국가 급(及)국민생활의 기본입니다. 경제적 기반 없이 정치적 기초가 확립할 수가 없는 것이니 국력과 민부의 소장은 오로지 그 성패에 귀결된다는 것을 뜻깊이 명각(銘刻)하여, 동포는 일심협력 경제도의에 귀일하여 산업진흥에 총궐기할 것을 요망하여 마지않습니다.

우리 산업부흥의 중요관건은 소위 적산의 귀속문제일 것이니 우리는 국내 적산 문제에 관하여 급속한 해결을 촉구하는 바입니다.

적산이 과거 40년간 한국국민의 고혈(膏血)의 결정으로 이루어진 사실은 연합국으로서도 십분 양찰(諒察)할 바인데 이는 이번 한미회담에서 정부에 귀속되었으며 이로 말미아마 정부는 연합국이 보유하고 있는 국내 모든 적산을 조속 인수하게 되었고 앞으로 그 재산의 성질에 따라 적절한 시책이 수립될 것입니다. 뿐만 않이라 정부는 대일배상의 요구를 강력 추진하여 한국으로써 정당히 주장할 수 있는 일절 재화의 즉시상환요구를 관철할 것입니다.

목하 가장 시급한 해결을 요하는 전력문제에 대하여서는, 북한과의 물자교류를 촉진하는 일방 동족적, 도의적 관점에서 적절한 협조와 해결이 있기를 요망하는 바입니다.

국내치안의 확보에 있어서는, 앞서 언급한 바도 있거니와 금번 우리 정부수립과 함께 경무부를 정부내무부에 통합함으로 인하여 그 약체화를 기우하는 편이 없지 않은 듯하나, 치안의 중요성은 그로서 추호도 경감되는 것이 않이니 정부는 예의 경찰 진용(陣容)을 보강 합리화하여 민주 경찰의 실을 거양하는 동시에 국내 질서 유지에 만전을 기하고 있는 바입니다.

대한민국의 국제적 지위의 안고(安固)와 더부러 세계 우호 제방(諸邦)과의 외교통상도 점차 활발하여질 터이니 정부는 국외에 외교관을 파견하여 경제교류에 관한 대책의 수립될 것이며 빈약한 국력을 회복하고 국가 경제의 정상한 발전을 도모하기 위하여서는 우호국가의 호의적 원조가 요청되는 바이니 정부는 이에 대하여서도 부단의 노력을 다하겠습니다.

재외 한국 교민, 특히 재일동포 급(及) 재만동포의 구호 귀환 급(及) 처우개선 문제 등에 관하여서는 급속히 적절한 대책이 수립될 것입니다.

우리가 가장 동정을 금할 수 없는 것은 삼남지방의 금차의 막대한 수해로 인하여 많은 동포가 생명을 잃고 가산을 유실하여 방황하는 현상이니 정부는 재정이 허락하는 한 적절한 구호 복구 대책을 수립할 것이나, 국민도 마땅히 동포애의 숭고한 정신에서 상호부조의 실을 현시할 것을 요청하는 바입니다.

3) 행정의 쇄신과 사회기풍의 숙정

이상 약간의 긴급한 당면 중요정책에 관하여 정부의 시정방침의 개요를 서술하였으나 이러한 시책의 성부여하는 오로지 그 국(局)에 당(當)한 자가 능히 상사의 의도를 승복하여 그 사명을 완수할려는 열의와 능력을 보유하느냐 않느냐에 달려 있습니다.

무릇 국가 백정의 성패의 관건은 행정에 있으니 첫재 관규의 준수, 인사의 쇄신, 사무의 간소화 급(及)책임제를 철저히 단속 독려하여 정부는 전국관공리의 선두에 서서 국민의 공복으로서의 그 자질의 향상을 도모하며 이도(吏道)의 광정(匡正)에 노력하는 한편, 침체성과 방종자의(放縱恣意)를 규찰함으로써 명령 계통을 수립하며 이에 따르는 지방행정조직을 완비하여 강력한 중앙집권제적 행정체계의 순치에 전력할 것입니다.

그리고 이상의 국책달성 여하는 국가재정의 허부에 있는 것이니 국민은 너무 조급히 생각하지 말고 협력을 애끼지 않어야 할 것이며 특히 재정에 있어서는 국가 초창기에 있어서, 정부 지출의 팽창이 예상되는 바이나 극히 부득이한 경우를 제외하고는 긴축재정 방침를 견지하여 국가재정의 균형을 유지하기에 노력할 것이며 일방 세제를 정비하되 가급적 간소 합리화하여 국가 건전 재정 확립에 일의전심하고 있는 바이니 또한 일반의 협력을 요청하는 바입니다.

정부 대행 기관 기타 공동단체에 있어서, 이상에 설명한바 정부의 방침에 협조 준행하여 청신한 기풍과 왕성한 책임 관념을 진작할 것을 부탁하는 바입니다. 설영 신의에 위배하며 책임에 경박하고 물자에 탐오(貪汚)하는 도배가 있다하면 그는 준엄한 국가의 제재를 피치 못할 것입니다.

각종 공공 기관 단체의 성격, 조직에 관하여는 헌법의 정신에 의거하여 점차 검토 재편성하게 될 것입니다.

현금 국내 사회상은 극도로 병폐 쇠타(衰墮)하고 있으니 대저 민족의식과 건국정신이 빈곤한 국민은 패망하고, 민족정기가 왕성하고, 건국이념이 투철한 국민은 부강하였든 사실은 역사가 소시(昭示)하는 바입니다.

현하의 혼돈한 사상을 시급히 통일하고 건국이념을 천명하여 사회 기풍을 숙정하며 민족문화의 극력발전을 도모함은 국가 창건의 기본과제일 것입니다.

특히 국민교육의 보급을 철저히 하되 직업기술 교육에 치중하여 국민 개로(皆勞), 상로(尙勞)의 미풍을 달성하며 과학의 급속한 건설과 외국문화의 적절한 섭취에 노력하여 인재의 양성에 주력하며 아울러 국민보건의 향상, 국민체력의 배양, 특히 부녀의 사회적 지위의 향상에도 주력할 것은 정부의 문교사회시책에 가장 중요한 부면(部面)일 것입니다.

물론 개인의 존엄을 보장하며 민권의 유린을 제지하고 개인의 언론 자유를 확보함은 근대민주주의국가에 있어서의 지상과제임은 의심할 여지가 없는 바이나 개인 독선주의적 배타 내지 파양(破壞)행동에 의하여 사회질서를 문란케 함은 엄숙히 경계하여야 할 것입니다.

나의 권리를 존중함과 같이 남의 권리를 존중하여 국가발전의 대의에 귀의하도록 모든 국민의 합심 대동하여야 할 것입니다. 정부는 앞으로 국민조직의 강화에 관하여서는 부단의 노력과 부절의 관심을 갖일 것입니다.

특히 지적하여 국민의 주의를 환기하고저 하는 것은, 과거의 친일적 요소의 청산과 종파적 매국적 행동의 단속이니 이에 관하여서는 국민각자가 연대적인 책임 하에 이를 감시하여야 할 것입니다.

다만 해방 후의 국내 정세의 불안에 의하여 일시 본의 않인 범죄를 침범하여 사직의 규탄을 받고 있는 동포에게 대하여서는 이날의 건국의 기쁨을 다 같이 나누기 위하여 적절한 범위 내에서 사면 감형 복권에 관한 대책을 고려중이든 바, 일반 사면에 있어서는 지난 8월 20일 의원 제위의 협찬을 얻어 사면법이 이미 통과된 데 대하여서는 깊히 감사의 뜻을 올리는 바입니다.

4) 결언

이상 정부시정의 대요에 관하여, 극히 당면한 중요정책을 거시한 바이나 요는 백의 이론보다 하나의 실천에 있고, 천의 투쟁보다 오히려 한 개의 해결에 있는 것이니 정부는 백절불굴(百折不屈)의 결심으로써 견실한 실천에 매진할 것을 깊이 맹서(盟誓)하는 바입니다.

고명하신 의장, 의원 여러분, 민족 반만년의 찬란한 역사적 전통을 회고하고 자자손손의 미래의 융창을 기약할 우리민족국가건설의 제1단계에 있어 신정부는 의원제위의 편달과 국민의 열성적 지원을 얼어 본인은 각료 제위와 더부러 온갖 충성과 정열과 시간을 오로지 민족과 국가에 바치고저 하는 바입니다.

대저 국가기본정강은 앞서 말한 바와 같이 이미 공포된 헌법에 그 정신과 추향(趨向)이 소명하나니, 마땅히 국민주권의 제헌정신을 준수하고 중앙지방의 유사 동료의 지교협심(指敎協心)을 얻어 만민 영생 공락의 민족국가건설에 전심할 뿐입니다.

시정의 구체적 세목에 관하여서는 정부로서 긴급히 해결을 요하는 허다한 안건이 있으니, 군정기간의 실적과, 현재의 실정을 연구 고핵(考?)하여 점차 적절한 구체적 방안을 수립케 될 것입니다.

원컨대 의원제위와 삼천만동포는 정부의 사명과 의도를 양찰하여서 정부와 합심협력 분공합작하여 광고의 조국재건성업 완수에 분투 매진하여주심을 거듭 요청하는 바입니다.

대한민국 30년 9월 30일

대통령 이승만
국무총리 이범석

(『재무(財務)』 창간호)

우방과 함께 부강 전진하자

1949. 08. 04

    지금 시대가 모든 강약을 물론하고 함께 이웃을 지어서 교제와 통상을 서로 이익을 교환하며 평화를 유지해야만 나라도 보전하고 인민의 복리도 누릴 수 있을 것이므로 미국과 같이 부강한 나라로서도 독립하고는 지낼 수 없음을 각오하고 동서(東西) 양국과 밀접한 관계를 맺고 있는 터이니 우리의 오늘 형세를 보아 문을 닫고 살려고 한다면 전진 발전할 희망이 막연할 것이다.

    우리가 자초로 모든 강한 나라들의 중간에 있어서 여러 이웃들과 교제를 밀접하게 하면 상업을 확장해서 한국 상인들이 남(南)으로는 샴, 면전(緬甸) 등 나라들과 서(西)로는 파사(波斯), 아랍, 인도(印度) 등 국가와 무역을 행하였던 것인데 임진년(壬辰年)에 이르러 히데요시전쟁에 너무도 혹독한 화를 당하고 그 후부터는 문호를 봉쇄하여 중국인은 정부의 허용 없이 의주(義州)에 발을 부치고는 있지 못하며 일인(日人)들은 부산동래(釜山東萊)에 사방 10리의 지역을 한정하여 그 안에서만 무역을 하도록 허락해서 350년 동안 일인들이 이 땅에 발을 못 부치고 근대에 이르러 서양인들이 동양으로 오기 시작하였다.

중국과 일본이 차례로 항복하여 통상조약을 정하고 문호를 열게 된 후 우리나라에 와서 강제로 통상문호를 열려고 하여 거국지병(擧國之兵)을 통하여 싸워서 이를 막았으며, 일본이 미국과 통상조약을 정한 후로부터 미국 영국 불란서(佛蘭西) 등 나라가 우리나라에 군함을 파송(派送)하여 억지로 문을 열려고 시험한 것이 전후 30년 동안 7번이었다. 1871년에 이르러 미국 군함이 강화(江華)에 와서 우리를 위협하여 우리 군사가 죽어가며 싸워서 물리친 후에 미국 해군장관 수벨드 씨가 한인은 위협으로 될 수 없으니 외교로서 시험하기로 작정하고 중국을 통하여 우리 정부에 권고하고 대표를 지정하여 강화(江華)섬에서 담판한 결과로 한국이 이웃나라들의 침략을 면하고 평화로히 살자는 것이 유일한 목적임을 알고 통상조약 제1조에 양국이 서로 도웁고 보호한다는 언약이 성립된 후 통상을 허락하고 문을 열게 된 것이다.

한국이 처사국(處士國)이라는 명칭은 그 때에 각국의 관찰로 된 것이니 당시 우리 정부 당국자들이 명철한 정치가가 되어서 외교와 통상을 확장하였드라면 그 후 우리가 당하였던 모든 화(禍)을 능히 면하고 부강을 이루었을 것이다. 어둡고 미개한 속에서 모두 다 이와 같이 된 것이니 왕사(往事)를 거울삼아 앞길을 올바르게 찾아나가야 될 것이다. 동서양이 서로 상통한 이후로 서양 각국의 침략주의(侵略主義)가 극도에 일어서 이강능약(以强凌弱)으로 약한 나라는 병합하기를 예사로 알고 하나식 둘식 차례로 집어먹고 나중엔 다 집어먹고 보니 따이 없어져서 강한 자들이 저이끼리 잡아먹을 싸움을 시작하게 된 것이니 세계대전이 그러한 약육강식의 결과로 된 것이다.

그 침략주의를 가진 자들이 하나이나 둘 밖에 보전하지 못하게 됨에 보전한 자 조차 아무 힘도 쓰지 못할 만치 되고 있으므로 지금 세계에서 침략주의 하나만을 제하게 되면 비로소 이 때에 세계 평화의 터가 잡힐 터이니 지금 세계 각국은 이 준비에 분주하고 있다. 미국은 자본주의(資本主義)다 식민주의(植民主義)다 혹은 제국주의(帝國主義)라 하여 고립을 만들려고 선동하는 사람들이 있으나 미국은 자초로 자주평등제(自主平等制)를 세웠고 따라서 땅이 멀고 물자가 풍부하므로 남의 토지나 세력을 탐내지 않고 따라서 인민들이 항상 평화를 유지하고 민주주의를 확보하고 모든 나라와의 통상과 외교를 발전시켜 평화의 복을 같이 누리자는 것이므로 우리나라의 원수를 내어 몰아내고 적의 군사를 거더간 후 우리나라를 도와서 정치 경제 상 원조를 주고 있나니 지금 세계정세는 공산주의자들의 반동만 아니면 침략주의를 다시 가진 나라도 없고 이런 주의를 가진 나라가 있어서는 세계에서 다시 허용하지 않을 것이니 이전에 소위 약소국이라던 나라들이 조금도 두려워하거나 굴복할 이유가 없을 것이다.

그러므로 우리도 옛날 침략주의로 약육강식할 시대에 가졌던 관찰을 타파하고 모든 나라들과 통상교제로 인류의 복리를 평균히 누려야 우리들도 남들과 같이 모든 행복을 누리고 살 수 있을 것이다. 그러므로 하로 바삐 남들과 섞여서 남의 학식과 풍속과 법례와 교제방식을 알아서 우리 직책을 다 하여야 남을 대우할 줄도 알고 남의 대우도 받을 줄을 알 터이니 외국인이라도 무단히 의심하거나 이상히 보지 말고 신근(愼謹)히 사귀여 그 중에도 좋은 사람을 친히 믿으며 좋지 못한 사람만은 우리 동포 중에 좋지 못한 사람을 대접하듯이 해야할 것이다.

우리가 지금 미국과 통상조약을 다시 정하여 양국 인민에게 균평한 이익을 도모하려는 중이니 상업과 경제에 밝은 인도자들은 여러 재산가들과 합해서 많은 자본을 모아 우리의 물산을 외국인이 소용하도록 만들어 내며 외국의 자본을 얻어서 기계공장을 확장하여 세계 모든 나라로 하여금 물건을 애용하므로서 능히 경쟁 전진하여야 할지니 우리 국민들이 이 기회를 충분히 이용하며 모든 나라들과 함께 부강 전진하기를 바라고 믿는 바이다.

(『대통령이승만박사담화집』, 공보처, 1953)

장개석 총통의 방한을 환영함

1949. 08. 08

중화민국(中華民國) 총통 장개석 씨와 그 일행이 우리를 심방(尋訪)한데 대해서 거국적 정열에 환영을 표하고저 하는 바이다. 이 귀빈들의 의도에 의하여 공식적 체면형식은 폐하고, 비공식 친우적 심방을 행하고저 하는 것을 알았으므로 모든 예절을 제(除)하고 단순한 절차로 접대하게 되므로 조용히 담화할만한 진해만(鎭海灣)으로 자리를 정하고 준비를 차린 것이다. 숙사범절(宿舍凡節)에 불편이 있을지라도 많은 양해가 있기를 바라는 바이며, 동시에 모든 동포들이 중국의 유래적 우의(友誼)와 장 총통에 대하여 추앙하는 호의를 표하고저 해서 여러 방면으로 요청이 있는 것이나, 정지할 수밖에 없는 터이다. 이 비공식회담 중에는 여하한 성직의 문제이던 상정될 수 있겠지만, 아직도 양측 중 어느 편이던지 계획이나 제안이 없는 것이다. 그러나 현재 논의되고 있는 태평양동맹에 관해서는 순전한 의견교환이 있을 것으로 예측되는 바이요, 이 문제를 토의하게 된다면, 어디까지나 UN헌장(憲章)에 채택되었고, UN참가국 사이에 체결된 지역적 조약에 의하여 재확인되고 적용된 기본평화를 원칙으로 해서 토의할 것으로 믿는 바이다.

『대통령이승만박사담화집』, 공보처, 1953)

쇄국주의를 배제함

1949. 08. 10

　지금 시대는 모든 나라가 강약을 물론하고 함께 이웃을 지어서 교제와 통상으로 서로서로 이익을 교환하며 평화를 유지해야만 나라도 보전하고 인생의 복리도 누릴 수 있을 것이므로 미국같이 부강한 나라에서도 고립하고는 지낼 수 없음을 각오하고 동서양 각국과 밀접한 관계를 맺고 있는 터이니 우리의 오늘 형세로 보아 문을 닫치고 따로 살려고 한다면 전진 발전할 희망이 막연할 것이다.

　우리나라가 자초로 모든 강한 나라들의 중간에 있어서 여러 이웃들과 교제를 밀접하게 하며 상업을 확장해서 한국 상인들이 남으로는 섭나(暹羅), 면전(緬甸) 등 나라들과 서으로는 파사(波斯), 이란, 인도 등 국가와 무역을 행하였던 것인데 임진년(壬辰年)에 이르러 히데요시전쟁에 너무도 혹독한 화를 당하고 그 후부터는 문호를 봉쇄하여 중국인은 정부의 허가 없이 의주(義州)에 발을 붙이지 못하고 일인들은 부산(釜山) 동내(東萊)에 사방 10리의 지역을 한정하여 그 안에서만 무역을 하도록 허락해서 350년 동안 일인들이 반도에 발을 못붙이게 만들었던 것인데 근대에 이르러 서양인들이 도양에 오기 시작되어 중국과 일본이 차례로 항복하여 통상조약을 정하고 문호를 열게 된 후 우리나라에 와서 강제로 통상문호를 열랴고 하면 싸워서 이를 막았으며 일본이 미국인과 통상조약을 정한 후로부터 영국, 미국, 불란서 등 나라가 우리나라에 군함을 파송하여 억지로 문을 트려고 시험한 것이 전후 30년 동안 일곱 번이었다. 1871년에 이르러 미국군함이 강화(江華)에 와서 우리를 위협하매 우리군사가 묵어가며 싸워 물리친 후에 미국 해군장관 슈벨트(Robert W. Shufeldt) 씨가 한인들은 위협으로 될 수 없으니 외교로서 시험하기로 작정하고 중국을 통하여 우리 정부에 전교하고 대표를 지정하여 강화섬에서 담화한 결과로 한국이 이웃 나라들의 침략을 면하고 평화로히 살자는 것이 유일한 목적임을 알고 통상조약 제1조에 양국이 서로 돕고 보호한다는 언약이 성립된 후 통상을 허락하고 문호를 열게 된 것이다.

한국이 쇄국이라는 명칭은 그때에 각국의 관찰로 된 것이니 당시 우리 정부 당국자들이 명철한 정치가가 되어서 외교와 통상을 확장하였더면 그 후 우리가 당한 모든 화를 능히 면하고 부강을 이루었을 것이나 어둡고 부패한 속에서 모도다 이와 같이 된 것이니 왕사(往事)를 거울삼아 앞길을 바로 찾아나가야 될 것이다.

동서양이 서로 상통한 이후로 서양 각국의 침략주의가 극도에 이르러 약육강식(弱肉强食)으로 약한 나라를 병탄하기를 예사로 알고 하나씩 둘씩 차례로 집어 먹고 보니 나종엔 더 집어 먹을 땅이 없어져서 강한 자들이 저의끼리 잡아먹을 싸홈을 시작케 된 것이니 세계대전이 그러한 약육강식의 결과로 된 것이다.

그 침략주의로 강한 자들이 하나씩 둘식 없어지고 보니 지금은 침략주의를 가진 자들이 하나이나 둘 밖에 보전하지 못하게 되며 보전한 자들 조차 아모 힘도 쓰지못할 만치 되고 있으므로 지금 세계에서 침략주의 하나만을 제하게 되면 비로소 세계평화의 터가 바로 잡힐 것이니 지금 세계 각국은 이 준비에 분주한 중에 있다.

미국을 자본주의라 식민주의라 혹은 제국주의라 하여 고립을 만들랴는 선동자들이 있으나 미국은 자초로 자주 평등을 주장하여 그 나라의 토대를 삼고 따라서 땅이 넓고 물자가 부요하므로 남의 토지나 세력을 탐내지 않고 따라서 민주주의를 확보하는 모든 나라와의 통상 외교를 발전시켜 평화의 복을 다 같이 누리자는 것이므로 우리나라의 원수를 몰아내고 저의군사를 걷어간 후 우리를 도아서 정치 경제 군사상으로 자립 자호(自護)하기를 위하여 경제상 원조를 주고 있나니 지금 세계정세로는 공산국가들의 반동만 아니면 침략주의를 다시 가질 나라도 없고 이런 주의를 가진 나라가 있어도 세계에서 다시는 포용하지 않을 것이니 이전에 소위 약소국이라면 나라들이 조금도 두려워하거나 굴복할 이유가 없을 것이다.

그러므로 우리도 옛날 침략주의로 약육강식할 시대에 가 던 관찰을 타파하고 모든 나라들과 통상교제로 인류의 복리를 서로 평균히 누려야 우리도 남들과 같이 모든 행복을 누리고 살 수 있을 것이다. 그러므로 하로바삐 남들과 섞여서 남의 학식과 풍속과 교제방식을 알아서 우리 직책을 다하여야 남을 대우할 줄도 알고 남의 대우를 받을 줄도 알 터이니 외국인이라고 무단이 의심하거나 이상히 보지 말고 친근히 사괴여 그중에서도 좋은 사람을 친히 믿으며 좋지 못한 사람은 마치 우리 동포 중에 좋지 못한 사람을 대접하드시 해야 할 것이다.

우리가 지금 미국과 통상조약을 다시 정하여 양국민에게 균평한 이익을 도모하려는 중이니 사업과 경제에 밝은 인도자들은 여러 재정가들과 합해서 많은 자본을 모아 우리의 물산을 외국인이 소용되도록 만들어 내며 외국의 자본을 얻어서 기계 공장을 확장하여 세계 모든 나라들로 하여금 우리 물건을 애용함으로써 능히 경쟁 전진하여야 할지니 우리 국민들이 이 기회를 충분히 이용하여 모든 나라들과 함께 부강 전진하기에 빠지지 말기를 바라고 믿는 바이다.

(『주보』, 19)

고(故) 헐버트 박사

1949. 08. 11

　오늘 헐버트(Homer B. Hulbert) 박사를 영결하는 식장에 미국대사 무초 씨와 미국 친구 여러분과 우리 정부 각원과 사회 지도자 제씨가 이렇게 성대히 모여서 이 식을 거행하게 된 것은 많은 위로가 됩니다.

　이 헐버트 박사는 말이 미국사람이지 마음과 그의 일생 행한 일은 일편단심 한국이라는 것으로 맺혀 있었던 것입니다. 미국 마세스츄스주(Massachusetts State)라는 곳에서 난 분이 어떻게 되어서 우리에게 온 것이며 우리나라와 우리 민족을 위해서 평생을 받치게 된 것인지 매우 이상스러운 일이라고 생각합니다.

　이 분이 우리나라에 나올 적에는 한미통상조약(韓美通商條約)이 1882년에 되어 가지고 그 때 유신개화를 해서 일본에서도 개혁을 하고 서양과 통하자고 떠들고 중국도 외국과 통하자고 하자 우리 한국도 통상과 연락을 해 가지고 좀 개화를 하여 유신을 해나가야 되겠다는 정치단체가 조직되어 그 당시 개혁을 시작해 보았던 것입니다.

그럴 때에 우리 정부에서 미국정부에 요청하여 교사 세 분을 보내달라고 해서 미국정부가 세 사람을 천거했는데 이 헐버트 박사가 바로 그 중의 한 사람이었습니다. 그 다음 길모어(George W. Gilmore)라는 사람이 하나이고 다음은 뻥커(Dalziel A. Bunker)라는 분이었습니다. 뻥커라는 분은 배재학당(培材學堂)에 여러 해 있다가 작고했고 길모어라는 분은 뉴욕(New York)에 가 있었으며 종종 나와 이야기하고 있었습니다. 이 분은 그 때에 나와서 우리나라의 학생과 청년들에게 교수할 책임을 맡아 가지고 큰 학교를 설립해서 교육을 시켜온 분인데 나중에 완고한 분자들이 정부와 세력을 잡고 임금부터 완고한 것을 주장하기 때문에 혁신 운동은 무력하게 되고 만 것입니다. 그러므로 우리나라에서 요청해온 그 분들은 아모 일이 없을 만치 되어 버렸습니다.

그때 뻥커 씨와 헐버트 씨는 모다 미국 선교회의 일을 보면서 뻥커 씨는 배재학당의 교사로 있었고 헐버트 씨는 배재학당 뒤에 영어로 글을 박혀가지고 잡지를 발행하는 한편 우리말을 배우고 우리나라의 역사를 늘 공부해서 널리 세상사람들에게 한국이 어떻다는 것을 이야기 하고 글로 써냈던 것입니다. 그래서 그때부터 헐버트 씨가 세상에 알려주기를 상고시대 우리나라 문명이 어떠했으며 구라파 여러 나라가 어떻다 어떻다 할 적에 우리 민족이 무엇 무엇을 했다고 이분이 간명하게 들어내게 되었습니다.

그러던 차에 일인들이 여기에 들어와서 5조약(五條約), 7조약(七條約)을 맺게 만들 적에 이분도 다른 미국친구들과 같이 미국이 한국을 내버릴 리치가 없을 것을 믿고 있었습니다.웨 그러냐 하면 1882년 한미조약(韓美條約)에 미국이 담보하기를 어느 나라가 들어와서 조선을 침략하면 미국이 도와준다는 조문(條文)이 있었고 만일 미국을 침략하면 조선이 도와준다는 약조가 있었기 때문에 그때 미국공사 알륵(Horace N. Allen) 씨도 미국선교사들과 미국친구들은 일인이 아무리 침범한다 하도라도 미국이 우리나라를 일본에 내주지 못한다는 것을 확실히 믿고 있었던 것입니다. 그러다가 필경에는 루스벨트 대통령이 일본과 내약(內約)해 가지고 비밀히 한국을 일인에게 양보한 뒤에 알륵 씨는 미국정부에서 불러가고 다른 사람이 다시 왔고 헐버트 씨는 그때부터 나서서 일본과 싸우기 시작했습니다.

동시에 영국사람들도 일인을 반대하고 싸우다가 어쩔 수 없이 되고 해서 헐버트 씨는 그냥 머물러 있지 않겠다는 결심을 하고 귀국하게 되었는데 그때 대황제폐하가 돈 얼마를 줄 적에 상해은행(上海銀行)에 가서 찾어 쓰도록 친필을 써 주시고 국서를 써 주시며 미국 대통령에게 호소하게 하였습니다. 헐버트 씨는 그것을 가지고 상해은행으로 해서 미국에 건너가 일본을 반대해 가지고 독립회복운동을 시작했습니다. 여기서도 그것을 알고 있었던 까닭에 우리는 유력한 일을 하리라고 믿고 있었습니다.

그러나 헐버트 씨가 미국에 가보니 이미 미국사람과 일본사람 사이에 내약이 되어 있어서 헐버트 씨가 워싱턴(Washington)에 올라가니까 벌서 국무성에서 국서(國書)를 받지 않고 이럭저럭 아모 일도 되지 못하고 말았습니다. 그 분은 더욱 분개해서 글과 말로써 어떻게나 일인들을 공격했던지 이 분의 글을 신문사에서 받지 않고 뉴욕 타임스(New Times)가 몇 편을 실려준 것 밖에는 없었습니다. 어찌할 수 없어서 이 분이 나가 연설을 하기 시작했는데 뉴욕에서 순서를 정해 가지고 날마다 돌아다니며 연설을 하고 같은 날에 한 군데서 몇 번씩 한 때가 있었습니다. 그래 가지고 거기서 몇 푼씩 돈을 걷우어서 가족을 벌어 먹이면서 밤낮을 가리지 않고 한국을 위해서 싸웠던 것입니다.

연전에 진주만사건(眞珠灣事件)이 난 뒤에 미국 오하요주(Ohio State)에서 우리 한국 친구들끼리 회담을 할 적에 헐버트 씨가 오셔서 말을 했는데 한국사람들은 몇 마디 말을 하다가 그만 목이 메어서 말을 못할 지경이었습니다. 우리 한국인들은 이 분의 감정을 알았었지만 미국사람들은 멋도 모르고 눈물을 흘리지 않은 사람이 없었습니다. 이 분의 연설하는 것을 드러 보면 한국사람은 의로운 사람이오 불상한 사람들인데 이 사람들을 이렇게 내버려 두어서 서름을 당하고 고난을 받는다고 울면서 이야기를 했습니다.

그러고 그 자리에서 가락지를 내어 보이면서 한국의 기생들이 가락지를 모아 주며 자기에게 미국에 가서 한국독립을 위해서 써달라고 했다는 말을 하며 사람들을 울렸습니다. 그 후에 이 분의 소원이 어떻게 해서든지 한국에 가서 한국사람들과 이야기라도 한번 했으면 한이 없겠다고 해서 우리는 반드시 그 날이 있을 것이라고 늘 말했던 것인데 급기야 해방이 되어가지고 정부를 세웠다니까 그 분이 어찌나 좋아하는지 나에게 편지하기를 한국에 와서 양화진(楊花津)에 묻치는 것이 한 가지 원(願)이라고 해서 우리가 곧 나오라고 그랬습니다. 그 가족들은 어떻게 가느냐고 걱정을 하는 것을 기어히 자기는 가야 한다고 하면서 나오게 되었던 것입니다.

이 분이 이번 나오는 중에 한 가지 큰 욕심이 무엇이냐 하면 자기가 여기 나와야 자기에게 맡겨둔 돈을 일본에서 배상금으로 찾아서 우리 정부에다 주어야 자기의 떳떳한 직책을 다하는 것이 된다고 생각했던 것입니다. 그래서 지난 번에 나하고 마지막으로 이야기할 때에 그 돈을 다 찾을 수 있으니 너무 걱정 말고 평안한 마음으로 살어나기만 하며 우리 동포들이 얼굴을 보기도 하고 이야기를 듣기도 하고 가치 놀고저 고대하고 있으니 살어만 나시라고 했더니 좋아하면서 어서 나가 보고 싶은 친구들을 만나야 되겠다고 하였는데 병원에서 치료를 받고 있다가 그만 세상을 떠나게 된 것입니다.

그 분의 과거로 보아서 우리 한국에 나와서 돌아가시게 된 것으로써 그 분이 원은 풀었다고 볼 수 있습니다. 다만 우리가 유감으로 생각하는 것은 오즉 한 달이나 두 달이라도 우리 한국을 돌아다니면서 구경을 하고 우리 청년회나 교회에 다니면서 이야기라도 하였으면 그분의 평생에 원이라는 것이 하나도 없었을 것인데 그것도 못하고 세상을 떠나게 되니까 우리가 많은 유감을 느끼게 되는 것입니다. 그러나 우리 한인들이 몽매한 사람들이 아님으로 그의 은혜를 깨닫고 이만치 모여서 엄숙히 영결식을 행하는 것은 우리를 아는 사람으로는 다 마음의 위로가 되는 것입니다.

이 분은 평생을 우리를 위해서 받친 친구입니다. 친구라는 것은 일이 쉽고 편리하고 희망이 있어서 잘 되려고 하는 경우에 친구도 있고 어떤 친구는 일이 되고 안되고를 막론하고 우리를 위해서 싸우려고 하는 친구가 참 귀한 친구인 것입니다. 우리는 할 수 있는대로 맥아더(Douglas MacArthur) 장군께 이 사정을 진정해 가지고 그 돈을 찾어다가 그 유족에게 얼마를 주어서 이 분의 평생 공로를 유족이 누리도록 해야 할 것입니다. 따라서 우리는 이분의 평생의 공로를 생각하고서 동상이라도 세울 것입니다. 이 분이 우리나라에 몇

재 안가는 친구인 것을 알고 오늘 이와 같이 영결식을 행하는데 대해서 여러분에게 대단히 치하합니다.

지금 양화진에다 장례를 지내는데 내가 그 묘지를 가서 보았습니다. 거기에는 비석을 세워서 우리 한인들이 우리 친구를 친구로 안다는 표를 해야 할 것입니다. 그래서 아까 찬송가에 있는 구절과 같이 예수 다시 만날 때까지 우리들은 다 각각 이런 친구들과 또 우리 선열들의 정신과 성심을 이어가지고 우리 친구들이 사랑하는 나라 우리가 사랑하는 나라를 한층 더 긴절히 옹호하고 받들어서 싸워 나가야 이런 분의 공적이 들어날 것이오 우리 선열들이 좋아 할 것입니다.

(金珖燮 편, 『이대통령훈화록』, 중앙문화협회, 1950)

태평양동맹에 대하여

1949. 08. 13

진해회담(鎭海會談)에 관하여 중국은 공산주의의 위협을 가장 심하게 받고 있으며, 한국 또한 그 반이 공산분자에게 점령되고 있으나, 우리가 태맹(太盟)을 체결하려는 것은 결코 위급에서 벗어나기 위한 것이 아니라 공산세력을 방어하기 위한 북대서양동맹(北大西洋同盟) 제국(諸國)과 보조를 같이하여 동양에서도 각국이 합심하여 방공투쟁을 하려는 것이다. 따라서 나의 주장은 지역상으로나 인종상으로 구별이 있어서는 안 된다는 것이며, 또 군사상 문제에 있어서는 태평양 상의 어느 나라가 침략을 당했을 때, 다른 동맹국이 이를 공동방위하는 것이 아니면 의의가 없다는 것이다. 그러나 앞으로 열릴 태평양회의(太平洋會議)에서 이 동맹을 경제적 문화적인 관계에만 그치게 하자고 결의되면, 그에 따르게 될 것이다. 태평양회의를 한국 진해에서 개최할 생각도 가져는 보았으나, 그것보다는 태맹을 누구보다도 중요시하고, 또 처음부터 이를 제창한 비(比) 대통령이 주도권을 가지고 바귀오에서 회담을 개최하는 것이 더 원만할 것이나, 퀴리노 비(比) 대통령이 회의를 소집하면 거기에 응할 것이며, 지체 없이 될 줄 믿는다.

(『대통령이승만박사담화집』, 공보처, 1953)

정부수립 일주년 기념사

1949. 08. 15

민국 건설 제1회 기념일인 오늘을 우리는 제4회 해방일과 같이 경축하게 된 것입니다 이 어려운 첫해 동안에 많은 곤란과 장애 중에서도 민국의 안전과 기초 확립에 많은 진전이 있은 것은 사실입니다. 1년 전에는 우리의 모든 친구와 모든 비평자들 중에 의혹을 가진 분들이 많아서 40년 동안 외국통치를 받은 한인들로 능히 자치할 기능과 경험이 있을 줄을 믿지 못하였던 것입니다.

우리가 경제와 군사상 모든 문제가 가장 위험한 경우에 처하고 있어서 정부가 시작한 처음부터 전진 발전할 정도에 이르기를 바란 사람이 많지 못했던 것입니다. 그러나 독립을 회복한 1년 동안의 역사를 보던 의의의 성적을 증명하고 있는 것입니다.

민국의 안전

민국정부가 수립되던 벽두에 제주도의 30만 인구는 대부분이 공산당 폭도의 손에 들어있어서 작년 5·10선거 때에 제주도 세 선거구역 중 한 구역은 투표조차 못했던 것인데 금년 봄에 이르러서는 공산 반란분자들을 다 소탕시키고 선거를 진행하게 된 것입니다. 우리가 정권을 회복하기 전에는 민주주의 가명 하에 공산분자들이 사방으로 잠입해서 국군에 섞여있던 것을 많이 숙청하게 된 것입니다. 작년 10월에는 여수(麗水), 순천(順天) 등지에서 반란분자들이 폭동을 이르킨 것을 즉시 토벌했으며 지리산으로 달아난 자들도 다 소탕시켜서 민중을 선동하고 난리를 이르켜 정부에 항거하려던 계획이 다 실패하였고 38선을 넘어서 계속적으로 이남을 침범하려던 반동분자들이 소련과 중국공산분자들의 많은 도움과 격려를 받어서 민국을 침범하려는 시험도 다 격퇴하였던 것입니다. 우리가 군기와 탄환이 부족한 중에서 힘을 넉넉히 쓰지 못했을지라도 우리 국군은 수효도 늘고 자격도 많이 개량된 것입니다. 제주도와 지리산과 울진군과 38선 일대의 험한 산과 수림 속에서 싸우기에 심히 어려웠으나 우리 군인들의 정신과 기능은 점점 발전되어 진 것입니다. 해군도 많지않은 수효로 반도를 거의 포위한 해안선에 널리 퍼저서 상당한 보장을 이루었으며 경찰은 지방관리들과 민중의 협동으로 그 직책을 행하기에 우수한 애국성심을 표현하게 된 것입니다.

미점령군이 철퇴할 시기를 당하여 지나간 4월에 내가 성명한바 어떤 강한 외국이 우리를 침범하기 전에는 우리 민국은 국내 안전을 보호할 능력이 충분하다고 한 것이 추후 사실로 증명된 것입니다. 남한 각 도시와 촌락에 반란분자들의 계속 선전과 위협과 살인, 방화 등 악행으로 난리를 이르켰으되 국민 전체의 애국정신과 안전보장에 조금도 흔들리는 것이 없었스며 우리 민족이 40년간 왜정과 3년 동안 군정과 분열 아래서 독립과 자유를 사랑하는 결심으로 쉬지 않고 분투하던 그 정신과 용기로 민국 제1년 어려운 시기를 조금도 퇴축함이 없이 밀고 나온 것입니다 통히 말하자면 정치와 기술적으로 아무 경험 없는 남녀가 합해서 새 정부를 세우고 민주정치를 행하는 어려운 일을 우리가 착수해 가지고 4천 여년 유래된 정치사상과 신세계의 발전된 새 정치주의를 합류시켜서 우리가 모범적 정체의 기초를 세운 것이니 이러한 성공을 가장 위험하고 절박한 세계의 환경 안에서 성취한 것을 우리가 더욱 감사히 여기지 않을 수 없는 것입니다.

경제적 재건설

민국정부가 성립하기 전부터 이북 괴뢰정권자들이 불법으로 전력(電力)을 막어서 8활의 힘을 끊허 버린 것은 즉 민국의 생명이 시작하기 전에 없이하자는 계획이었으나 그후 1년만인 오늘에 와서는 우리가 전기를 많이 증산해서 이북에서 넘어오던 전력보다 더 많이 만들어 놓았으며 우리 남한 석탄광에서 일하는 광부들의 애국성심으로 석탄 채굴 수량을 전부다 네 갑절이나 올렸으며 방직공장은 세 갑절이나 산출을 증가하였으며 철도운반도 전보다 몇 갑절이나 늘었으며 수운업에 종사하는 모든 노동자들과 대한노총의 합심합력으로 배에 짐을 부리우는 시간도 전에는 보통 한 달을 요구하던 것이 한 주일 내로 다하게 되어 남의 칭찬을 받게 된 것입니다. 우리나라 남북을 끊어서 경제의 맥락이 통치 못하며 3년 동안 모든 공장에 공업이 다 조잔한 중에서 우리 민중이 이만치 자립된 것이 과연 적수공권으로 성공한 것입니다. 근로하는 우리 대중이 자기들도 낮게 살고 또 자기 후세들도 낮게 살도록 만들어 주자는 결심으로 낮은 임금을 받고 높은 물가를 갚어가며 살어온 것입니다. 한편으로 생활필수품을 생산하여 뷔었던 우리 점방을 채워가며 해산물을 증가하여 우리 시장을 다시 공급하며 양곡을 증산하여 도시의 인구를 먹여 온 것입니다. 4백만 이재민과 매년 증가하는 인구를 겸해서 상당한 생활보장이 없는 중에서도 위생 정도와 영양분과 교육과 사회안정이 1년 전에 비교하여 전진된 표적을 볼 수 있을 것입니다. 인류 생존에 필수한 물자를 매인에게 상당히 분배할 수 없는 중에서도 서로 있는 것을 나노아 쓰며 없는 것을 잊어버리고 서로 희생하고 원조하는 가운데서 대중의 생활이 다소간 진전된 것을 알 수 있는 것입니다.

국제관계

우리 민국정부가 유엔총회의 대다수 표결로 한국의 유일한 법리적 정부로 인정을 받게 된 것입니다. 우리가 유엔대표단과 협의해서 38선 이북에 있는 우리 동포들에게 고유한 권리를 사용하고 충분한 대표권을 가져서 자기 나라 정부에 다같이 참가시키기를 백방으로 노력하였으나 북한 괴뢰정권자들이 유엔과 협의도 거절하고 저의 압제 밑에 있는 9백만 동포의 요구도 불게 함으로 우리의 모든 노력이 다 무효로 도라가게 되었으나 지나간 1년 동안에 벌서 합중국과 대영련방과 중국과 법국과 비국과 캐나다와 뉴질랜드와 부라질과 칠리와 도미니칸민국과 큐봐와 화란, 희랍, 보리뷔아 등 모든 나라와 통상 외교관계를 맺었으니 앞으로 1년 동안에는 이와 같이 세계 모든 자유국가들과 통상과 우의를 맺게 되기를 바라는 바입니다. 따라서 태평양지역의 모든 민주국과 협의해서 더욱 친근한 합작으로 공동안전과 공고한 기초와 번영 등 모든 문제를 합동 해결하기를 바라는 것이 장개석 총통과 퀴리노 대통령이 태평양 협의에 먼저 발기한 것을 우리는 환영하며 우리가 자초로 주장하던 바 공동안전과 경제발전의 계획이 진보되는 것을 기뻐하는 바입니다. 우리 해방인인 합중국은 우리 독립과 우리 통일을 회복하는 중대한 문제를 유엔에 제출해서 성공케 한 이래로 우리의 교제가 더욱 친밀하며 행복스럽게 되는 것입니다. 우리 국방에 대하여 미국에 군사상 협조와 또한 FCA를 통하여 우리 경제발전책을 전적으로 원조하여 우리의 자주국을 다시 회복하게하므로 우리는 우리의 힘을 제공해서 세계민주주의를 보호하며 공산특권주의를 항거하는 싸움에 공헌이 될 만치 만든 것이니 모든 자유를 위해서 싸우는 세계 모든 백성들로 된 이 자연적 연맹에 대하여 우리가 우리의 책임을 공헌케 된 것입니다.

민주주의의 발전

우리 정책의 요점은 자초로 각 개인의 행복과 자유권을 헌법으로 보호하자는 것입니다. 토지분배법을 통과한 것은 세계 경제상 민주제도 시행에 어디를 물론하고 남만 못지 아니한 발전이며 이 새 토지법안대로 진행함으로 소작인 경작은 거의 다 없어저 가는 것이니 우리민주국의 기초는 극소수 외에는 우리 농민들이 다 각각 자유로 제 땅을 경작해서 자유발전하는 토대 위에 확립하게 된 것입니다. 우리 남녀들의 민주주의를 사랑하는 열심히 총선거에 표명되어 성년된 남녀 90% 이상이 투표에 참가해서 저의 대표자들을 자유로 선거한 것은 우리가 어디던지 자랑할 만한 것입니다. 모든 시민권 가진 자들을 일체로 보호해서 정부관리로 피선되기와 비밀투표로 선거할 권리를 방안이나 등급의 구별 없이 보장해 놓았으니 세계 어디를 물론하고 이와 같이 장애 없는 선거권과 이와 같이 대표권을 공개적으로 누리게 한 나라는 몇이 안되는 터입니다. 이왕에 정당제도의 경력이 많지 못한 우리가 조직한 대표기관 내에 소수분자의 반대권을 침손치 아니하고 정치상 의견을 종합하여 일정한 방침을 정하게 된 것이 또한 우리의 중요한 성공입니다. 반역분자들이 우리나라를 팔어서 외국의 관활 밑에 붙이려는 것을 우리가 삭제하는 동시에 그 반면으로는 정당의 단독세력 부식을 피하게 된 것이 또한 다행한 성적입니다. 우리는 우리나라를 전적으로 개방해서 세계 모든 자유로운 나라들의 신문 대표자들에게 자유만 줄 뿐 아니라 각 방면으로 도아서 자기들이 알고저 하는 바와 쓰고저 하는 것을 맘대로 하도록 만들어 놓은 것입니다. 우리는 아모 것도 감추려는 것이 없고 도리어 신문에 사실이 밝히 보도되기만을 환영하며 권면하는 바입니다. 오늘 민주건설 첫돌 되는 날에 내가 기왕에도 여러 번 선언한 바를 다시 선언하고저 하는 것은 우리가 건설하는 이 사회는 안에서도 자유요 밖으로도 자유로만 될 것입니다. 모든 개인은 언어와 사상과 행동의 완전한 자유를 가질 것이나 오직 한 가지 금하는 바는 누구나 자기의 자유를 보호한다는 허명으로 남의 자유를 침손하는 것만을 막는 것입니다. 이 목적에 대해서는 행정부나 입법부나 사법부나 우리 전민족이 다 한마음인 것을 알어야 될것입니다.

공산당과의 투쟁

우리 광복의 기념을 축하하는 기쁨은 이북동포들이 우리와 같이 다시금 완전히 합동되기 전에는 충분한 기쁨이 못될 것입니다. 우리가 4천 여년 동안 한족속 한단체로 지내기를 세계에 가장 단결된 모든 민족 중에 하나로 인증된 나라임에도 불구하고 공산당들이 갈러 놓아 피를 흘리지 않고는 우리가 다시 형제자매끼리 단결되

253

기 어렵게 만들어 놓은 것입니다. 우리가 오늘 다시 서약하는 바는 우리 한족(韓族)의 피 한 점이라도 우리가 고의로 흘리지 않고 통일하도록 힘쓸 것이나 오직 38경계선을 침범하거나 어리석은 동포가 공산당 선전에 빠져서 우리 정부를 전복하자는 등 난동분자들은 누구나 이를 저제하기에 어데까지던지 퇴보치 않을 것입니다. 공산당의 음성은 남을 속이는 음성입니다. 음식을 주마 땅을 주마 재산을 주마 또 자유를 주마 합니다. 저의도 없는 것을 어떻게 남에게 줄 수 있을 것인가? 이것을 고지 듣고 속는 사람은 노예를 감수하는 것입니다. 하향궁촌(遐鄉窮村)에 살던지 성시(城市)와 도회에 살던지 다 막론하고 그들은 공산세력 범위의 한 분자가 되고 말 것이니 개인의 생활이라 자유권이라 하는 것은 다 구경도 못하게 될 것입니다. 공산당 되는 값으로는 사실상 노예의 지위 뿐입니다. 불교나 기독교나 유교를 물론하고 자유라는 것은 다 모르게 될 것입니다. 하느님을 섬기는 자유 대신에 멀리 앉은 몇 사람의 독재로 나려오는 명령에 속박을 받을 것입니다. 이 독재자들은 권리를 빼앗기와 그것을 사용할 것만을 주장하는 것입니다 그 사람들의 군기가 무엇인지 이것은 우리가 지나간 경험으로 아는 터입니다. 살인하는 법이 이 사람들의 세계권리를 통활하려는 수단에 제일 큰 기게입니다. 악형과 방화와 의심이 다 그 기게이니 천리(天理) 인도를 무시하며 개인의 마음 속에 공포심을 주어서 그 행동과 사상을 다 속박하나니 이것이 다 그 사람들의 테로적 기게창에서 만들어낸 연장들입니다. 저이들이 무정부주의와 혼돈상태를 양성해서 모든 인류사회를 파괴한 후에 압제적 지위를 건설하여 몇 개인의 이익을 취하려는 것 뿐입니다. 세계대중을 복종시키고 그 세력을 높여서 저의 몇 사람들만이 영광을 누리랴는 것입니다. 오늘 우리 독립의 첫 기념임을 또 다시 웨치나니 이것은 우리의 오랜 역사에 우리가 자유민임을 다시 기록하는 것입니다. 4천여년 유전한 조국으로써 새 민주제도를 성립하는 간단한 역사를 우리가 쓰고 있는 중입니다. 먼저 내가 말한 바와 같이 비관적으로 우리를 관찰한 선지자들이 있었던 것입니다. 그분들의 말이 우리정부는 석 달 동안을 지나기 어려우리라 했던 것입니다. 또 어떤 분들은 미국 식민정책의 한 부분이 되기를 면할 수 없으리라 했던 것입니다. 한인들이 어떠한 인종인 것을 그분들이 전연히 몰랐던 것입니다. 무엇이 우리를 이와 같이 시켜서 지나간 반백년 동안 한국독립을 위해서 싸웠던 것을 아는 사람이 적은 터입니다. 우리는 우리의 능력을 믿는 것입니다. 또 정의와 인도가 필경은 승전할 날이 있을 것을 우리가 믿는 사람입니다. 이 믿음이 우리를 시켜서 싸우게 한 것이요 그 싸움으로 우리가 우리를 회복하게 한 것입니다. 지금 세계가 기로에 당면한 것입니다. 두 길 중에 한길을 택해서 작정할 때가 된 것입니다. 미국의 무력으로 태평양에서 성공한 것이 위태하게 된 것입니다. 아세아에서는 우리들은 서양 각국의 외교정책이 어디로 갈 것을 관찰하고 있는 중입니다. 공산당 불길이 구라파에서는 얼마쯤 식어졌다고 할지 모르겠지만 원동에서는 한정 없이 터지는 중입니다. 우리 한국이 대륙 끝에 있는 조고만 점에 지나지 않으나 서양 각국의 소위 냉전전쟁(冷戰戰爭)에 아모 경중이 없는 것으로 볼 수는 없을 것입니다. 그러나 우리는 전선의 앞장에 서서 항거하고 있는 터입니다. 우리가 싸우게 된다면 우리 싸움은 즉 세계 모든 자유민들의 싸움을 싸우는 것입니다. 세계적 자유의 전쟁을 우리가 생명을 걸고 싸우느니만치 모든 세계에 대해서 우리를 후원할 직책이 있다는 것을 주저치 않고 말하는 바입니다. 모든 민주국들이 공산세력에 대한 큰 역량을 따로따로 대립하게 된다면 그 결과로는 따로따로 실패될 것을 면하기 어려울 것입니다. 오직 다 함께 서야서만 공동한 안전을 보장케 될 것입니다. 1777년 벤

자민 프랭클린 씨의 선언한 바를 우리가 다시 선언하려는 것은 "우리의 목적은 세계 모든 인류의 동일한 적이니 우리가 우리의 자유를 보호하는 동시에 세계 모든 사람들의 자유를 위해서 싸우는 것이라"고 한 것입니다. 우리가 필요한 경우에는 단독으로라도 싸울 것이나 우리의 믿는 바로는 우리가 혼자 싸우는 것이 아닙니다. 모든 민주국가들은 구라파나 미주나 아세아를 물론하고 다 우리 동맹국입니다. 그 나라들이 다 각오한 바는 지금 시기가 이르렀으니 이때에 다 일어나서 자기들의 생존을 위하여 싸우던지 그렇지 않으면 굴복하던지 두가지 중 한 가지만을 취해야 될 것입니다.

(金珖燮 편, 『이대통령훈화록』, 중앙문화협회, 1950)

다시 한번 경성(警醒)하라

1949. 08. 20

지금 세계에서 저의 독립을 보존하고 자유로 사는 사람들은 저마다 저의 나라를 위하여 목숨을 내놓고 싸우는 것을 직책과 영광으로 아는 것은 다름이 아니라 그렇게 아니 하고는 저이부터 살 수 없는 까닭에, 정당(政黨)이니 단체라는 명목을 만들어서 권리나 이익을 위하여 싸우며, 혹은 공산당이라 하여 대립하며, 또 혹은 지방 구별로 비밀당을 만들어 분열과 분쟁을 주장하므로 저이끼리 한 뭉치가 되어 통일을 방해하는 못생긴 인민들은 오나가나 '시카고투리분' 지(紙)에 보도된 바와 같이 참혹한 화를 면치 못할 것이니, 우리 사천년 역사가 거울같이 증명하는 것이며, 제 개인이나 제 단체의 권리를 위하여 투쟁을 하는 자들에게 한번 다시 경성할 바이다.

(『대통령이승만박사담화집』, 공보처, 1953)

해군 관함식을 보고

1949. 08. 21

일전에 진해만(鎭海灣)에 가서 우리 군함 위에 올라가서 시찰할 때 어떤 군인의 방을 드려다 보니 자기 침상위에 써 붙인 글에 "본받자, 충무공을 찾어오자, 우리 바다"라고 쓴 것이 있었다. 이것을 본 나로서는 우리 해군이 정신적 해군이라는 것을 깊이 느끼게 되었다.

옛날 한국 구정부 시대에 한편으로는 유신당(維新黨)이 신식제도를 쓰려고 애를 쓰며 또 한편으로 완고파들이 구식을 쓰려고 투쟁을 하였을 때에 사리사욕(私利私慾)에 싸여서 부패한 습관으로 어찌할 수가 없이 되었었다. 그 때에 군함 두 척(한 척은 양무호[揚武號]라 했다)을 일본서 사다가 이것으로 해군을 확장한다는 미명으로 재정을 낭비하고 남의 조소만 받고 말게 된 것이었다. 이것이 어찌 우리 정부가 부패한 이유뿐이랴. 일인들이 우리 해군이 성립되는 것을 원치 아니해서 못하게 만든 것도 한 커다란 이유였던 것이다.

1904년에 아라사(俄羅斯)와 일본의 전쟁이 개시되자 제물포(濟物浦)에서 러시아 군함 두 척을 침몰시킬 적에 나는 감옥에서 대포소리를 듣고 통곡해서 죽고 싶은 생각까지 났었다. 일본은 서양과 통상을 시작한 후 모든 제도를 혁신하고 육해군을 확장해서 날마다 발전해 가며 러시아와 싸워야만 나라를 보전할 수 있다는 결심으로 전국에 선전해서 아일전쟁(俄日戰爭)을 준비해 갈 때 약소한 나라로 큰 군함을 준비할 수 없어 남의 쓰던 배를 사다가 고쳐가며 혹은 새로 지어서 밤낮 추진시키고 한편으로 러시아의 큰 군함이 몇 척인가를 조사하여 해상에서 비밀히 따라 다니며 자기네의 범위 밖에 벗어나지 못할 만치 만들어 놓고 있었던 것이다. 이때에 노국인들은 자기네의 세력만 믿고 일인의 동정을 주의하지 않고 있다가 큰 배 두 척을 제물포구에 드려 세우고 시위했던 때문에 거의 무인지경과 같이 여겼었다.

　　1904년에는 일본이 어지간히 준비가 되고 개전할 시기가 될 것을 깨닫고 노국선장에게 추후 통첩을 보내서 몇 시간 안에 제물포구에서 나가지 않으면 침몰시키겠다고 했다. 이때에 여순(旅順)에 있던 노국 군함 세 척도 역시 이와 같은 통첩을 받았으나 일인이 어찌 감히 노국 군함에 총을 놓을 수 있을 것이랴고 조소하고 있다가 시간이 이르러 일인의 배 몇 척이 각 처에서 몰려오며 대포를 놓아서 언제 싸워볼 기회도 없이 일시에 침몰되고 만 것이다. 이것이 이른바 일본해군의 대승리요 세계가 일본을 추앙하게 만든 동기였다. 불행이 일인들이 공의를 배반하고 야심을 부리다가 필경은 40년 이내에 패멸되고 말았으니 무도한 강진(強秦)의 세력이 2세(二世)에 망한 역사를 다시 증명하게 된 것이다.

1904년 겨울에 내가 감옥에서 나와 비밀히 떠나서 하와이로 가는 이민들과 가치 하와이를 거처서 미국으로 갈 때 인천항에 일인의 군함과 여러 가지 선박들이 들어선 것을 보고 비참 통분한 눈물을 금할 수 없었다.

다행이 고진감래의 천리가 있어서 이 모든 풍파를 지낸 여생으로 이번 8월 21일 우리 해군 관병식을 인천 제물포에서 거행하는 자리에 여러 가지 촉감된 것은 다 형언할 수 없고 우리 해군이 어느 겨를에 이렇듯 발전되어 외국인 하나도 간섭 없이 우리 군인들만으로 군함과 그밖에 모든 대소 병선 30여 척을 항내 항외와 팔미도(八尾島) 해면에 편만(遍滿)시켜 서 육군이 평지에서 행열하듯 진퇴 동작을 하며 포격으로 관역을 맞혀서 적진을 함락시키는 형상을 보게 된 나로서는 꿈을 새로 깨인 듯 또 죽었다가 다시 살아난 듯한 감상을 가지게 되었다.

우리 해군 군인들아! 충무공(忠武公)을 모범하자. 우리 잃었던 바다를 회복하고 지키자. 우리 해군이 크지 않드라도 강한 해군이 되자. 벌이 적은 곤충이래도 사람이 피하는 것은 그 벌이 그를 전체를 보호해서 침해하는 자가 있을 때 저마다 죽는 것을 두려워하지 않고 목숨을 받쳐서 한번 살을 쏘고 죽는 성질이 있는 연구가 아닌가. 우리 남녀 3천 만이 다 이 정신을 가져야 할 것이니 더욱이 육해군에 헌신한 제군은 이런 기회가 오거든 주저함이 없이 한번 쏘고 죽자는 결심이 있어야 진실로 값있는 육해군이 될 것이다.

우리 육해군은 남의 나라를 침손하거나 남의 강토를 점영하는 자는 생각은 소호도 없지만 남이 우리를 무시하고 침해한다면 우리는 우리 강토와 우리 해면 안에서는 그런 나라들과 화평으로 지낼 수 없다는 결심을 세계에 표명해야 할 것이다. 우리 씩씩한 해군 장병들아 주야로 간단없이 분투 매진해서 우리를 무시하는 자들로 하여금 우리 해군이 있다는 사실을 알고 조심하도록 만들어야 할 것이다.

(金珖燮 편, 『이대통령훈화록』, 중앙문화협회, 1950)

상권 확장에 능력 발휘를 요망

1949. 09. 07

현대에 있어서 남의 나라와 싸워서 국가의 세력을 확장하려는 대지는 상권을 넓혀서 자기가 가진 물자를 다량으로 팔어 이익을 취하려는 데 있다. 상업의 긴중한 관계가 이렇게 하여 된 것이며 또한 이러한 점에 있는 것이다. 그러므로 우리나라 사람들이 상업에 밝혀서 남과 경쟁할 만치 되어야 비로소 국권이 확장될 것이다.

독립 없는 나라로서는 상권을 보호할 도리가 없으므로 민중이 아모리 상업에 밝다 하더라도 국가의 보호를 받지 못하는 관계로 어찌할 수 없는 것이나 오늘 우리는 독립을 회복하니 만치 상권을 보호할 수도 있고 또 하로바삐 확장하려는 것이 정부의 정책이므로 우리나라 상업가들도 능히 상리를 도모할 만한 식견도 가추고 능력도 발휘해야 할 것이다.

민국정부가 수립된 후 스캡과 무역관계를 맺고 대사와 영사를 두어 대사는 국제상 외교사무를 보도록 마련한 것이니 일본과의 상업의 길은 열어놓았다 할 수 있으며 또 미국에도 대사 이외에 우선 몇몇 중요한 곳에 영사를 두었으니 상업의 길이 다 열릴 것이나 여기 대(對)해서는 미국정부와의 통상조약을 준비하고 있는 중이나 이 길도 속히 열리게 될 것이다.

일본에 대해서도 많은 사람들이 여행권을 요청하나 그 여행의 목적을 들으면 대개 무슨 물자를 사러간다, 무슨 물건을 팔아간다는 사람들인데 그 중에는 정당한 상업 목적을 표준하는 사람은 적어 보이고 잠상 잠매 협잡 등을 기도하는 사람들이 종종 끼어 있어서 급기야 여권을 얻어갖고 간 사람은 예정 목적대로 수행하는 사람이 적어서 결국은 상업의 길을 여는데 방해되는 일이 포함되어 있음을 종종 보고 듣게 되어 이로 말미아마 여행권 허가를 극히 신중히 하지 않을 수 없는 바이다.

지금 상업계에 알리고저 하는 바는 일본에서 사올 물건이 있던지 일본에 팔고저 하는 물건이 있으면 우리 영사를 통해서 모든 형편을 자세히 알아본 뒤에 진행할 것이니, 이것이 우리가 영사를 둔 본의요, 번번히 사람이 가서야만 된다는 것을 일반적 전례가 아니며, 특별히 필요한 경우 외에는 이 일반적 통로를 차저서 행함이 유익할 것이다.

상업대가들이 가장 주의할 바는 여러 상업가들이 재정을 합해서 큰 세력을 이루어 대외경제가들과 경쟁할만치 만들어 놓아야 비로소 국제상 대상업가의 자격을 가출 수 있을 것이다. 또한 공동한 상업상 배익(配益)을 취할 수 있을 것이어늘 이를 행치 못하고 각각 자기의 적은 자본으로 남의 없는 큰 이익을 도모하려 하매, 이는 국제상 이익은 막론하고 국내에서도 많은 세력을 얻지 못하게 되는 것이므로 필경은 제나라 상업가들과 경쟁하노라고 서로 조잔(凋殘)하는 반면에 많은 재정을 가진 타국 사람들이 큰 경제력을 잡게 되고 말 것이다.

그러므로 모든 경제가와 상업가들이 이를 극히 주의해서 개인경제보다 국가경제에 더욱 지중해야 할 것이다. 또 한 가지는 타국과 경쟁하려면 위선 우리가 물건을 만들 적에 어느 나라에 무엇이 소용되며, 어떻게 만들어야 잘 팔일 것인가을 연구하고 조사해서 정당하게 진실하게 만들어야 될 것이오, 또 통상의 길을 차저서 적은 경비로 그 물건이 요청될 때에 신속하게 제공해야 될 것이니, 이는 다 우리 영사를 통해서 외국의 상품 견본을 다수히 구하여 시기에 따라 변하는 대로 개량하며 제조하는 동시에 우리의 상품 견본을 외국 시장에 보내서 그곳 상업가들의 지시를 얻어 그들이 요청하는대로 만들어야 될 것이고, 특히 물건의 품질을 성의 있게 향상시키고 성실하게 포장해서 표면에 수량과 품질을 표시할 때에는 사실대로 기록하여 나중에 열고 보더라도 조곰도 틀림없이 해야 상업상 신임이 생기여서 상권을 잡게 될 것이다.

만약 이것을 못한다면 우리가 세계 상업가들과 경쟁하는 마당에 참여할 수 없어 낙오되고 말 것이다. 외국인사들의 말을 들으면, 순전한 비단을 짜내는 나라는 지금 한국뿐인데, 한인들은 가난하다고 하면서 제일 갑진 비단 옷을 입고 있으니, 만일 상권에 눈이 밝은 사람이 있어 비단의 품질을 미국 사람에 소용되도록 만들어 상당한 가격으로 팔게 되면, 그 수입으로 가난한 사람들에게 소용될 가장 필요한 의복감을 여러 갑절 사올 것인데, 이를 행치 못하고 비단은 한인들이 다 입어서 결제상 손실을 당하고 있다는 것이다.

또 한 가지 좋은 예로 고무신만 보더라도 지금 한인들이 공장에서 만들어 내는 고무신을 한국에 있는 미국 사람들이 사서 실내에서 스립퍼 모양으로 쓰는 이가 많고, 따라서 자기의 친구나 친척에게 보내서 많은 환영을 받고 있다하므로 우리를 위해서 권고하는 친구들의 말이 이 고무신의 모양을 조곰만 개량하고 새 칠 해서 만들어 내면 다량으로 수출시킬 수 있다고 하니, 이런 것을 다 상업에 눈 밝은 분들이 그 방면으로 노력해서 진전시켜야 할 것이다.

일본은 미국이 승전 후 총사령관 명령으로 모든 공영사(公領事)를 철폐하였으나 지금 와서는 상업을 발전시켜야 되겠다는 주의로 공영사를 두겠다는 것은 발설도 못하나 상업경제 대표자들을 뽑아 이 사람들을 정부에서 다시 교육하고 훈련시켜 오는 45삭(朔) 이내로 각국 상업계에 파견하야 상업의 길을 열고저 이전에 공영사 등 외교관의 경험 있는 자들을 모다 이 방면으로 내세우려 하니 이 사람들을 다 내세워서 그 길을 열어놓는다면 일인들이 미국에 대한 상권을 또다시 독점 복장(復藏)하기에 이를 것이오. 그와 같이 된 뒤에는 우리가 경쟁하기 더욱 어려울 것이다. 그러므로 하로바삐 우리 경제가들이 눈을 열고 국제 대세를 살펴서 속히 상권의 길을 열어 만시지탄(晩時之嘆)이 없이 해야 할 것이다.

이번 우리 상업친선사절단이 미국에 가서 모든 상업과 경제계의 대환영을 받고 상업상 길을 많이 열어 놓았으니 이 뒤를 이어서 상공회의소에서 각 상업가들을 종합해서 출국시킬 물건 명록(名錄)

을 하로바삐 만들어 견본까지라도 합해서 우리의 각 영사에게 보내여 대량으로 수출하도록 할 것이오 또 필요한 것은 영사에게 청구해서 외국으로부터 얼마나 한 것은 수입할런지 얼마 하여 알게 하면 이를 참고해서 수입하도록 할 것이며 환금에 대해서도 만일 상업상 이익이 중대한 관계가 있다면 특별한 조치를 강구할 수도 있으니 환금 문제로 인연해서 할 수 없다고 가만이 앉았다는 것은 것한 태도가 아닐 것이다. 상업경쟁은 전쟁에 쓰는 계획과 같아서 기회를 잃지 마려야 할 것이요 남보다 먼저 착수하고 기술이 우수해야 할 것이니 우리가 이를 다 행할 수 있고 또 기회가 있으므로 경제가 제위는 이 방면으로 많이 합동해서 국제상 큰 기관을 성립하도록 도모하고 끊임없이 노력해야 할 것이다.

(『주보(週報)』 23)

귀속재산을 급속 처리할 수 있게 하라

1949. 09. 18

금번 국회임시회의의 소집은 긴급한 안건이 여러 가지가 있으므로 이것을 하로 바삐 통과시킬 필요가 있어서 국회를 임시로 개회하게 한 것인데, 대통령이 국회에 보낸 교서 중에서 몇 가지 안건을 설명한 중 가장 긴급한 것은 귀속재산처리안건이다.

대통령으로서는 몇 달 전부터 귀속주택을 하로 바삐 팔아서 집 있는 사람들이 몇 채씩 차지하고 있는 것을 막고, 집 없는 사람들에게 기회를 주어서 이 귀속주택을 사서 들도록 하려는 것이 긴급한 일이고, 또 그 가정(家庭)은 주인 아닌 사람들이 들어 있게 되므로 그 중에서도 도덕상 책임감을 가진 사람은 비록 자기 집이 아닐지라도 조심하여 보호하고 있으나 그러치 못한 사람들이 다수이므로 오래갈수록 집이 다 파상(破傷)되어서 하로를 더 지낼수록 그만큼 해가 된다는 실정을 누누히 설명하고 속히 방매하기를 근면하는 것인데, 무슨 이유와 관계로 인연함인지 국회에서도 극 법안이 통과되지 않았고, 그 후 국회에서 통과되기까지 기대리기 어려움으로 대통령 지시로 우선 방매하다가 국회에서 통과되면 그 법안대로 실행코저 한 것인데, 국회에서 이 매매를 정지하라는 일까지 있었고, 정부당국에서는 대통령의 지시대로 준행(遵行)하기에 심히 한만(閑慢)해서 지금까지 연시(延施)해 온 까닭에 그 해가 약간한 것이 아니었다. 이 이상 더 지체해 간다면 대통령은 적당한 정책을 써서 집을 하로 바삐 방매하도록 할 것이니, 이번 국회에서는 더 지체 아니 되도록 결정되기를 바라는 바이다.

　따라서 기계공장과 극장 등은 국내경제의 혈맥을 쥐고　은 기관이니만치 이것을 정부의 지도하에서 각 개인이나 단체에는 안 막겨서 물산을 장려하려는 계획인대, 어느 나라에서 던지 정부에서 주장하는 공업이 민간에서 경영하는 것만치 발전되지 못하는 법이오, 더욱 우리나라에서는 지나간 몇 해 동안 협잡(挾雜)과 모리(謀利)로 부패가 막심한 처지에 있어서 정부당국들이 개인이나 혹은 단체에게 공장을 위탁해서 물자를 생산케 하고보니 그 중에서 자연 폐단도 여러 가지요, 사실 있는 말 없는 말을 둘러싸고 시비도 여러 가지였으니, 이런 중에서 물산이 충분히 될 리도 없고, 또 되는 물건이 민중에게 정당히 퍼지기도 어려울 것이므로 필수품 생산에 지장과 평게가 많이 되었으나 실상은 자기의 소유가 아닌 관계로 민간 기업가들이 각각 자기의 돈을 공장에 넣어 이익을 도모하기 위하여 생산을 부즈런히 하고 더욱 개량하려는 욕망이 적은 까닭이었다.

　이에 따라서 빈민들의 생활 곤란이 적지 아니하였으니 이를 우려하는 남녀동포들은 하루 바삐 이 공장들을 팔아서 기업가와 공업가들이 생산기관을 붓잡고 이를 발전시켜 민중에게 복리를 주어 고난을 면하게 하여야 할 것이니, 어느 방면으로 보던지 이 법안을 시급히 동과하여 그 사무를 집행케 하는 사람이 과연 애국자일 것이요, 또한 민중이 그에게 경복(敬服)할 것을 확신하는 바이다.

(『대통령이승만박사담화집』, 공보처, 1953)

한일 협상에 대하여

1949. 09. 20

한일 양국 간에 다 충분한 통상관계를 맺는 것이 필요할 줄로 생각되나니, 일본과 연합국 사이에 평화조약을 체결하기 전에도 경제상 조약을 토의할 수 있을 것이다.

일본이 패전하고 대한이 해방된 후로 잠상잠매(潛商潛賣)의 불법의 교통을 막기 어려운 결과로 두 나라의 상업상 큰 손해를 보게 된 것이다. 근자에 스 을 통하여 임시에 통상의 길을 열어 놓았으나, 그 효과가 심히 불충분한 것을 면하기 어려운 것이다. 일본과 연합국 간에 평화회의가 언제 될넌지 알 수 없는 중이나, 이 두 나라 사이에 경제상 연결이 있어야할 것은 날로 긴절히 깨닫게 되는 중이다.

350년 전 히데요시(秀吉) 전쟁과 또 지나간 40년 동안 당한 쓰라린 경험으로 오래 전부터 유래한 악감을 잊어버리려면 많은 재능을 요구하는 터이나, 두 나라 국민에게 경제적 복리가 될만한 임시적

협약이 있어야 할 것은 다같이 인증하는 바이다. 우리가 알기에는 일본이 다시는 침략적 강국이 되기를 허락치 않을 터이라 하니 이웃된 나라들이 일본을 꺼리거나 의심할 것이 없는 것이다.

민국정부는 언제던지 스캡을 통하여 일본정부와 무역상 상당한 협약으로 토의하기를 주저치 않을 것이니, 이 목적으로 회의를 열게 되면 언제나 대표를 파견할 것이요, 이런 회의가 조만간 있어야 할 것은 이 두 나라의 이왕에나 장래에나 접근한 이웃이 될 이유이다.

국제상 평화담판이 작정되어 아세아(亞細亞) 모든 나라 중에 어떤 지위를 가지게 될 때까지이 두 나라 사이에 경제관계로 무역통상에 관한 협약이 있어야 할 것이다.

(『대통령이승만박사담화집』, 공보처, 1953)

제5회 국회임시회에 보낸 대통령교서

1949. 9. 21

오늘 제5회 국회 임시회의를 개회하는 자리에 대통령의 교서가 있으면 좋겠다는 의도 하에서 몇 가지 제출된 정부의 긴급안건을 간단히 설명하여 임시 개회의 필요한 이유를 알리고저 하는 바이다. 국회 창립 이후 대통령의 특별 소집으로 국회가 열리게 된 것은 이번이처음이다.

의원 여러분이 입법부의 책임을 지신 이후로 국사에 주야노력해서 많은 성적을 보이게 한 것은 우리가 다 감사히 여기는 동시에 이번 휴회 중 넉넉한 시일을 갖고 상당히 휴식할 기회가 있었던 것을 다 정지하고 특별회의를 소집하게 된 것은 심히 미안함을 마지않는다. 그러나 국사에 긴급한 문제가 있을 때에는 여러분은 수고를 생각지 않고 또다시 성심을 다하여 국궁진췌(鞠躬盡?)하기에 주저치 않으실 줄로 아는 바이다. 국사에 긴급한 안건을 몇 가지만 설명할 터이니 깊히 주의해주시기를 바라는 바이다.

△ 귀속재산처리법

이 귀속재산문제에 대해서는 수 삼차 토의가 있었으므로 더 해석을 요구치 아니하며 오직 그 긴급한 관계만을 말하려 한다. 기왕에도 누누이 공개로 진술한 바와 같이 이 귀속재산은 하로바삐 민간에 방매해서 사유재산으로 만들지 않고 하로라도 더 지체하면 그만한 손해가 국가경제에 밎이게 되는 것이므로 귀속주택 7900여 채와 기업체 2300여소와 극장 40여 곳을 정부에서 임시로 관리하고 있으나 관사로 소용할 주택 몇 백 채와 중요한 기계공장 백여 곳과 극장으로는 서울, 대구, 부산, 3처에 있는 국립극장을 제한 외에는 다 민간에 방매하여 사유물로 만들어야 집 없는 사람이 집이 있게 되며 기업가들이 공업을 발전시킬 것이며 문화인들이 연극과 영화를 발달시키게 될 것이니 이에 대해서는 관민 간에 아모 이의도 없이 일치된 의견으로 하로바삐 진행해야 할 것은 지금까지 끓어온 것은 경제상 막대한 손실이오 민족생활에 지장이 많게 된 것이다.

이것이 지체된 것은 권력을 갖인 분들이 다소간 사사 관계가 있어서 고의로 연타시켰다는 평론이 있기에 이르렀으니 이번에 또 지체해서 연타하게 된다면 정부 각원들이나 국회의원 여러분이나 민간의 많은 비평을 면하기 어려울 것이니 이 기회를 잃지 말고 최선의 노력으로 즉시 이 법안을 통과하기를 부탁하는 바이다. 이 문제에 딸아서 한 가지 첨부하려는 의견은 기계공장을 매하(賣下)할 적에는 지난번 농지개혁법안으로 농지를 바친 기왕 지주들이 기계창을 찾이해서 공업을 발전시키도록 특별히 주의하기를 요청하는 바이다. 우리나라의 재정가들은 토지로 자본을 삼어서 국내경제의 토대가 되었던 것이다.

그 소유 토지를 다 내놓은 것은 국민의 공익으로는 많은 도움이 될 것이지만 자본가가 없이 공업을 발전할려면 극히 어려울 것이오 또 지주들이 모도다 생활 길이 없게 되면 경제적 발전이 지체될 우려가 많을 것이므로 전 지주들 중에서 공업을 주장할 만한 기능이 있는 사람에게는 특별한 기회를 주어 상당한 공장을 찾이할 수 있도록 도아주는 것이 원만한 효과를 줄 줄로 믿는 바이다.

△ 추가예산안

지난번 예산안건이 제출되였다가 다시 보류시킨 것은 중대한 이유가 있는 것이다. 사가나 국가를 물론하고 재정상 수입지출에 예산이 균형 되지 못해서 수입이 지출을 감당치 못하게 되면 그 살림을 부지할 수 없는 것은 누구나 다 아는 바이니 정부로서는 절대로 수입 총액 이내에서 경비의 한도를 정하는 것이므로 대통령의 지시로 기획처에 명령하여 추가 예산안 중에서 긴급치 않은 항목은 무엇이던지 다 삭제하며 정부 각 기관 내의 인원은 경향을 물론하고 극히 주려서 그 비용이 최소한도 내에 들도록 만들어서 예산의 균형을 확실히 세우도록 하자는 것이니 이 안건에 대해서 이러한 의도를 표준 삼어 속히 통과해야 할 것이다. 하로라도 지체되면 앞에 조정할 계책이 점점 어려워질 것이다. 한 가지 주의해서 첨부할 조건은 치안 상 특별비용만은 군경과 기타 기관에 필요한 경비로서 피할 수 없는 형편이므로 이에 관한 액수는 통상 예산안에 첨부하지 말고 따로 세워서 특별한 방법으로 지출하여야만 될 것이니 이것도 누누이 설명할 필요가 없을 것이다.

△ 전력대상안건

전력대상에 관한 안건은 여러분이 다 아시는 바와 같이 이북 전력 대가로서 이전 미군정에서 물자를 준비했던 것인데 총액900만여 불에 해당하는 물자가 지금 창고 안에 쌓여있으므로 어떤 물자는 우리에게 긴급히 수용될 것도 있고 또 어떤 물자는 오랫동안 창고에 두면 손상될 염려도 있으므로 내여 쓸 것은 쓰고 팔 것은 팔자는 의도로 미국정부에서 이 물자를 우리 정부에 넘겨준다는 조약을 성립하라는 것이다.

이 안건이 국회에 제출되였다가 대통령 지시로 보류하게 된 것이니 그 이유는 미국정부에서 이 물자를 민국정부에 넘겨준 후에는 이 문제에 다시 간섭이 없겠다는 조건이 있었으므로 민국정부로서는 미국과 소련이 남북을 점령한 관계자이니만치 전력 대상 문제에 있어서도 미국이 무간섭한 양으로 만드는 것은 우리가 원치 않는 바이므로 이 조건에는 주한미국대사와의 협의로 언제던지 이 문제가 발생할 때에 미국이 협조하겠다는 담보가 있어서 충분히 양해가 성립된 것이오 또 한 조건은 이 물자를 민간에서 쓰던지 팔던지 해서 그 대금으로 저축해둘 것이니 대략 1, 2년 내로는 이 저축금도 민국 국고로 들어오게 될 것이다. 이 안건도 국회에서 속히 통과가 되어야만 많은 물자의 손실이 없이 처분될 것이다.

△ 법원조직법안

이 법원조직법안은 기왕에 국회에서 통과된 것인데 대통령의 의도와 약간 차이가 있어서 국회의 재고려를 요청하여 다시 제출된 것이므로 이 안건이 역시 시급한 이유는 이러하다.

우리 헌법은 삼권분립으로 행정부와 입법부는 이미 법제가 성립되어 시행하는 중이오. 오직 사법부만이 아직도 조직법이 서지 못해서 남의 쓰던 법을 의용하고 있다. 그러므로 우리의 형편에 적당치 못한 점도 많고 또 이와 같이 수치로운 일이 없으니 여기에 대해서도 국회의원 여러분의 특별한 주의를 요청하는 바이다.

△ 징세법안

국가의 재정은 세납으로 기본 되는 법인데 세납을 받을 법안이 89건 되는 중 아직까지 한 가지만 통과된 것이니 국가수입 원칙이 서지 못하고 지엽(技葉)만 다스리려면 아무 해결책이 없을 것이다. 그러므로 모든 세납에 관한 법안을 속히 통과시켜서 징세법제를 확립해야 될 것이다.

△ 해군기지법

내가 지난번 진해만에 갔을 때에 우리 군함 한 척에 들어가서 시찰하는 중 한 방을 들여다보니 벽에 글을 써부치기를 "본받자 충무공을 찾아오자 우리바다"라고 한 것이다. 이것이 한 사람의 의사 발표라고 하겠으나 실상은 우리 해군 전체의 정신이다. 우리 바다를 찾아서 보호해야 할 것은 해군뿐 아니라 우리 전민족이 다 같이 최선 최급의 의무로 아는 것이다.

해면을 찾는다는 것은 다만 군사상 문제뿐만 아니오. 우리나라

경제상 막대한 문제이다. 동양 모든 나라의 해면 중에서 우리나라에 속한 어장이 가장 좋은 어장으로 이르는 것이다. 얼마 전에 일본 어선들이 와서 우리 어장에 침입하여 고기를 잡는 고로 우리 해안 경비대가 그들을 쫓아 보냈더니 얼마 후에서 친일하는 미국 사람들이 일본에서 공포하기를 맥아더선을 늘려서 우리 어장까지도 그 안에 포함되었으니 일인들이 고기 잡는 것도 막지 못한다고 하였던 것이다. 우리 정부에서 맥아더 장군에게 교섭한 후 이것이 다 막혀져서 우리 어장을 우리가 보호하고 있으니 속력 있는 선박이 몇 척 있어야 할 것이오 따라서 비상한 일이 있을 적에 우리가 해면을 방어치 않고는 해안을 보장하기 어려울 것이다. 그러므로 이 법안이 심히 급한 것이다.

△ 대한해군공사법

우리나라의 해군은 임진년 히데요시대전(大戰) 이후로 더욱 필요성을 느껴오던 바인데 지금 와서는 공산분자들이 해삼위(海蔘威)와 상해방면으로 점점 만연하여 우리 반도강산의 모든 해면으로 게리라군과 군기를 밀송하며 섬과 해안으로 참입해서 우리의 양곡과 필수품을 실어내가는 등 모든 위험성을 보이고 있느니 만치 우리가 이것을 다 상당한 준비로서 막지 않을 수 없는 것인데 우리 해군으로서는 다른 나라들과 같이 큰 전투함이나 순양함을 둘 수 없는 터이므로 대양을 통할만한 상선을 여러 척 작만해서 우리의 공업발전과 상업 확장을 도웁게 하는 동시에 이 상선들을 다 준비해서 유사지시에는 군함으로 만들어 갖어야 될 것이므로 지금 우리 정부에서 상당한 선박을 사기로 교섭하고 있는 중이오 기타 어선도 몇 척을 사서 얼마 안에 미주에서 떠나올 것이며 사오천 톤 되는 뽈틱함

7척을 미국정부에서 빌려주어 미구에 올 것이요 또 일본에서 찾어올 배가 여러 척됨으로 이것도 워싱톤에서 우리 대사가 교섭하고 있으니 얼마 안에는 다 찾어올 것이다. 이 모든 선박을 대한해군 공사라는 단체에 위임해서 사용하며 보호할 것이므로 이 법안이 또한 시급히 통과되기를 요청하는 바이다.

△ 군사고문단법안

미국에서 주둔군을 철폐한 뒤에 우리의 요청에 따라 군사고문단을 두어 우리 국군 훈련과 조직과 장비 등 모든 사무에 고문단 자격으로 원조할 협약이 성립된 것인데 그 장교들은 오백 명을 위한하고 와서 우리를 돕다가 언제던지 우리가 필요치 않게 작정될 때에는 물러가기로 된 것이니 이 안건도 또한 긴급한 중 한 가지이니 조속히 통과되기를 바라는 바이다.

△ 해외교민등록법안

민국 정부가 수립된 후 국권을 확장하고 통상과 외교를 증진하며 해외 교민의 권리를 보호하고 복리를 도모하려는 의도 하에서 해외교민의 등록을 실시하는 중이나 대한민국 국민으로서 등록을 거부하는 자가 있으면 그는 공산분자로 타국을 저의 조국이라 하는 분자일 것이므로 이런 사람들은 대한민국 국민의 자격을 인증할 수 없는 것이니 이에 대한 법안이 분명히 성립되어야 할 것이다.

이상은 다 우리 생각해 긴급히 역이는 안건들이오. 이 밖에 모든 안건도 여러 가지 있으나 더 제의치 아니하고 지금은 다만 국회의원 여러분이 알고저 할 조건 몇 가지를 설명하려 한다.

　미국의 경제원조안은 상하원위원회에서 다 통과되었으나 미국하원에서 지금 휴회 중이므로 불원간 개회되면 먼저 제출해서 통과될 것이 무려하다하는 중이오. 이 경제원조안에 노력한 여러 친구들 중에 특히 호프맨 씨가 극력으로 힘쓴데 대해서는 감격히 역이지 않을 수 없는 바이다. 또 군사원조안은 전부를 대서양동맹군자금으로 쓰게 될 터인데 그 중 얼마는 구라파의 몇 나라와 아세아의 몇 나라를 합해서 얼마씩 분배할 터인데 한국이 그 중에 참가되었으니 트르만 대통령이 우리에게 대해서 특별히 주의하는 고로 상당한 액수를 얻게 되기를 바라는 중이다. 태평양동맹(太平洋同盟) 문제에 대해서는 장개석 총통과 연명(連名)으로 퀴리노 대통령에게 위탁해서 바키오에서 태평양 연안 모든 나라 대표를 청하라고 위임시켰는 지금 퀴리노 대통령은 자기의 대표에게 위임해서 각국과 협의를 얻는 중이니 협의 되는대로 청첩이 발송되면 몇 나라가 참가될넌지는 모르지만 참가되는 여러 나라들은 대서양동맹(大西洋同盟)의 대지(大旨)를 따라서 그와 같은 동맹이 되기를 바라는 바이다. 여러 의원 일동이 국사를 위해서 노력하시는 중 이상 몇 가지 중요한 문제에 대해서 충분한 협의로 원만히 결처(決處)하기를 바라는 바이다.

(『주보(週報)』 25)

대한 적십자사 지방대회에 전하는 훈사

1949. 09. 24

적십자사가 지금까지 완전히 조직이 못된 것은 여러 가지 구애가 있었음이니 앞으로는 정치에나 단체적 관념을 가진 사람은 절대로 참예하지 말고 단순한 민주 적십자에 재편성되어 국제 적십자에 충분한 회가 되게 맨들 것이 유일한 목적이니 총애하는 지도자들은 이에 대하여 적극 후원하고 전국 대표회에 정당한 대표가 모여서 많은 효과를 내기를 바람

대통령 이승만

(『적십자』 창간호, 1950.5)

홍삼 발매권에 대하여

1949. 09. 25

정부에서는 지금 있는 홍삼을 다 판매해서 금전으로 국고에 들어오게 함이 유일한 목적인데, 여러 사람들이 여러 가지로 요청하는 것을 들으면 각각 얼마씩 가져가서 그 가져간 것을 다 팔 때까지는 전매권(專賣權)을 달라는 이것이 제일 어려운 문제인바, 현재 모방면(某方面)에서 제공된 조건은 다음과 같다.

3억원을 은행이 적립하여 보증금으로 세워 놓고 가격은 매근(每斤) 평균 70불씩 쳐서 금화를 내고 날 것인데, 우선 4만근은 정한 달 수 안에 대금을 바치고 가져갈 것이요, 그 남어지는 약정한 기한 이내로 가져갈 것인데, 그 동안은 정부에서 다른 사람에게 팔지 않기로 약조한 것이나, 만일 사는 사람들이 이상 계약된 시기 내에 그 대금을 내고 정한 분량을 가져가지 못할 때에는 그 보증금으로 준비가 다 상당히 된 것을 알게 되고, 또 아직까지는 이것이 홍삼 전부를 판매하려는 계획에 제일 적합한 요청이므로 이 요청을 허락할만한 작정이 되어 있으나, 정부의 물품을 사의로 발매할 수 없는 형편이므로 이에 널리 알리는 바는 누구던지 나은 조건을 가지고 구체적으로 상당히 준비한 후 청구하면 다시 고려할 수 있는 것이니 시간관계로 인연하여 10월 5일 내에 상당한 청구가 없으면, 지금 청구하는 방면에 발매권을 주게 될 것이다.

『대통령이승만박사담화집』, 공보처, 1953)

토탄을 사용하라

1949. 09. 30

　토탄 사용에 대해서는 기왕에도 수차 말한 바이지만 금년 가을 부터는 서울과 기타 도회지에서 화목 대신에 토탄을 쓸 계획이 완전히 서있어서 방금 토탄이 각처에서 들어와 시장에 쌓이게 될 것이다. 이것이 금년 처음 시작이니만치 그 냄새와 사용 방법에 다소 불편한 점이 있을 것이나 우리의 생활 상태를 절실히 개량하려는 이때에 제각기 구습만 가지고 세계 모든 사람들이 쓰는 방식을 거절하고 있으면 시대에 뒤질 수밖에 없을 것이니 누구나 그것이 경제상 필요함을 각오하고 사용하기를 작정해야 할 것이다.

　더욱 각청 관공리들은 누구나 삼림작벌을 못하게 해서 화목을 마차나 기차로 운반하는 것을 일변으로 금하여 한편으로는 관민협력해서 해마다 심는 어린나무들을 보호하여 살리도록 힘써야 될 것이다. 금후로는 도시에 심은 나무의 입사귀와 가지를 보호하도록 발령될 것이나 발령 여부를 막론하고 관민이 자발적으로 자연을 사랑하는 정신으로 수림을 애호하는데 협력하여야 할 것이니 이 목적을 완성함에는 화목 대신으로 토탄과 석탄을 사용치 않아서는 안 될 것이다.

『대통령이승만박사담화집』, 공보처, 1953)

공산당과 협의 불가,
인권보증에 결사투쟁

1949. 10. 07

　우리는 이번 결정에 대하여 크게 환영하는 바이며, 더욱 군사시찰단을 보내준다는 것은 우리의 뜻대로 된 바로 다행한 일이다.

　그들이 다시 온다면 우리는 힘을 다하여 도와 협의할 방침이다. 그런데 앞서 UN한위(韓委) 보고에 한국정부가 섭섭하게 하였다는 말이 있는데, 그것도 사실인 것이다. 과거를 문제할 것은 아니나 앞으로 우리는 그들에게 다음의 세 가지 요령을 요청하는 바이다. 앞으로 이북공산당의 인도자들과 합석하여 협의한다는 것은 아니해야 할 것이다. 우리는 인권보증을 위하여 공산당과 싸워야 한다. UN이 아니라도 할 수 있는 것이다.

　즉 그것은 공산당에 맡기면 될 것이다. 그러나 우리는 그런 통일을 원치 않는다. 그 다음 이 효과물자환(效果物資換)을 하라는 말이 있는데, UN은 민주주의를 도와서 공산주의에 이겨야 할 것이다. 이제부터는 공산당과 협의, 협상한다는 것은 무효이고 뿐더러 큰 과실이라는 것을 알아야 하겠다.

　우리가 이북공산당과 협의해서 통일하려면 기왕의 시험한 바로 본다면 그것은 우리가 이북으로 물자만 보내는 것이고, 혹 보내온다 하여도 무기, 비밀문서만 내려올 것이니 도리혀 해(害)만 될 것이다. 더구나 그네들은 물건뿐만 아니라 선박과 사람까지 압수하는 형편이라는 것을 알아야 할 것이다. 더욱 부탁할 것은 UN위원단에서나 서기국(書記局)에 한인공산당원을 동정하는 사람은 채용하지 않아야 한다. 그런 분자들을 채용하지 않는다면 우리는 잘 협조하게 될 것이다. 한국사람이라도 허수로히 보지 말고 조심해 주어야 할 것이다.

(『대통령이승만박사담화집』, 공보처, 1953)

한글사용에 관하여

1949. 10. 12

우리나라에서 자초로 사대주의적 사상을 가지고 남을 모본하기에만 힘써서 우리의 고유한 기능과 물산을 장려하기에 심히 등한하였던 것이 큰 약점이었다. 본래 우리의 국문을 창정 한 것이 우리의 창조적 특성을 표시한 것인데 한문학자들이 이것을 포기시켜서 자기들도 쓰지 아니하고 남에게도 쓰지 못하게 한 결과로 4백 여년 이래 별로 개량된 것은 없고 도리혀 퇴보를 시켜 우리의 문화 발전에 얼마나 지장이 되었는가를 생각하면 실로 가통한 일이다. 과거 40년 동안에 일어와 일문을 숭상하느라고 우리 국문을 버려두어서 쓰는 사람이 얼마 못되는 중 민족성에 열렬한 학자들이 비밀리에 연구해서 국문을 처음으로 만든 역사를 상고하여 처음에 여러 가지로 취음(取音)해서 쓰던 법을 모본하여 그것이 국문을 쓰는 가장 정당한 법이라고 만들어낸 결과 근래에 이르러 신문계나 다른 문학

사회에서 정식 국문이라고 쓰는 것을 보면 이전에 만든 것을 개량하는 대신에 이것을 교정하지 못하면 얼마 후에는 그 습관이 더욱 굳어져서 고치기 극란할 것이매 모든 언론기관과 문학계에서 특별히 주의하여 속히 개정되기를 바라는 바이다.

이상에서 말한 바와 같이 쓰기도 더디도 보기도 괴상하다는 예를 들어 말하자면 가령 '잇스니'를 '있으니' '하섯습니다'를 '하셨습니다' '놋는다'를 '놓는다' '꽃을 꺽는다'를 '꽃을 꺽는다' '갑이만타'를 '값이 많다' 라고 쓰니 더 말할 것 없이 이것만 가지고라도 이전에 쓰던 것과 지금 새로 쓰는 것을 비교하여 어느 것이 눈으로 보기 쉽고 입으로 불기 좋고 또 손으로 쓰기 속한가 누구나 지금 것이 이전 것만 못한 것을 다 알 수 있을 것이다. 오직 그분들이 말하기를 지금 새로 쓰는 것이 과학적으로 된 것이라 하니 더욱 말이 되지 않는 것이다. 현대 과학이란 것은 날마다 개량해서 개량한 것이 전보다 낫고 편하고 속한 것이 특증이다. 어렵고 보기 실코 쓰기 더디고 읽기에 곤란한 것을 맨들어 가지고 과학적이라고 하는 것은 누구나 우수울 일이다. 이것이 과학이라면 세상 사람은 과학을 다 내던지고 과학아닌 것을 주장할 것이니 우리만 홀로 안저서 과학과 반대되는 일을 하면서 과학을 딸어가는 줄로 안다면 이는 많은 오해라 아니할 수 없으니 고괴(古怪)한 이론을 캐지 말고 우리의 발달된 훌륭한 국문을 원측대로 써서 널리 이용하면 문명 발전에 그만큼 많은 행복을 줄 것이오 그러는 중에 날로 개량되어 지금보다 더욱 편의하게 될 것이니 아모쪼록 단순하게 만들어 타이프라이타에 이용하기에도 편하게 하여 남보다 더 발전되어야 할 것이다.

우리 국문을 깊이 연구하는 이론가 측에서는 한글이라는 것이 올타하여 '비행기'를 '날틀' '자전'을 '말광' '산술책'을 '셈본' '학교'를 '배움집' '삼각형'을 '세모틀' '가감승제'를 '더들곱재기'라고 말을 곳처서 쓰니 이런 것은 다 명사로 된 글자인데 이것을 뜨더서 새로 번역하여 맨든다는 것은 구차스러운 일임으로 이런 것은 다 폐지하고 알어보기와 쓰기에 쉽고 편리하도록 개량하는 것이 문학가와 과학자들의 민족과 문화에 대한 사명일 것이다.

(『주보(週報)』 28)

대한 적십자사 재조직
중앙대회에 전하는 훈사

1949. 10. 25

적십자사가 지금까지 완전히 조직이 못된 것은 여러 가지 구애가 있었음이니 앞으로는 정치나 단체적 관념을 가진 사람은 절대로 참예하지 말고 단순한 민국 적십자에 재편성되어 국제 적십자에 충분한 회가 되게 맨들 것이 유일한 목적이니 총애하는 지도자들은 이에 대하여 적극 후원하고 이번 대회에 많은 효과를 내기를 바람

대통령 이승만

(『적십자』 창간호, 1950,5)

비료는 농회(農會)서 배급

1949. 11. 01

대한농회(大韓農會)는 본래 왜정시대(倭政時代)에 농민을 인도하려는 기관을 세워서 재화와 기구를 상당히 설비하였던 것으로 농민을 위하여 이익을 보호하거나 증진하자는 주의로 나온 것이 아니므로 민국정부에서는 그 불필요함을 각오한지 오래였던 것이요, 동시에 정부 각 부처 대행기관으로 명목 가진 단체가 실은 도움이 되느니보다 도리어 해가 많은 것으로 생각되므로 이런 것은 폐지시키려는 것이 정부계획이다.

이번에 금련(金聯)을 통하여 비료를 분배케 하는 동시에 비료배급 설비도 따라서 금련(金聯)에 이양시키는 것이 적당타고 생각하였던 것인데, 특별 조사한 결과 이 설비를 이양시키기에는 시일이 걸리겠고, 따라서 비료배금문제를 지연할 수 없는 고로 그 설비는 다 여전히 농회에서 주장하되 비료를 배급하는 일만 맡아하여 배급되는 대로 금련(金聯)에 넘기게 될 것이다.

(『대통령이승만박사담화집』, 공보처, 1953)

외국인 잠입에 대한 대통령 담화

1949. 11. 02

한, 중 량국(兩國)이 자래(自來)로 력사상 문화상으로 우의가 자별해서 형제국으로 인증해 온 것이며 지금 이 어려운 시기를 당하야 환란상고를 더욱 도웁고저 함은 피차 동일한 인정일 것이다. 하물며 과거 40년 동안 왜적의 압박 하에서 우리가 학대를 피하야 간도, 길림, 봉천 등지로 유리하던 사람도 많고 또 기미년 독립운동 이후로 우리 임시정부가 중국에 서게 된 것은 중국 정부와 민간에서 많은 호의로 보호해 준 것을 우리가 항상 감사히 역이며 특별히 장 총통에게 대해서는 잊어버리지 못할 일이다. 그러므로 지금 중국이 위급한 상태를 당하야 어려운 자리에 있음을 보고 우리가 어데까지던지 동정하고 도웁고저 함은 정부로나 개인으로나 조곰도 다른 점이 없을 것이다.

해방 이후로 중국 거류민의 수효가 늘고 따라서 상점이 많아지는 것을 우리가 다 후의로 보호해서 할 수 있는 데까지는 우리의 동족같이 보아 지내오며 정부에서는 법으로 민간에 서는 우의로서 친절히 대우하고 있는 것이니 이 사람들에게 대해서는 누구나 냉대할 사람이 없을 것이다.

그러나 지난 6월 이후로 중국 전재민이라는 사람들이 몇 백명식 단체로 제물포와 기타다른 항구에 들어와서 하는 말이 자기들은 대만으로 피란가는 길에 배에 물을 실을려고 드러왔으니 몇 일만 허락하여 달라고 함으로 그들을 구호할 계획으로 정부에서는 二百萬원의 예산까지 세워서 그들이 있을 동안 도아주려는 계획이든바 몇 일 안에 또 여러 백 명이 몰려 들어와서 월미도에 막을 치고 거주하며 한국에 친척이 있다 상업 관계가 있다는 등 구실로 계속하여 들어와서 거주권을 얻을라고 하기에 까지 이르렀으니 그들을 다 들어놓아 후의를 표시하고저 하는 생각이 없음이 아니나 그들의 하륙을 허락하면 거기에 딸어 더 많은 수효가 들어올 것을 막을 도리가 없을 것이요 또 우리 형편으로는 이북에서 넘어온 전재민과 해외에서 돌아온 전재민들이 유리걸식하며 도로 방황하는 자 3,4백만 명에 이르러 우리가 이를 거처할 곳도 없고 먹을 것 조차 주지 못하는 중 중국 전재민까지 받어 들이기 시작하면 이는 정치상 문제뿐만 아니라 경제상으로 막대한 문제가 될 것이오. 따라서 인민들 사이에 악감이 생기게 되면 피차에 대단한 영향을 줄 것이므로 부득이 정부에서는 이 사람들에게 배를 주어 다 실어서 대만으로 가게 만든 것을 중간에서 백방으로 운동하여 몇 번 내보내기로 한 것을 얼마 가다가 중간에서 도로 들어와서 군산, 목포, 줄포 등지에 나려서 경관들이 이를 알고 그들을 다시 내보내려고 하면 여러 가지 청탁으로 상부의 명령이라고 하며 돌려 빼내여서 정령을 집행하기 어렵게 만들고 있으니 이와 같이 한다면 장차 외국인은 어느 나라를 물론하고 일일히 조사해서 내보내기로 할 것이며 그 방식으로서는 그들에게 돈이 없어서 선가를 못내면 정부경비로라도 배를 태워 보낼 것이오 경찰 당국으로서는 누가 무슨 명령을 내리던지 대통령의 지령에 위반되는 것은 다 듯디 말고 일일히 대통령에게 보고해서 누가 무슨 작란을 한다는 것을 공개적으로 알려서 곧 시정하고 조처케 하여야 할 것이다.

중국정부 당국으로서도 누구나 이러한 정책에 대해서 불만히 녀길 사람은 없을 것이다. 더욱 오늘날 중국 형편으로 보아서는 누가 정부를 지지하며 누가 반대하는 것을 알기도 어렵고 또 믿을 수도 없는 형편이니 이는 우리가 위태로운 자리에 앉어 냉정히 방관할 수 없는 형편이므로 지금부터는 정부의 모든 당국자들이 이 정책을 절실히 집행하기에 노력해야 할 것이다.

(『주보(週報)』 31)

장기의 분열 불용인,
타국 적화해도 우리는 독립유지

1949. 11. 02

　한국은 한 몸둥이가 양단(兩斷)된 셈이다. 한국은 앞으로 장기간 남북분열을 용인하지는 않을 것이다. 우리가 전쟁으로서 이 사태를 해결해야 할 때에는 필요한 모든 전투는 우리가 행할 것이다. 우리는 우리의 우인(友人)에게 우리를 위하여 싸움을 싸워달라고 요청하지는 않는다. 이 대사상(大思想) 냉정전쟁(冷靜戰爭)에 있어서 우리는 공산주의를 조지(阻止)하기 위하여 가능한 모든 일을 할 것이다. 중국 또는 여하한 국가가 적화할지라도 우리는 우리의 독립을 유지할 것이다. 남한은 미국의 경제적 군사적 정신적 지지를 필요로 한다.

　한국의 현 자유는 미국의 선물이다. 한국은 미국 원조가 우리의 공산당들이 비난하듯이 제국주의적 동기에서 제공된 것이 아니고, 또한 일부 국가와 같이 물건을 반출하기 위한 것도 아니며, 오로지 미국의 자유정의건강(自由正義健康) 및 번영을 우리와 나누기 위한 것임을 알고 있다. 우리는 미국의 원조를 기대하고 있다.

(『대통령이승만박사담화집』, 공보처, 1953)

전기를 남용치 말자

1949. 11. 06

사람마다 민생 곤난의 문제를 해결하려는 진정과 탄원이 있으되 그 해결책을 진행하기에는 심히 냉담해서 진정으로 실천하려는 사람이 적으니 자기의 생활상 곤난한 일에 이와 같이 등한하다면 정부에서 아모리 좋은 계획을 가졌어도 소용없을 것이요, 국민들은 서로서로 원망하고 비평이나 하다가 다 같이 곤란을 당할 뿐이다. 그러므로 관민일동이 극히 주의할 점은 생활문제 해결책이라 무엇보다도 물산증진에 있으니 물산만 상당히 산출되면 지금 월급이나 임금을 가지고라도 필수 물자를 사서 지내게 될 것이므로 이것이 유일한 해결책일 것이요, 물산 증진에는 발전량을 많이 느려서 모든 기계창에서 풍족히 쓰므로써 원료가 있는 곳에서는 생산을 충분히 할 수 있을 것이나 정부에서 발전기를 증가시키기에 전적으로 노력하고 있는 중이다.

그러나 전기를 아모리 많이 발동시킬지라도 전기를 쓰는 민중이 전기를 경제할 줄 모르거나 경제하기를 원치 않아서 낮에도 전등을 켜고 밤에라도 소용없는 곳에 불을 켜두며 그 밖에도 쓰지 않을 곳에 함부로 써서 주야로 허비하고 있으면 이는 여하한 재력으로도 견딜 수 없을 것이며 전기가 풍부한 나라에서도 못하는 법이니 관민을 물론하고 민생 곤난으로 자기가 당하는 어려움을 면하려면 각각 낭비를 억제하기에 극히 주의해서 자기도 행하며 남도 행하도록 만들어야 할 것이요, 따라서 낮에 불켜기와 일 아니할 때 전기 쓰기와 소용없이 전기 쓰는 것을 자기도 하지 말며 남도 하지 않게 막어서 이에 각자가 성심껏 준행해야 할 것이다.

(『대통령이승만박사담화집』, 공보처, 1953)

화재를 근멸하자

1949. 11. 10

　인류의 생명에 제일 긴한것이 공기이외에는 물과 불 두가지인데, 이 두가지가 생명을 살리기에도 제일 긴요하고 생명을 죽이기에도 제일 무서운 원수이다. 이 두가지 요소가 사람을 살리기도하고 죽이기도 할 권리를 가졌는데 첫째로 면할 수 없는 일외에는 다 사람들이 이 두요소를 잘 쓰고 못쓰기에 달린 것이다.

　미국은 화재가 한번 크게 나면 그 훌륭한 소방대의 기계설비도 어찌 할 수 없어 돌과 기와와 철물과 세맨트가 화약 같이 터져서 여러 지역을 삽시간에 재로 만드는 그러한 위험이 종종 있으므로 관민합동으로 학교와 가정과 극장 등에서 연설과 영화와 삐라와 벽서 등으로 민간에 계몽하며 경성해서 담배꽁초와 불꽃을 함부로 버리지 못하게 만들고 또 백방으로 신측해서 그 위험한 피해를 방비하였으니 화재를 방비하는 계엄이 이와 같이 절실하게 단속되었던 것이다.

해방 이후 오년간에 우리나라에서 이십오억원이라는 막대한 재물이 소실되었다는 통계보고가 있으니 그중에 인명의 손해가 얼마되었논지는 모르거니와 이러한 큰 재앙을 당하게 된것은 전혀 불조심을 등한히한 죄로 자취한 화단일 것이다. 요지음 방화강조주간을 실시한 것은 가장 긴중한 일이므로 이에 대하여 많은 관심을 가지고 이러한 주간이 전국적으로 자주 진행되며 각 방면으로 계몽훈련이 되어 화제를 근멸시켜 앞으로는 이러한 손실을 더욱 막아서 인민의 위험과 재산의 손실이 거진 없도록 일반동포들이 크게 힘쓰기를 바라는 바이다.

(『대통령이승만박사담화집』, 공보처, 1953)

건설적 비평의 사명에 관하여

1949. 11. 23

언론계에서 정부나 정부당국을 비평하는 것을 나로서는 환영하나니 이는 다름이 아니오. 정부를 보호해 가랴면 정부를 칭송하는 사람에게서는 배울 것이 적고 정부를 시비하는 사람에게서는 정부의 잘못되는 일을 알 수 있는 연고이다. 그런데 비평에는 매양 두가지 종류가 있어서 파괴를 목적하는 자와 건설을 목적하는 자의 차별에 있는 것인데 파괴자의 비평은 우리가 고려하지 않는 바이나 건설을 목적하는 자의 비평만은 우리가 가장 주의하는 바이다. 근저에 파괴적 언론가 들은 많이 감소되였으나 건설을 주장하는 언론기관에서 간혹 논설이나 사설로 나오는 비평을 보면 정부에서 민권을 박탈한다, 혹은 민주주의를 버린다는 등 문자가 발표되고 보니 차등 어구는 우리를 해하려는 분자들이 사방에서 기다리고 있다가 환영하며 이용하는 것이니 그 영향이 이미 멀리 미치나 효과는 조곰도 없을 것이니 내가 바라고 권하는 것은 이렇게 추상적으로 탄핵하지 말고 누가 어떤 일을 어떻게 했으니 이런 것이 인권을 침해한다든지 또는 국가에 방해가 된다든지 하면 당국들이 이런 폐단을 교정할 수 있을 것이다. 한 마디 더하고자 하는 말은 지금 민국정부를 한인들이 많이 반대한다면 세계가다 인정하고 칭찬할지라도 부지하지 못 할 것이다. 그런데 공산분자들의 파괴주의는 세계가 다 아는 바이니 이는 막론하고 소위 우익이라 중간파라 하는 측에서와또 그 속에 있는 비밀단체들과 또는 어떤 개인 중에서도 국권을 세워야 개인의 자유권이 보장된다는 것은 생각지 못하고 이 정부가 넘어저야 자기들이 무슨 기회를 얻을 수 있을가 하는 희망을 가지고 백방으로 선전과 운동을 극렬히 전파시키고 있는데 해외에서는 40년 동안 파당적 권리 다툼으로 지방열(地方熱)을 고취하여 파쟁적 악감을 심어오든 분자들이 군정 시대에 이르러서는 내외로 연락하여 길을 열어 가지고 혹은 심방(尋訪)이라 혹은 상업상 관계라 혹은 입법의원이라는 등 명목으로 흘러 들어와서 밤낮으로 하는 일은 우리의 모든 건설적 사업과 운동을 파괴하는 것이 그들의 유일한 목적이였다. 우리는 일변으로 공산당을 귀화시키며 일변으로 저제해서 독립회복에 장애가 없도록 만들려고 결사 투쟁하는 동시에 이 분자들은 공산분자들과 연락하며 무엇이든지 정부수립에 방해되는 것만을 주장하면서 소위 애국자라는 미명을 뒤집어쓰고 미국에서 버러 가진 돈푼을 가저다가 영어신문과 기타 선전문자를 발표해서 민국정부는 정부로 인정치 않는다, 대사 영사 등은 다 물리치라 하며 저희들만이 한국 애국자라고 한다. 이렇게 만들어서 세계 언론 상에 다소 영향을 주고 있으니 그 중에서도 어리석은 사람들은 풍성학려(風聲鶴唳)에 이리저리 끌려다니다가 내종(乃終)에는 참혹한 장래를 면치 못할 것이다. 그러나 지금 이 초창시대에 건국사업에 손해를 불소(不少)히 끼치고 있으니 건설적 언론계에서는 이러한 사소한 문제에 대해서 어떠한 공론이 있기를 바라는 바이다. 끝으로 나로서는 한인들이 원치 않는 정부는 하로라도 붙잡고 있지 않으랴고 하나니 한인들이 이 정부가 있어야 옳을 줄로 생각한다면 정부를 옹호할 줄 알어야 정부가 서있을 것이요 우리가 옹호하는 정부를 타국이 방해하려할 때에는 나 자신 부터 목숨을 내놓고 정부를 보호하랴는 것이니 우리 민중들이 이 정부를 건설하랴는 주의로 비평할 때에는 어떠한 조건을 들어서 일너주면 이것이야 말로 정부를 옹호하는 본의일 것이며 나로서는 이러한 비평에 대해서는 극히 환영하는 동시에 일일이 조사해서 힘자라는데 까지는 교정하려는 것이다.

(주보(週報) 34)

한국 적십자사에 대하야, 명예총재 리대통령 선포문

1949. 11. 24

나라마다 적십자사가 있어서 전쟁 때에는 부상을 당한 군인들과 그 가족을 도아주며 평시에는 수한과 기타 모든 천재에 빠진 동포들을 구제하여 주며 국제상으로는 이웃나라에 재난이 있을 때에 서로 구휼하나니 세게 인류가 서로 구제하는 단체로는 적십자사보다 더한 기관은 없을 것이다.

과거 40년 동안 일인들이 우리나라를 차지하고 저의 적십자사를 우리나라에 설립하야 우리의 재정을 얻어다가 저의 나라만을 도아주며 우리가 당한 천재로 인연하야 사람들이 무수히 죽을 적에 이웃나라에서 이를 알고 도아주려 하면 저의 정부에서 다 상당히 구휼하므로 더 도아줄 필요가 없다 하야 이를 막고 저의들만 모든 원조를 얻어다가 구제를 받게 한 것이다.

급기야 해방 이후 미국 적십자사 총본부에서 대표를 파송하고 재정과 물자를 보내어 우리나라 적십자사를 조직시키기로 한 것인데 군정 밑에서는 모든 절차가 순조로이 되지 못한 고로 재정과 세월만 허비하고 조직이 완전히 서지 못하고 있다가 민국이 수립된 이후로 많은 노력을 다한 결과로 지금에 이르러 규례와 조직 절차를 충분히 진전시켜서 원만한 기구가 완성되었으므로 이에 공포하고 회원을 모집하며 회금을 거두어 적십자가 행할 사무를 진행케 하기로 작정한 것이니 세계 만방의 통행규례를 따라 본 대통령이 한국 적십자사의 명예총재로서 우리 대한민국 동포들에게 선포하나니 모든 동포들은 적십자사 회원이 되며 서로 권하야 회원 수효가 많토록 주선하며 의연과 회금을 열심히 모집해서 큰 결과를 이루어 세계에서 우리 적십자사의 성황을 알고 놀라이 녀기게 하며 따라서 우방들의 동정을 얻어 재정과 물질상 원조를 상당히 얻어다가 지금 죽게 된 이재 동포들과 또 반란분자들과 충돌되어 부상한 군병들과 그 가족들을 다 구휼하며 앞으로 세계전쟁이 생길 때에는 우리도 적십자사의 직책을 담보하도록 만들어야 할 것이니 이런 광대한 사업에 각각 재력이나 성심을 아끼지 말고 회생적 의연으로 이 사업이 대성공되기를 바라며 이에 적십자사의 취지를 선포하는 바이다.

대한민국 대통령 이승만

(『적십자』 창간호, 1950.5)

참된 혁명정신 가지고
민국을 육성하자

1949. 11. 26

신문기자는 항시 혁명가의 정신을 회포(懷抱)하여야 할 것이다. 즉 봉건적(封建的)인 그릇된 사회제도를 전복(顚覆)하여 버리려는 혁명적 정신을 간직하여야 된다. 이른바 레닌적 혁명이라는 것은 기존의 사회질서를 더퍼놓고 파괴해 버리려는 것이니 우리가 말하는 정화된 혁명적 정신과는 판이하다. 그러기 위해서는 무엇보다 시대의 지표적 입장에 있는 신문기자 자신이 사상적 혁명을 이루워야 할 것이다. 일체의 낡은 것, 그른 것에 대한 순고(醇高)한 비판력을 돋구어 가지고, 권도(權道)와 세도(勢道)를 일삼는 전제정치(專制政治)를 척결할 혁명정신을 견지하여야 할 것이다. 정부로서 제일 두려워하는 것은 정부 자치게 과연 민중의 지지를 받고 있느냐의 여부에 관해서다.

우리가 기(期)하는 정부는 몇몇 사람의 독차지 아닌 평민의 나라를 이룩하는 데 있으며, 또 민권과 민생을 옹호, 유지하려는 데 있다. 그러므로 언론인은 모름직이 이러한 나라의 육성을 북돋는 고매(高邁)한 혁명적 기백(氣魄)을 가져야 할 것이다.

『대통령이승만박사담화집』, 공보처, 1953)

청년에게 고함

1949. 11. 26

오늘 저녁에는 내가 전국 청년에게 말하려 합니다. 그러나 노소를 막론하고 다 자세히 듣기를 바랍니다. 자세히 드른 후에는 각각 글과 말로 모든 청년들에게 알려주며 이대로 실행하기를 바라는 바입니다. 이것이 곧 시국수습대책에 가장 긴급한 방침으로 되는 것입니다. 이 대책을 실천함에는 전민족이 다 일치한 행동을 취해야 할 것인데 위선 청년들이 먼저 일어나서 앞장을 서 주어야 일반 남녀가 다 따라 일어날 것을 나는 확실히 믿는 바입니다. 지금 우리나라는 40년 이래 처음 되는 기회를 얻어서 국권회복이 날로 완성되며 날로 공고하여지는 터입니다.

오직 반역분자들이 이것을 파괴하기 위해서 공산당과 연락하고 지하공작으로 안에서는 살인, 방화와 난력(亂力), 행동으로 난잡을 이르켜서 군경과 관리를 살육하며 그 여당들이 각처에 퍼저서 모야

무지(暮夜無知) 간에 인가(人家)에 돌입해서 총검으로 난도학살(亂屠虐殺)의 참독한 만행을 감행하며 선전하는 말인즉 미국은 다 철퇴하고 공산군 여러 수십 만명이 처나려와서 소위 인민공화국(人民共和國)이라는 사설단체가 서울을 점령할 것이며 이와 같이 된 후에는 군경과 모든 애국남녀는 다 살육 소탕시킨다고 연락 선동하고 있으니 이것은 우리 민족을 위협과 공겁으로 그 마음을 정복시켜서 전체를 공산화하려는 것이매 공산화가 되면 우리는 다 어찌 될 것인가? 남의 부속국이 되어 이 좋은 금수강산(錦繡江山)은 남의 영토가 되고 우리는 다 남의 노예가 되리니 우리의 재산이나 우리의 생명이 다 우리의 것이 아니오 남의 총과 칼 밑에서 어육(漁肉)이 될 뿐입니다. 우리 청년들아 일어나자. 우리 배달민족의 용기를 표시하자. 우리 3·1운동 정신을 다시 발휘하자. 우리는 죽은 백성이 아니오 산사람이니 산사람의 일을 해야만 될 것입니다. 우리가 우리나라를 보호하지 않으면 누가 보호하겠는가? 우리가 우리의 일만 하면 우리는 다 사는 사람이오. 우리의 일을 우리가 못하면 전과 같이 살 수 없을 것입니다. 청년들아 청년들아, 의려(疑慮) 말고 주저 말고 다 일심으로 이러나자. 다 합하자. 다 뭉치자. 정신으로 사상으로 행동으로 모든 단체가 다 동일하게 나아가자. 방방곡곡(坊坊曲曲)이 일제히 조직해서 절제와 규율 안에서 국민개병(國民皆兵)의 제도로 훈련하며 단련해서 다 조직된 자위병이 되자. 언제던지 우리의 반역분자들이 매국매족(賣國賣族)하거나 혹 우리를 무시하는 타국이 있어 우리 강토를 침손(侵損)한다면 우리는 다 일시에 이러나서 죽엄으로써 방어하자. 반도강산(半島江山)에서는 우리를 해하려는 분자들이 발을 붙이지 못하게 만들어야만 우리가 과연 산 사람이오, 산 사람의 대우를 받게 될 것입니다.

과거 3년 간에 청년들의 투쟁이 아니었으면 공산난역의 화(禍)를 막기 어려웠을 것입니다. 물론 경찰의 애국충성으로 많은 성적을 우리가 다 힘닙어 이만치라도 안녕질서를 보전하고 공산분자의 작난을 진압해온 것이지만은 우리 청년남녀의 결사투쟁이 아니었으면 경찰의 힘만으로는 어려웠을 것입니다. 공산당들은 도처에서 청년들을 꾀어서 충돌을 내서 민중을 정복하는 습관이므로 소위 해방 이후의 광경을 보면 남북 정세가 다 공산화한 것 같이 되었던 것인데 우리 청년들이 궐기해서 결사 투쟁한 결과로 경찰관들의 힘에 이지 못하는 데까지 청쇄(淸刷)시킨 것입니다. 소위 모스코 3상결정(三相決定)이라 신탁통치(信託統治)라는 욕스러운 조건으로 우리를 다 속박해서 언론으로나 행동으로 아무 반대도 못하게 만들어놓고 감히 반대 운동하는 자는 무력으로 진압한다는 위협이 사방에 전파될 때에 우리 청년남녀들이 죽기로 결심하고 이러나서 태산같은 장해를 물리치고 나아간 결과로 필경은 앞길이 다 터져서 오늘 우리의 독립 정부를 수립해서 이남에 만이라도 먼저 국권을 세워가지고 또 이북까지 다 통일할 결심이오. 이 결심이 날로 진행되고 있는 중이니 지금에도 우리가 이 기상과 이 정신만 가지고 일어나면 이남과 이북의 약간 란역(亂逆)분자를 어찌 걱정하며 근심하리오. 우리가 다 깨어나서 우리 강토를 완전 무결하게 회복하여 가지고 우리 조상의 신성한 유업인 이 금수강산에 모든 복리를 우리도 충분히 누리고 우리 후세에 또 유전해야 될 것입니다. 이때에 만일 우리 청년들이 잠 고 있으면 우리의 순량한 동포는 다 이리(狼)와 호랑이에게 먹힌 바 될 것이오. 우리의 안전한 가정들은 악마들의 불꽃과 폭탄의 재가 되고 말 것이니 이것이 어찌 사람의 도리이며 우리 청년의 기상이며 의기 남자의 정당한 태도라 하겠는가? 우리 용감한 청년들은 이런 시기를 좋은 기회로 알고 용기와 흥분을 내어서 즐겨히 전진하자. 우리가 다 일심으로 이러나서 조직적으로 규율과 명령을 따라 각기 그 소재지에서 대오를 정하고 질서 있는 행동으로 망동과 망행(妄行)을 엄금하고 오직 법령대로 행해서 전국 청년 전체가 우리 신체에 속한 사지백체(四肢百體)와 같아 행해 나가면 이것이 비로소 난시(亂時)에만 도움이 될 것이 아니라 평화 안전한 때에도 많은 성적을 이룰 수 있으니 이렇게 되면 공산분자들의 지하공작이 발붙일 곳이 없게 될 것이며 강도, 절도 등의 살인 탈재(奪財)하는 폐단이 스스로 마킬 것이오. 도로가 청결되며 도시와 동리에 위생이 발전될 뿐만 아니라 따라서 청년들이 기부를 강요한다든가 협잡, 행패 등 폐단이 있다는 영예롭지 못한 말이 다 없어지고 말 것이니 이와 같이 된다면 우리나라의 명예가 세계에 빛날 것이니 이 어찌 청년들의 원하는 바가 아니며 또 청년들의 의무가 아니겠는가? 우리가 살어있는 이 세상에는 우리의 친구 되는 나라도 있고 우리의 친구 아닌 나라도 있는 것입니다. 우리는 이중에서 우리 친구 아닌 나라가 어떻게 할 것인가도 걱정할 것이 아니오. 우리 친구 되는 나라들이 도아줄 것을 의뢰할 것도 아니며 다만 우리의 지혜와 우리의 역량대로 우리의 할 일만 해나가면 앞길이 열릴 것이오. 우리가 우리 할일을 못하고 있으면 우리의 친구도 도을 수 없을 것이니 우리는 우리의 할 일을 하자는 것만이 우리가 주장하는 바입니다. 가령 우리 친구 아닌 나라들이 있어 강한 세력만 믿고 우리를 속박 압제로 대우한다면 우리는 할 수 없이 가만히 받고 앉었을 것인가? 이것은 결코 우리 대한민국 청년으로는 허락할 수 없는 일이니 평시로부터 마음에 굳게 작정하고 만일에 이런 일이 있다면 우리는 다 목숨을 내놓고 한 사람이라도 살어서는 우리 민족에 욕되는 일을 당하지 않겠다는 결심으로 맹서하고 미리 준비하고 있어야 될 것입니다. 우리의 결심과 준비가 이와 같이 확고히 되고 있으면 우리를 무시하는 나라가 없을 것이오. 설령 있을지라도 스스로 고쳐질 것이오. 우리 친구 되는 나라들은 스사로 동정하며 후원할 것이니 우리는 우리의 능력을 믿고 용진할 것뿐입니다.

지금 세계의 모든 민주주의 국가에서는 우리에게 대한 동정이 날로 증가되어 신문지상과 언론계에 많은 추앙을 듣게 되는 터입니다. 동서양 각국을 물론하고 공산당들이 들어가서 정부를 변동시키지 않는 나라가 몇이 못되는 이때에 우리 민국에서는 여수(麗水), 순천(順天) 등지에 공산당의 압재비가 이러난 것을 불일내로 정돈 청쇄(淸刷)해서 질서를 회복하였다는 것으로 많은 칭송을 받고 있는 것이니 이것은 전혀 우리 애국하는 군경의 힘으로 말미아마 여지없이 분해되었으나 전국민이 들어 이에 순국한 군경의 공훈을 표창할 것이오. 특별히 공로가 있는 자들은 표상할 기회가 있을 것이니 앞으로는 우리 청년들이 전국적으로 조직해서 조밀한 활동으로 매진 분투하면 다시는 이런 난당들의 화단이 생기지 않게 될 것인즉 우리 청년들은 이 기회에 크게 궐기하여 동성향응(同聲響應)으로 대조직을 이루어가지고 난당 파괴를 방어하며 건국의 토대를 굳게 세워서 다 같이 자유 복락을 누리도록 할 것이니 이에 결심하고 맹서하여야 할 것입니다.

앞으로 정부에서 민병단(民兵團)을 조직할 터인데 몇 십 만명이 될 것을 제한치 않고 위선 얼마를 모집하던지 국방부에서 제도를 만들어 불일간 발포된 후에는 그대로 모병할 것이니 하로 바삐 진전되기를 전국이 다 기대하는 중입니다.

이 대부분이 물론 청년 중에서 우수한 자를 먼저 공평히 채용할 것이니 어떤 단체나 어떤 부분의 사의로 될 것이 아니오. 공정한 국법으로 시행할 것이니 가장 주의할 바는 청년들이 다 정신적 통일을 이루어 파당이나 단체적 대립상태를 없이해 놓아야 이중에서 뽑히는 청년들이 다 신성한 국군이 되어 정신적 통일로써 대내 대외에 우리의 적을 방어할 능력이 생기며 우리 민족의 복리를 보장할 권위가 확립될 것입니다.

그러므로 우리가 다 하로바삐 통일해서 국군의 정신과 민족의 정신을 합치하여 달성하기를 준비할 것이니 각 단체는 이 주의(主義)만을 가지고 다 합심 합력하여야 될 것입니다.

(金珖燮 편, 『이대통령훈화록』, 중앙문화협회, 1950)

쉬운 한글 쓰도록 하자

1949. 11. 27

　현재 신문에 쓰는 소위 한글이라는 것은 내가 누차 설명한 바
와 같이 읽기도 불편하고 쓰기도 더디며 보기도 좋지 않으니, 이왕
에 쓰던 바와 같이 자모음에 따라서 숙련하도록 취음하여 쓰며, 오
직 원글자에 뿌리 되는 글자만 찾아서 쓰는 것이 국문을 창조한 원
측이요, 또 국문을 이용하여 문명 발전을 속히 하자는 본의이니,
이대로 하여가면 그 중에서 차차 발전되어 개량과 교정이 점점 자
라나갈 것이니, 이와 같이 하는 것을 나는 전적으로 주장하는 바이
다. 근자에 일(一) 한글학자 되시는 분들이 불필요한 연구를 고집하
여 괴이한 방법을 사용하는 고로 많은 사람들은 이것을 문법이라
혹은 원측이라 또 혹은 과학적 신식이라 하는 등의 언론으로 그대
로 쓰고 있으니, 이를 방임하여 두고 보면 얼마 후에는 이것이 습관
이 되어 다시 교정하려면 많은 노력을 요할 것이다.

그러므로 나는 다시 선언하노니 나의 주장하는 바를 옳게 아는 분들은 다 이전에 쓰던 법을 사용하여 읽기에 편하고 배우기에 쉬워서 문명 발전상 속속히 전진할 기관을 만들 것이요, 공연한 장애물을 만들어 문명전진의 속도를 지연시키지 말기를 바라는 바이다.

끝으로 한마디 더 말하고저 하는 바는 지금 쓰는 것만이 문법적이고, 이전 쓰던 방식에는 문법이 없는 것이 아니니 이 방면으로 연구하여야 할 것이다.

(『대통령이승만박사담화집』, 공보처, 1953)

남북동포는 동고동락

1949. 11. 28

4년 동안 경정 하에서 지옥생활을 하고 5년 동안 공산탄압 하에서 지내는 중, 이남에서는 다행히 민국정부가 수립되어 2년 남직하게 되었으나, 이북에서는 자유라는 것을 모르고 40년 간 지옥생활보다 더 무서운 고통을 당한 것입니다. 여기에 온 시초에 보니 공포심이 애타지 않고 마침 나의 세상에 사는 것처럼 생각되었읍니다.

이제는 우리가 해방된 자유국민으로서 무서울 것도 없고, 오직 우리나라를 찾아서 살겠다는 마음으로 소리를 크게 치고 나가시요, 자유독립국가가 되고저 40년 동안 열렬한 정신으로 싸워온 것입니다. 그러므로 우리가 조금도 뒤로 후퇴하거나 고개를 숙이고 살겠다는 비겁한 생각은 다 버리고 나가야 할 것입니다. 그동안에도 우리가 죽어도 같이 죽고, 살아도 다 같이 살자는 주의로 싸워 왔으나, 세계대전으로 인하여 참아오다가 공산도배들이 이남을 침범하게 되니, 미국 트루만 대통령이 밤중에 각원을 불러 민국정부를 침범하는 것을 그냥 둘 수 없다고 선언하였으므로 24시간 내에는 세계가 들고 일어나서 소련의 침략을 막기로 한 것입니다. 그래서 만 오류 천리 바다 밖에서 비행기와 군기군물이 들어와서 우리 국군이 앞에 서고 세계가 뒤에 서서 이에 압록강, 두만강까지 가게 된 것입니다.

UN군과 군기물과 원조물자가 바다를 건너 찾아서 들어오고, 또 한국독립을 보장하고 있으니, 우리는 조금도 두려울 것 없이 남의 지배 하에서는 절대로 살지 않겠다는 결심으로 대담히 서서 나가야 할 것입니다. UN군은 일본 군인이나 소련 군인처럼 약탈하거나 채쪽질 하려 온 것이 아니고, 우리를 살리게 하고 자유세계에서 자유와 평화를 보장하기 위해서 나온 것이며, 군기물과 원조물자는 우리에게만 주는 것이 아니고 공산당과 싸우는 나라에는 다 주는 것입니다.

우리나라는 우리 조상 때부터 미(美)려하고, 물자가 풍부하므로서 우리 것을 빼앗으랴는 의욕 갖인 자가 있었던 것이었다. 지금 이 조상의 유업을 지킬 자격이 없이 잃어버린다면, 차라리 다 죽어야 할 거이요, 죽어서 없어질망정 우리 국토를 빼았기지 않는다는 결심을 가지고 살아야 할 것이다. 여러분 사람마다 일러주시요, 지금은 우리는 다 한마음으로서 또는 다 한뜻으로 조직해야만 미국은 자유정신을 보호하는 나라인 만큼 우리를 도울 것이요, '맥아더' 장군도 도울 것이다.

지금부터는 공산당처럼 잡아가두거나 죽이지 못할 것이니, 두려워하지 말고 국기(國旗)가 있는 한 침범할 자가 없다는 자유독립국가의 기상의 그 권리를 가지고 간다면, 누구나 한인은 자유독립국가의 백성이 될 자격이 없다고 하지 못할 것이니, 양반상놈이나 남녀노소 할 것 없이 한데 뭉쳐서 죽어도 같이 죽고, 살아도 다 같이 살도록 맹서하시요. 한인 중에 공산당이라는 분자들이 있어서는 민족을 결단내고, 동족이니 뭐니 할 것 없이 다 죽고 있으니, 이런 분자들이 아직도 여기에 틈틈이 끼어 있을 것이요, 그러니 나라를 팔고 동족을 살해하는 악질만을 제외하고 정신없이 꾀임에 빠졌거니와, 강제로 들어간 사람은 회개하고 나라에 충성을 다 한다면 우리가 포용하려는 것입니다.

공산당뿐이 아니라 그 외에도 비밀도배를 만들어 가지고 해내해외에서 외국인에게 선전하고, 한국사정을 모르는 UN대표들에게 말하기를 민국정부는 군경만이 지지한다. 이북에 가면 싸움이 나서 피를 흘린다. 이렇게 허무한 거짓말을 해서 UN 중간위원회(中間委員會)에서 민국권(民國權)은 38선 이북으로 진(進)하지 못한다고 결정하였다. 우리로서는 그것은 안될 말이다. 대한민국은 UN에서 인정한 나라요, 세계 50여 개국이 승인한 합법적 정부로서 삼천리 안에서는 국권이 미치지 않을 곳이 없다.

그 권리는 UN이나 어느 나라에라도 깎지 못한다고 한 것이다. 정부수립 이후로 월남 이재민들의 추거(推擧)로 이북 5도지사(道知事)를 임명해 놓고, 이북 행정부를 시작해야 할 터인데, 그렇게 되면 UN과 대립하게 되므로 UN이 온 후 잘 협의되기를 기다리는 것입니다. 그러므로 이북 동포들은 담대히 일어나서 자유인의 직책을 해야 할 것입니다. 당신들의 친구가 있어서 당신들의 발언을 찬성할 것입니다. UN단이 불일내에 서울에 와서 이북인들이 과연 이남과 떨어져 살겠다는 것이 사실인지 아닌지 그걸 보면 잘 이해할 것입니다. 이조(李朝) 500년 동안 관찰사(觀察使)나 군수(郡守)를 내듯이 내서, 백성을 무시해서 다 폐지하고, 전도민(全道民) 자유로 선출해야 할 것이며, 국회의원도 이남모양으로 10만 명에 한 사람식 선거해서 국회로 보내면, 그분들이 국회 빈자리에 앉아서 통일하게 될 것입니다.

(『대통령이승만박사담화집』, 공보처, 1953)

귀속주택(歸屬住宅)도 수리해 쓰자

1949. 11. 29

국회에서 귀속재산처리법을 통과시켜 적산가옥을 민간에 방매하게 되었으며, 관재처에서는 일일히 공개로 선전하고 공개로 경매하여 처리할 것인바, 집 있는 사람은 살 생각을 두지 말고 집 없는 사람이 살 수 있도록 힘써줄 것이요, 집을 사는 사람은 먼저 수리해야 될 것인데, 재정이 없어 수리하기 어려운 경우에는 이웃이나 친구들이 서로 도와서 집을 살 수 있도록 만들어 주고, 적은 변리로 일후에 빗 갚기 편하도록 마련하되 고리대금으로 동포의 곤박한 정형을 이용해서 폭리를 도모하는 폐단이 결코 없어야 할 것이다.

원래 외국제도로 지은 집일수록 수선을 제 때에 하고 새는 지붕은 즉시 막고 문과 창을 맞도록 만들어 끼워야 할 것이며 유리를 매일 닦아서 깨끗이 하여야 할 것이다. 문짝이 떨어지고 방과 마루에 추접하고 냄새나는 물건이 쌓여 있는 곳에서 자고 먹고 행동하고 산다면 저와 제 가족을 욕하는 사람이요, 또 따라서 민족전체에 수치를 주는 사람이다. 그러므로 각각 사지를 게을리 말고 밤이나 낮이나 부즈런히 게량하고 청결히 하면 모든 질병을 면하고 부요 안전한 생식의 락을 누릴 수 있게 되고 우리 금수강산을 새 세상으로 만들 수 있을 것이다.

『대통령이승만박사담화집』, 공보처, 1953)

고적(古蹟) 보존에 대하여

1949. 12. 02

　누대(累代) 궁실, 사찰 등은 가장 우리의 특색을 이어서 고대문명의 발전을 자랑할 만한 것이 많았으나 일본이 우리를 속박한 이후로 우리의 기왕 건물은 다 퇴락파손(頹落破損)하도록 만들어 놓고, 우리 고대문명을 다 이저버리게 만들어 온 것이 사실이다. 그 중에 우리가 가장 통분히 여기는 것은 지금 중앙청(中央廳)이라는 것을 하필 경복궁(景福宮)의 신성한 기지(基地)를 쓰고 광화문(光化門)을 옮기고 그 자리에 새 건물을 세워 경복궁 설계를 다 파손시켜 놓았으니 우리가 그 악독한 심정을 볼수록 가통(可痛)한 것이다. 우리 민족이 외적의 압박 하에서 우리의 자랑할 만한 것은 지금 몇 가지 부지(扶持)해 있는데, 그 건물이 원체 견고히 된 연고이요, 또 어떤 것은 애국정신을 가진 남녀들의 모험정신으로 부지했든 공효이다. 지금 세계 각국이 문화를 상통하고, 사상을 교환하여오는 이때에 우리의 특색인 몇백년, 혹은 몇 천년 나려오는 유적은 부강발전한 나라에도 없는 것으로 우리가 자랑할 것이다.

　정부 측에서는 문교주관 하에 전국적으로 조사해서 소관 각처를 일일히 조사하여 민간의 힘으로 할 수 있는 것은 다 자유로 착수할 것이요, 만일 그렇지 못한 경우에는 정부에 요청해서 곧 관민 합작으로 착수하도록 해야 할 것이니, 이와 같이 하므로서 거대한 재산을 보호하는 동시에 귀중한 고적을 보유하여 우리의 후생에 유전(遺傳)하여 세계 모든 우방들에게 구경시켜야 할 것이다. 일편으로 반란 분자들의 파괴운동을 방지하여 건축, 건설에 더욱 힘써 부여족속(扶餘族屬)의 빛나는 문화를 발전시키기에 굳굳이 노력하기를 바라는 바이다.

(『대통령이승만박사담화집』, 공보처, 1953)

대소 자본을 규합하여
국가경제를 확장하라

1949. 12. 10

우리나라에 대소간 재정가라고 지목되는 분들이 이때에 총궐기해서 국가경제를 보호할 대 사업에 착수해야 될 것이니, 기왕에는 왜정 밑에서 이러한 것을 경영할 자도 없었고, 있다면 남의 압박 하에서 부지할 수 없게 되므로 어찌할 수 없이 각 개인들이 고립적 행동으로 개인적 이익이나 도모하였을 뿐으로 무엇이던지 가리지 않고 못하는 일 없이 지나왔지만 지금에 이르러서는 민국에 문호가 열려서 통상 각국과 상업상 권리를 서로 교환해야만 될 것이니, 이렇게 해야만 비로소 그 나라의 경제력이 세계에 발전되고 따라서 세계 경제력을 모아다가 우리나라의 실력을 확장시킬 것이다. 경제방면으로는 이때가 가장 좋은 기회도 되고 가장 위태한 기회도 되는 것이다.

정부의 책임은 조리를 정하고 세칙(稅則)을 만들어 국내 공업과 경쟁하는 외국 물자를 얼마 한정해서 우리나라의 소산물이 부지할 수 없게 된다던지, 또는 외국인의 영업을 무한정하게 개방한다던지 해서 한인들이 실업(實業)을 잃게 되거나 생활의 길이 끊기게 되는 것을 제정할 것뿐이요, 절대로 외국인의 상권을 막고 우리의 상권만 세운다는 것은 될 수 없는 일이요, 또 그것은 우리에게 이로운 일도 될 수 없는 것이므로 우리 재정가들은 오직 우리 민족의 경제력을 보호해야만 자기들도 번창하고 또 민족들도 복리를 누리게 될 것이니 개인적 사사영리나 고리대금이나 잠상폭리 등 이런 불경제한 등사(等事)에는 유의하지 말고, 경제 대가들이 그 자본을 한데 뭉쳐 국산에 대한 기본적 자원을 세우고 장원한 계획을 만들어 물산을 개량하고 증산해서 해외에 수출하는 동시에 해외에 상권을 보내서 적당한 물품을 수입하여 공동이익을 도모해야만 해외의 거상가들과 능히 경쟁해서 우리가 우리 것을 보유하고 발전시키며 또 나의 이익에 우리도 참여해서 균점이익(均霑利益)을 도모할 수 있을 것이니, 특히 재정가들이 사소한 대의를 포용해서 국가 경제력을 크게 확장하고 나아가 인류의 행복을 증진시켜야 할 것이다.

만일에 어그러진다면 몇 해 안에 우리의 경제력은 남의 손에 들어가서 국가의 독립의 실력은 다 잃어버리고 말 것이니, 전국 경제가들은 이 기회를 잃어버리지 말고 통일된 대범위 내에서 국가적 대업을 일일히 착수하기를 바라는 바이다. 따라서 이에 시급히 경고하는 바는 어떤 개인이나 단체를 물론하고 국가 경제를 파괴하는 악질 행위나 또는 외국인에게 이름을 빌려주어 잠상이나 밀매 등 협잡 사건에 관련된 사람이 있다면 이는 발각되는대로 법에 따라 엄벌에 처하게 될 것이다.

(『대통령이승만박사담화집』, 공보처, 1953)

정의와 평화

1949. 12. 10

이번 내가 UN 정치위원회에서 한국정부를 승인한데 대하여서는 모든 동포들과 우리의 친구 되는 분들이 다 그렇게 될 줄로 알고 그 결과가 다 잘된 것을 좋아하고 따라서 나도 좋은 감상을 가지고 있습니다. 물론 이 결과는 지금까지 조리를 밟어서 해온 연고이며 또 총선거를 법적으로 잘 진행한 까닭으로 거기 대해서 달리 되어갈 리는 없을 줄로 생각하였으나 다만 염려한 것은 세계정치가들이 이전 모양으로 아피스멘트정책을 쓰지나 않을까 한 것인데 이 아피스멘트라는 말은 완화(緩和)라고도 하겠지만 본래는 사람들이 싸움을 한다던지 야단을 친다던지 하면 거기에 양보를 해가는 것을 말하는 말이다.

그런데 지난 40년 동안 세계정치가들이 주장해온 대지(大旨)가 소위 아피스멘트라는 완화주의를 일삼어 와서 가령 예를 들어 말한다면 일본사람들이 소리를 치면서 우리들을 이렇게 무시하면서 싸우겠다고 하니까 큰 나라에서는 항상 고개를 숙이고 양보를 해 주었다는 것이다. 그것은 웨 그런고 하면 귀찮고 그들을 좋게 하면 싸움이 안될 것이고 따라서 평화가 유지될 터이므로 평화라는 것을 위해서 할 수 있는대로 양보해서 유지하려고 애써 왔던 것입니다. 그러나 이러한 것은 실상은 평화주의가 아니오 도리어 평화를 결단내고 전쟁으로 끌고 들어 가는 것이니 내가 항상 주장하는 것은 세계정치가들이 평화주의 아닌 평화주의로 나아가기 때문에 세계에 평화가 없다는 것이다. "Peace at the cost" 평화를 위해서는 무슨 값을 갚고 어떤 희생을 하던지 평화만을 가져야 되겠다는 것을 영미(英美) 각국에서 주장해 왔기 때문에 일본 같은 나라가 이러나서 나종에 이르러서는 세계 전체를 정복하려고 하니 여기서 필경은 전쟁이 이러난 것이다.

본시 내가 주장해 온 것은 그와는 달리 "Justice at any cost" 무슨 값을 갚고 어떤 희생을 하더라도 저스티스, 공정, 법, 공의를 내세우고 그것을 지켜야 되겠다는 것이니 이것만을 주장하면 평화는 저절로 들어오는 것이며 가령 일본이 만주를 점령한 것 같은 것은 공의를 무시한 것이오 군사상 정의를 배반한 것이오 또한 조약을 위반한 것이다.

그러므로 국제연맹(國際聯盟)에서는 법을 작정해 가지고 어떤 나라에서든지 전쟁을 일으키려고 하면 그 법으로써 전쟁을 일으키려고 하는 나라를 경제적으로 고립시키자 통상도 말고 재정도 끊어놓자 모든 것을 봉쇄하자 바다에는 군함을 배치하여 그 나라에는 배가 들어가지도 못하고 또 나오지도 못하게 하자 물건을 팔지도 말고 사지도 말자 이렇게 경제적으로 또는 그밖에 여러 가지로 타격을 주고 제약을 주는 법을 주장해 왔던 것이다. 그럼에도 불구하고 일본이 만주를 점령하고 중국으로 들어갈 때 국제련맹에서는, 이것을 어떻게 하면 좋으냐고 하니까 어떻게 할 수가 있느냐 라고 대답했던 것이다.

전에 이미 작정한 것이 있지만 일본을 막으려고 하면 싸움이 벌어질 터이니 우리는 싸우기는 싫다 그냥 방임한 결과 일본대표단들은 우리끼리 우리 맘대로 밀고 나가자고 작정한 까닭에 결국에 가서는 제2차 세계대전이 벌어졌던 것이다. 이것은 무엇을 의미하는고 하면 무슨 값을 갚고 어떤 희생을 할지라도 평화를 유지하겠다고 해서 지나간 50년 동안 세계정치가들이 아피스멘트라는 무마정책을 써 왔던 까닭인데 이번 우리 한국문제에 있어서는 그러한 주의 주장을 떠나서 새로운 정치의 방향으로 나아가자는 것이었다.

다시 말하면 평화는 어떻게 되든지 평화가 희생되더라도 공의와 공정을 세워야 되겠다 공의와 공정을 세우기 위해서는 전쟁이 되더라도 그것을 세우기에 힘써야 할 것이니 이전과는 그 주의가 바뀌어진 것이다. 그러므로 지금 내가 설명하려는 것은 금번 한국문제가 판결된 것은 세계대세가 이미 새로운 시기에 봉착하였고 새로운 시대가 시작된다는 것이다. 이대로 모든 나라가 진행해 나간다면 지금부터는 세계평화의 기초가 새로 잡힐 것이니 이는 미국사람들이 세계에 커다란 영향을 줄 것이오 미국이 세계를 지도하는 나라이기 때문이다.

가령 길가에 어린아이나 약한 사람이 돈이나 무슨 물건을 가지고 있을 때 크고 힘센 사람이 그것을 빼앗아 가면 울 것이오. 울면 지나가는 사람들이 그냥 내버리고 가는가 그렇지 않다 그놈을 붓잡어다가 어서 도루 주어라. … 이 공의(公義)가 있는 까닭으로 해서 인류사회에 평화가 있는 것이오. 또 인류사회가 생길 때부터 이러한 법과 공정이 있음으로 남의 것을 빼앗는 일을 못하며 또 그래야 사회의 평화가 유지되는 것이다. 이것이 사람 사람이 평화를 가지게 되는 제일 크고 첫째 되는 방법이오. 그것이 아니고서는 인류사회에 평화가 없으니 그것은 한집안에서도 마찬가지이다. 형제간에라도 나쁜 아이가 있는 것을 부모가 그냥 내버려두면 항상 난리판이 될 것이오. 부모가 잘못한 아이에게 벌을 주고 다시는 그러지 못하게 해야만 될 것이니 이것은 동내에서도 그렇고 또 나라와 나라 사이에도 이러한 것이니 있어야 되며 그것이 없이 강한 것이 약한 것을 빼앗는다면 그 사회는 평화를 유지할 수가 없을 것이다. 내가 4, 50년 동안을 미국에서 항상 연설한 것이 그것이다.

평화를 주장하는 세계 정치가들이 평화만을 위해서 일을 한다고 하지만 그것이 모다 평화가 아니었으니 국제연맹에서 하던지 UN에서 하던지 다른 것은 다 제처 놓고 지금부터는 평화를 희생하더라도 법과 공정을 지켜서 누구던지 이것을 범하는 개인이나 나라에 대해서는 벌을 주어야 될 것이오 그것이 바로 평화가 되는 이치이다. 이번 한국문제가 UN에서 해결되는 것이 이 주의가 비로소 세계에 공명되고 시작되는 것으로 볼 수가 있다.

그리고 신문사에 있는 분들에게 특히 부탁하는 바는 민중이 말하는 언론을 존중히 여겨서 신문의 자유를 스스로 보장하도록 해야 할 것이니 전보다 더욱 주의해서 사실을 사실 그대로 보도하고 주장해 주어야 할 것이오. 이전에도 춘추필법(春秋筆法)이라는 것이 있어서 그것이 세계적으로 유명하고 능력 있는 글이 되었으니 그것은 공정하게 쓴 까닭으로 해서 그렇게 유명하게 된 것이다. 글이 칼보다 더 힘이 있다는 말도 있으니 그 이치를 잘 알이 가지고 똑바로 세 주기를 바라는 바이며 신문 자유의 이름을 이용해 가지고 옳고 그른 것을 분별치 않고 마음대로 하는 것을 신문 자유라고 한다면 그것은 언론을 도웁는 것이 아니오. 도리어 나라를 방해하는 것이 되므로 이는 깊이 삼가야 할 것이다.

이번 한국에 대한 UN의 결의는 아마 우리 한국뿐만 아니라 우리의 친구 되는 나라에서도 다 같이 환영하는 터이므로 아마 우리도 전국적으로 이를 축하하는 행사가 있을 줄로 믿으며 따라서 내가 이제 한 마듸 더 하고저 하는바가 있으니 그것은 어린아이들의 이야기이다.

산촌에 사는 아이가 동무도 없이 산으로 나무하러 갔다가 소리를 질렀더니 건너편에서도 그와 똑 같은 소리를 질으기에 이상해서 다시 소리를 질으니까, 저쪽에서 또 다시 똑같은 소리를 질른다. 그래서 나종에는 골이 나서 "너 못된 놈이다" 했더니 또 "너 못된 놈이다" 한다. 그러니 애가 더욱 골이 나서 자기의 어머니한테 도라와서 "아이들이 나를 못된애"라고 하니 어떻게 하면 좋아요 하니까, "그러면 너 밖에 나가서 너 좋은 아이다" 해 봐라. 그래서 이번에는 "너 좋은 아이다" 하니까 그쪽에서도 "너 좋은 아이다." 그래서 그 때에야 마음이 좋아졌다.

그 어머니가 말하기를 "언제든지 남에게 좋은 아이라 하면 너도 좋은 아이가 된다. 좋은 아이라는 것을 잊어버리지 말라." 그러니까 우리들도 서로 국회나 정부나 다 한 가지로 좋은 아이라고 드롤 만치 해야 하겠고 또 신문사에서도 이만치 잘 되어가는 우리의 형편을 잘 이해해 가지고 우리나라를 건설하는데 큰 힘이 되어주기를 바라는 바이다.

(金珖燮 편, 『이대통령훈화록』, 중앙문화협회, 1950)

태평양국가는 공통이해를 확립하자

1949. 12. 11

우리가 엄격히 냉전에 종사하고 있을 동안 공산주의자들은 침략적인 전진을 계속하고 있으며, 지반(地盤)을 전취(戰取)하고 있는 것 같이 보인다. 태평양국가는 국민정부가 8일 밤 이전한 대만(臺灣)에 관하여 어떠한 정책을 취하여야 좋을 것인가를 자진건축(自進建築)할 수도 있을 것이다. 나는 이러한 조치를 시급히 취해야 한다고 믿는 바이다. 그리고 공산주의 팽창에 반대하여 민주주의를 방위하겠다고 확신한 모든 태평양국가는 집단적 안전보장을 위하여 대서양동맹과 흡사한 기초위에서 될 수 있는대로 조속히 단결하고 공통적 이해를 확립하여야 한다고 생각한다.

(『대통령이승만박사담화집』, 공보처, 1953)

주석제품 성가(聲價) 높이어
해외에 판로를 구하라

1949. 12. 15

우리나라의 주석제품은 세계적으로 유명해서 외국 사람들이 한국 주석은 어찌해서 특수한가 하고 이상하다고 말들 하는 터인데, 그 이유는 옛적부터 우리나라에서는 놋그릇을 각별한 주의로서 만드는 고로 매년 섯달 24일이면 회동(會洞)좌기라는 것을 열어서 정월 보름 때까지 계속해 나가는데, 그 동안에는 모든 사람들이 각종 놋그릇을 내다가 남대문으로부터 종로까지 오면서 왼편 길가에 누구던지 버려놓고 세납(稅納)없이 자유로 팔게 만든 것이다. 근자에 와서는 퇴보되어 천한 주석을 많이 모아서 값싸게 만드는 고로 이런 명예를 다 잃게 되어 한국 주석을 아는 사람들이 깊이 가석하게 여기는 터이다.

우리나라에 의장이 또 세계에 유명한 것이니 그 유명한 것이 다른 이유가 아니라 주석장식을 만들되 좋은 주석을 두텁고 든든하게 만들어 장이 시체 소용에는 적당치 못하고 그 체제가 고물이니만치 히구하지만 어데 갖다가 놓을 지라도 값진 물건으로 보이고, 또 값진 물건이 되는 고로 모든 사람들이 이런 한국 장롱을 구하여가지고 싶어 해서 미국(美國)이나 구라파(歐羅巴)같은 부자집 가정에 들어가면 한국 장롱이나 촛대 화로 등이 빛난 물건을 자랑시키게 되는 것이다.

우리나라 사람들이 지금 해외 통상을 열어가지고 상업을 경쟁할 적에 이러한 좋은 습관도 다 버리고 부정한 사상을 배워서 속여서라도 돈만 빼앗겠다는 생각만으로는 절대로 될 수 없을 것이니, 이에 많은 주의가 있어야 할 것이나, 연래(年來)로 중국(中國) 사람들이 미국에 수출하던 주석 물건들이 여러 백만원(弗) 되던 것이 지금은 중국에 상업이 다 막혔고, 또 따라서 일본(日本)서 수출하던 것도 아직은 크게 열리지 못한 중이나 일인들은 벌써 물건을 해외에 수출하고 있으니 이런 기회에 우리 재정가들이 각기 개인의 이익만을 도모하느니 보다 몇 사람식 합자(合資)해서 큰 자본을 만들어 이러한 상권을 세워서 상당한 수출의 길을 열어야 할 것이니, 이 방면에 많은 주의와 노력이 있기를 바라는 바이다.

『대통령이승만박사담화집』, 공보처, 1953)

귀재(歸財) 가옥공장은 공개경매, 사기위법행위는 엄벌 방침

1949. 12. 22

귀속재산처리법(歸屬財産處理法)이 국회를 통과하였으므로 정부 소관인 각종 공장을 하로 빨리 방매해서 지금부터는 민간 영업으로 만들게 된 것이니, 이와 같이 되면 협잡부패의 길이 막히고 영업자가 물건을 많이 만들어 시장에 자유로 발매하게 될 것이므로 민생곤란 문제가 앞으로 많이 해결될 것을 바라고 기뻐하는 바이다.

가옥과 공장은 전적으로 공개경매로만 발매할 것이니 어떤 공장이나 가옥은 두 주일 이상의 일자를 정해서 신문 상으로 연속광고한 뒤에 정한 장소에 모여서 이에 따라 공개로 진행할 것이요, 경관과 법관들이 상당히 지켜서 협잡이나 부정한 일이 없도록 할 것이며, 누구나 여기에 사의(私意)를 부쳐서 협잡이나 사기나 위협 등이 있을 것에는 엄중 처벌할 것이니 부디 사고져 하는 사람은 세력유무를 물론하고 그 조리를 먼저 보고서 거기에 합격된 사람이 경영할 것이요, 또 경영법은 어떤 세력가에 청촉(請囑)하거나 재물을 바치는 자는 적발 압수할 터이니 이에 따라 경매장에 가서 자기의 자유로 입찰해야 할 것이다.

정부에서 어떤 물자나 물건을 팔 적에는 보통 사람의 생각으로는 시장가격보다 절반가량으로 팔아야 민생의 도움이 될 것이라는 의도가 있을 것이나, 이는 경제에 몽매한 말이니, 정부에서 사거나 파는 것도 경제원칙에 따라 행할 것이요, 그것을 버리고는 사가나 국가가 복리를 도모할 수 없을 터이니, 가령 민중을 위해서 경제력을 희망하고 적은 값으로 팔면 이는 오래 부지할 수 없을 것이므로 결국은 경제 원칙상 결단날 것이니 저부에서 상당한 값을 받고 팔아서 정부의 경제력이 있어야 그 이익이 모든 민중에게 돌아가서 정부에서 세납을 바칠 것이며, 정당한 값을 주고 사는 것이 민중의 이익을 잃어버림이 아니요, 도리어 경제력을 돕는 것이 될 것이니 이 원칙을 세워 지켜 나가야 할 것이다.

(『대통령이승만박사담화집』, 공보처, 1953)

협잡부정 없도록 귀속재산 공매하라

1949. 12. 22

　귀속재산처리법(歸屬財産處理法)이 국회를 통과하였으므로 정부 소관인 각종 공장을 하로바삐 방매해서 앞으로는 민간 영업으로 만들게 될 것인데, 가옥과 공장은 전적으로 공개경매로 발매할 것이며, 이에 있어서 경관과 법관들이 두루 지켜 협잡이나 부정한 일이 없도록 할 것이다. 그런데 공장이나 가옥을 사고자 하는 사람은 세력유무를 물론하고 자격 있는 사람이 경영하게 될 것이다. 또한 정부에서 사거나 파는 것은 경제원칙에 따라 행할 것인데, 정부에서 상당한 값을 받고 팔아서 정부의 경제력을 세워 그 이익을 모든 민중에 돌아가게 할 것이다.

(『대통령이승만박사담화집』, 공보처, 1953)

전등요(電燈料) 증액에 대하여

1949. 12. 24

　지금 가장 급한 것은 전기요금을 매 '키로'당 5원씩 받으니 이것으로는 전기를 상당히 낼 수 없고, 또 발전(發電)시킬 수 없으므로 나중에는 민중이 다 손해를 당하게 되면, 명년 정월 이후로는 매 키로에 10원식을 올려서 받기로 이에 공포하는 바이며, 또 전기를 받지 못해서 등불이나 연료가 없는 사람이 있다면, 이는 특별한 준비가 있어야 되겠으며, 계량기가 없는 곳에는 곧 달아서 전기를 쓰는 수량에 따라 돈을 내게 할 터이니 이와 같이 함이 경제 근본을 바로 잡아서 날로 개량하여 나아가는 초보(初步)가 될 것이다.

(『대통령이승만박사담화집』, 공보처, 1953)

국가보안법 일부 수정

1949. 12. 25

금반(今般) 국회를 통과한 국가보안법 개정법률안은 시일이 넘었으므로 자(玆)에 공포하는 바이다. 그러나 이 법을 실시함에 당하여 두 가지 주의할 점이 있으니, 첫째는 단심제(單審制) 문제에 있어서 사형판결을 받은 자에게는 상고할 기회를 주도록 하여야 할 것이다. 이는 법의 문구보다도 법의 정신을 살리기 위하여 그러한 기회를 주되 담당한 부문에서 적당한 방식을 만들어 이러한 안을 속히 처결하도록 해 주어야 할 것이다.

둘째는 ○○○을 절대로 없이 해야 할 것이다. 이것이 아무 현재 집행 중에 있는 자에게 경감하는 것이 된다 할지라도 원칙상으로 불가한 것이니, 이에 있어서는 국회의원 제공(諸公)도 양해를 할 것으로 믿는 바이다.

(『대통령이승만박사담화집』, 공보처, 1953)

식량정책에 공매방식을 채택

1949. 12. 25

가을에 미곡을 수집하고 봄에 미곡을 방출함은 순전히 경제적 청연에 붙여서 진행함이니 이것이 정부의 기획이다. 금년도 미곡 수집 수량을 가장 적게 한 것은 많은 노력을 요구치 않고 자연스러운 기획을 세워 동포들도 과(過)히 불평이 없고 정부로서도 별로 위력을 쓰지 않고, 이와 같이 성공한 것을 나로서는 정부 각 당국들과 일반 동포들에게 감사하는 바이며, 특별히 정부에 대한 신앙심이 풍족해서 미곡을 정부에 납부하고 물자부족으로 종이조각만 받아가지고 가서 물자가 나오기를 기다리고 있는 동포들이 정부를 신뢰하는 뜻을 더욱 감격히 여기지 않을 수 없는 바이다.

이런 시기에 일변으로 정부를 무력하게 만들기 위해서 모든 악선전을 하는 자들이 있는 중에서 우리 민족 전체는 조금도 요동이 없이 관민합작으로 진전하는 것은 우리 민족 장래의 역량을 표창하는 것이다. 금후 정부의 미곡 정책은 배급을 정지시킬 터인바 아직까지 피할 수 없는 극히 가난한 사람에게는 부득이 배급할 터이니 종차로 배급할 방식은 비상한 경우를 당하기 저네는 가급적 폐지하고 공매하는 방식으로 쌀을 사고팔게 할 것이니 떨어질 때 사들이고 오를 때에 정부 쌀을 방매할 것이며, 금후 서울에서 이 방식으로 미곡을 발매하게 되는 것은 대략 서울에서 요구되는 3월 양식을 한도로 하고 미곡을 팔아서 미곡 값을 떨어트리게 하려는 계획의 효과는 곧 알려질 것이다.

이 계획대로 해서 쌀값이 오를 때에는 정부에서 쌀을 내어 팔 것이요, 쌀값이 떨어질 때에는 쌀을 사드리게 할 터인바 이 계획대로 하면 쌀값이 너무 올라가지도 못하고 너무 내려가지도 못해서 민간 수용과 경제적 수준에 많은 파동을 면하게 될 것이다. 이러한 공매법은 세계에서 제일 공정히 여기는 통례이므로 공유물을 아무리 적은 것이라 하더라도 이 법이 아니고는 매매하지 못하는 것이니 이와 같이 하므로써 애중친소의 불공평하다는 비평을 절대로 면하는 것이요, 더욱 이것이 폭리중상배들이 물가를 올리고 떨어트리는 능력을 가지고 시장을 파동시켜서 폭리를 도모하는 것인바 정부에서 쌀값이 오를 때에 팔고 내릴 때에 사게 되면 폭리배들이 그러한 수단을 부릴 여가가 없을 것이다. 농업가의 제일 큰 장애는 중상모리배일 것이다.

미국과 같은 나라에서도 곡식이나 파종을 거두어 팔게 될 때에는 농민들이 직접 가지고 가서 팔기 어려우므로 중상배들이 와서 실어다가 팔아서 저이들은 몇 갑절 이익을 먹고 농민들에게는 적은 이익을 붙여주어 농민들이 농사 값을 빼기 어려운 경우가 종종 있으므로 중상모리배 문제가 되는데, 정부에서 직접으로 공매하는 방식을 주장하므로 중상들은 틈을 엿볼 수 없게 되는 것이다. 가장 주의할 점은 재정 가진 자들이 식량을 다량으로 무역 장치해 두어서 곡식을 내놓지 않으면 어쩔 수 없이 곡가가 올라갈 터이니 최고한도로 올려놓고 판다는 이것이 제일 어려운 문제인데, 이것도 정부에서 공개하자고 한다면 어떠한 상인이라 할지라도 그 재정으로 장치한 미곡 수량이 정부의 미곡 수량과 경쟁할 수는 없을 터이므로 미곡 장치(藏置)하는 폐단이 막혀질 것이다.

그러므로 지금부터는 농민들이 각각 자유로 하거나 혹은 협동조합방식을 따라 공매하는 자리에 가서 상당한 가격을 붙여서 팔고사게 되면 편리하고 공정할 것이니, 이것이 식량 정책에 가장 양호한 방법일 것이므로 이 공매방법을 극력으로 실천해서 그 속에 협사나 협잡 등 부정한 일은 조금도 하지 말고, 또 모든 의론과 폐해로 인연해서 주저 미결하는 폐가 없이 오직 이 방식을 공정하고 진실하게 준행하여 장해만 부치지 않는다면 이것이 식량문제를 충분히 해결시킬 것이니 관민합심으로 이 정책을 절실히 지지해야만 할 것이다. 정부에서 보유한 양곡 총 수량이 지난 10월 30일부로 대략 다음과 같다.

현 정부 보유미 333만 여석, 대한식량공사(大韓食糧公司)의 국산보유미 242,665석, 대한식량공사의 수입보유미 6,480석, 10월 30일 이후 금연(金聯) 수집미 3,000,000석, 합계 3,249,145석 그 외에 대한식량공사에서 보유한 모맥 435,000석, 황설탕 45,000석 이상 백미 수량을 매석에 2만원식 친다면 (현재 시장가격 2만5천원 내지 2만 8천원에 비하여) 정부에서 보유한 쌀값에 총액이 650억원에 달하니 이 총액수에 설탕과 모맥 값을 합치면 전부가 700억원에 달하게 되므로 전국 유통화폐 총액에 비등하게 된다.

이점으로 보면 현재 국내의 재정상 곤란이라는 것은 실상은 경제
책을 바로 진행치 못한 결과요, 경제력이 미약해서 그런 것은 결코
아닐 것이다. 쌀값이 고등(高騰)하고 인푸레가 되는 문제는 정부에서
이 공매방식으로 다 해결될 수 있으니 매월 이 총액수의 10분지 1
에 해당하는 식량을 공매하므로서 이를 다 해결시킬 것이요, 따라
서 보유미 수량은 한도 이하에 떨어질 염려가 없을 것이다. 일반 관
민은 이 정책을 철저히 양해하고 이대로 실시 진행하기를 부탁하는
바이다.

(『주보(週報)』 41)

국민에게 보내는 대통령 특별교서

1949. 12. 28

내가 우리 애국동포에게 충정을 다하야 열뻔 백번을 이제면명(耳提面命)코저 하는 바는 우리 남녀 동포의 마음속에 민주주의와 민주정신을 깊이 심어서 뿌리가 백히게 하자는 것이다.

우리가 공산당을 거부하고 동족 간에 투쟁하며 나아가는 것은 우선 국가의 독립과 국민의 자유를 보호하자면 민주주의를 확보해야만 될 것이오. 민주주의를 확보하기에는 공산주의의 설 자리를 없시 해야 할 것이다. 그러므로 지금 우리가 일변으로 파괴분자들을 토벌하고 제반 악습을 숙청하며 생활 보장을 확고케 할려는 주야 노력이 오직 민주정체를 공고케 해서 지금 혈전고투하는 우리가 모두 다 세상을 떠난 뒤에라도 우리가 세워 놓은 토대 우에 뒤에 오는 사람들이 따라서 건축할 수 있게 만들고저 함이니 우리의 이 유일한 목적을 도달함에는 오직 우리 애국 동포들의 마음속에 민주주의와 그 정신을 철저히 세워주어 일후에 무슨 야심이나 영웅주의를 가진 자들이 나서서 많은 작란을 할지라도 민중들이 그 주의 주장을 고집해야 할 것이오 또 흠천동지(欽天動地)하는 세력가가 나설 지라도 이를 다 억제하고 완전한 민주주의를 지지해 나가 주어야만 될 것이니 나의 이른바 일민주의라는 것이 즉 이것을 표준삼은 것이오 이 일민주의가 동포의 마음속에 깊이 박히면 이것이 우리 민국의 영원복리의 유일한 토대가 되어 어떠한 외국이 침범할지라도 우리 민족이 다 같이 죽기로 싸워서 민국을 영구히 부지하게 할 것이오.

또 공산분자 같은 파괴운동이 있을지라도 일반 민중들이 목숨을 내놓고 싸워서 나라를 지켜야 할 것이니 내가 50년 전부터 혁명 운동을 시작해서 평생 투쟁해 온 것이 이 한 가지를 표줄한 것이오.

대통령의 자리에 앉아서 주야로 노력해가는 일편단심이 또한 이것을 유일한 목적으로 지켜오는 것이므로 대통령 임기가 지난 뒤에는 상당한 인격이 내 뒤를 이어서 이와 같은 주의와 정신만 진전시킨다면 나는 자유민 자격으로 죽기까지 그 뒤를 도아서 우리 민국의 기초가 공고케 하도록 전력을 다할 것이니 일반 동포는 이 나의 고충을 양해해서 민국 건설을 만년 반석(盤石) 우에 두도록 합심합력해 나간다면 나는 죽어도 한이 없을 것이다.

5·10선거가 우리나라 력사에 처음 선거이니만치 각국인들이 이 선거를 인연해서 파당적 투쟁과 혼돈상태가 끝이 없으리라고 예언하였던 것인데 천만의외에 세계에 자랑할 만한 효과를 일우었고 그 후로 3권분립의 정부가 완성되어 오늘까지 발전하여 온 것이 세인 이목에 큰 실수나 실책이 없게 보여서 민주제도에 순서와 질서가 날로 잡혀가며 공산 반란분자들의 살육파괴 등 모든 악화(惡禍)를 배

제하야 민주 정권이 점점 굳건해서 악한 풍우와 심한 파도에 많은 요동을 받지 않고 날로 진전되어 나가는 것을 보고 우리는 오로지 일반 애국 동포의 명철학고한 공심공의를 감복할 따름이다.

이번 「필리핀」총선거 결과로 외국신문에 론평되는 보통 언론을 보건대 일은 선거 때에 파당적 혈전으로 여러 백명의 사상자(死傷者)가 낫고 따라서 선거가 공정히 못되었다는 것과 파당적 악감 등의 구실로 민중이 분열되어 총선거를 인증하지 않는다는 부분이 상당히 있는 중 전대통령 「오스앤너」씨가 선거가 불공평하게 되었다는 관찰로 국무원에서 물러간 것에 대해서도 민심이 선동되어 국세를 위태케 만든다는 등 각 국의 비평이 생기기에 이르렀으니 우리는 이에 대해서 조곰도 비평하고저 하는 생각은 없으나 이것으로서 우리가 전감을 삼어 우리의 앞에 어떤 선거가 오던지 극히 조심하며 서로 애호해서 부패부정한 행위와 파당투쟁 등 제반 악행은 일체 피하고 오직 외어기모(外禦其侮)하는 정신으로 파당적 세력이나 재정상 능력을 중히 하지말고 선거법안과 민주 제도를 크게 준행해서 원리원측을 세워야 될 것이다. 이와 같이 아니하고는 민주정체가 설 수 없을 것이다.

미국에서 정당이 경쟁하는 것을 보면 각 정당이 자기의 주의에 옳은 것을 선전하며 다른 정당의 주의를 비평하기에 여지없이 하다가도 급기야 표결되어 누가 피선된 것이 선포될 때에는 반대당 후보자가 먼저 찾아가서 손을 잡고 치하를 하며 이날부터는 자기가 그 피선된 분의 권위에 복종한다고 선언해서 그 뒤를 지지하던 모든 사람들이 또한 그같이 하므로 한 교회나 한 사회나 기타 구락부 등에 이르기까지 모든 정당들이 여건히 모여서 한 백성으로의 통분합작 정신을 손해치 않나니 이같이 함으로서만 민주국의 복리를 영구히 누리며 세계 부강한 나라의 위신을 가지게 될 것이다.

　동양 사람들이 민주주의를 완성할려면 국가의 통일을 표준삼고 각 정당이 그 주의를 존중하는 밑에서 각각 정책을 세워 남보다 낳은 정책을 선전하며 민중의 후원을 얻어 민생복리를 발전시키려는 의도로 정당이 몇이 되던지 모두 다 그러한 통일정신 하에서 진행해야 할 것이다. 우리로는 사상적 발전이 아직 이 정도에 이르지 못함으로 정당들이 서로 악감을 가지고 서로 잔해하려는 위험성이 없지 않으므로 우리로는 아직 정당 제도를 침식시켜서 민주정체의 통일사상이 충분히 뿌리박힌 뒤에 시작하는 것이 좋을 것 같이 생각됨으로 우리 일반 애국동포들은 전 국민이 다 하나이 되어 함께 뭉쳐서 같이 살자는 주의를 확고히 부짭고 나아가야만 될 것이니 사람마다 각각 사심을 버리고 공익을 위해서 민주정부를 영구히 요동없도록 만들기에 전력을 다하기를 바라는 바이다.

(『주보(週報)』, 39)

조상의 피 받들어 독립권을 애호하자

(송년사)

1949. 12. 30

잃었던 나라를 찾았으며, 죽었던 민족이 살아났으니, 새해부터는 우리가 모다 새 백성이 되어 새 나라를 만들어 새로운 복을 누리도록 하자, 누구나 새 사람이 될려면 새 마음을 가져야 되나니, 동포를 해롭게 하고 나 혼자만 잘 되려는 것은 나라를 결단내고 부패하고, 또 부끄러운 것은 하나라도 하지 않토록 작정하며, 그 대신 공명정대하고 애국애족하는 외롭고 정다운 말과 일로 서로 도와주며 피차에 구제해서 우리가 사는 사회를 낙원같이 만들어 한만한 생각을 일체 버리므로 집안이나 이웃에 더럽고 냄새나는 것은 하나도 없도록 힘쓰며, 돌맹이 하나 나무 한주라도 다 내 것으로 알고 사랑하고 간수해서 우리가 우리에 살 길을 살기에 편리하고 남이 보기에 아름답도록 만들어서 우리의 동리와 우리 도성이 어제보다 났고, 작년보다 새로워서 세상에 자랑하며 후생에게 전하기에 부끄럽지 않을 만치 만들기를 결심하고 노력해야 할 것이다.

새해에 더욱 깊이 생각할 것은 우리 애국 남녀가 이와 같이 결심하고 일하면 지나간 40년동안 잃어버린 세월을 얼마 만에 회복하여 문명부강(文明富强)에 전진하는 새 나라를 이룰 것이다. 새해에 더욱 깊이 생각할 것은 우리의 부형(父兄)들이 어떻게 못될게 해서 40여년 나려오던 조상의 신성유업(神聖遺業)인 한반도 강산을 남에게 잃어버리고 거의 반백년동안 피가 끓고 이가 갈리도록 통분하고 욕스러운 세상을 지냈다는 것을 잊지말고 기념해서 이후로는 몸이 열 번 죽어도 나라와 종족에 해될 일은 각각 자기도 아니하며, 남도 못하게 해서 다시는 남의 노예백성이 아니되도록 하자는 것입니다. 우리 국토나 국권이 조고만치라도 침손을 받게 된다면 한사람도 살아있는 동안은 허락치 않도록 각각 마음속에 맹서하여야 합니다.

기미년(己未年) 우리가 많은 피를 흘려서 대한독립민주국을 세상에 선포하고 민주정체의 토대를 세운 것이 지금 우리의 민국정부로 세계의 축복을 받게 된 것이며, 우리 민족이 자유복락을 받게 된 것입니다. 그러므로 자유를 사랑하고 독립권을 애호하는 우리는 민주정체의 기초를 공고히 세워서 동양 모범적인 민주국으로 세계평화와 자유를 보장하는 신성한 국가를 일우어야 할지니 송구년(送舊年)하는 이때에 그 뜻이 금년에 성취되기를 감사하며 새해의 성공을 미리 축하하는 바입니다.

(『대통령이승만박사담화집』, 공보처, 1953)